藏在姓氏里的33个秘密

杨絮 编著

苏州新闻出版集团
古吴轩出版社

图书在版编目（CIP）数据

藏在姓氏里的33个秘密 / 杨絮编著. -- 苏州：古吴轩出版社，2024. 11. -- ISBN 978-7-5546-2492-0

Ⅰ. K810.2

中国国家版本馆CIP数据核字第2024F7C084号

责任编辑：俞　都
见习编辑：万海娟
装帧设计：末末美书
责任校对：蒋丽华
责任照排：王　珂

书　　名：藏在姓氏里的33个秘密
编　　著：杨　絮
出版发行：苏州新闻出版集团
　　　　　古吴轩出版社
　　　　　地址：苏州市八达街118号苏州新闻大厦30F
　　　　　电话：0512-65233679　　邮编：215123
出 版 人：王乐飞
印　　刷：鸿博睿特（天津）印刷科技有限公司
开　　本：710mm×1000mm　1/16
印　　张：16.25
字　　数：246千字
版　　次：2024年11月第1版
印　　次：2024年11月第1次印刷
书　　号：ISBN 978-7-5546-2492-0
定　　价：63.00元

如有印装质量问题，请与印刷厂联系。15711286393

Preface 序言

姓氏背后的故事与传承

姓氏的故事，可以从无数个角度记述，也可以用无数个视角解读。

官方史籍往往勾勒姓氏历史的骨架，呈现出一种庄严而既定的轮廓。

而姓氏故事里，有喜怒哀乐，也有权谋心术。那些隐匿于正史缝隙间的姓氏小故事，远远比官方历史档案中的记载要有趣生动得多。

《藏在姓氏里的33个秘密》这本书，于篇幅有限的行文之中，带领读者穿梭于姓氏文化的河流，让人在欢笑与惊叹中领略姓氏故事的无限魅力。本书不仅呈现了姓氏渊源的奥秘，更将姓氏与文化、信仰乃至民族精神紧密相连，使读者能在此书中体验一次文化的洗礼与重塑。

姓氏的演变，不仅是文字的变迁，更是文化、社会结构变革的缩影。从鬼、尸等令人生畏的姓氏，到布、衣、祭、酒等这些日常生活中的字眼，每一个姓氏背后，都隐藏着一段鲜为人知的历史故事，这些故事串起了华夏民族的文化记忆。

比如，在书中，作者以鬼谷子的神秘身世作为切入点，绘制出一幅稠密的文化谱系。提及鬼谷子，人们莫衷一是，对于他的真实姓名和生平众说纷纭。而在本书中，作者不满足于重述旧闻，而是试图通过考据，为读者揭示一段更为准确的历史真相。通过对"鬼"姓源流的深挖，作者以文字为犁，耕耘出中国古代神话传说与宗教文化的结合之地，以期让读者更贴近先祖的智慧与精神世界。

又比如尸子的故事，"尸"姓源自周朝，与现代的尸体无关，却因汉字的意蕴演变而成为一个令人避而远之的姓氏。同时，尸子的思想与著述，体现了先秦时期智者思想的复杂性与包容性，展现出古人对于法家、儒家等诸多思想派别的整合与运用。这不仅是对姓氏的一种追溯，也是对当时社会思想文化面貌的一种揭示。

书中对于布、衣、祭、酒等姓氏的解析，是对传统文化的另一种传承。这些看似平常的字，究其深层含义，却与古代的官职、信仰乃至功绩有关。这样的解读，不仅丰富了读者的知识，拓宽了读者的视野，更让读者深刻感受到，每一个姓氏都是一个独立的文化符号，承载着先辈们的精神与成就。

再比如，"陈"姓不仅是一串源远流长的人名代码，更是一段段历史的缩影。从周武王封舜后裔开始，到陈胡公的传奇，再到南迁至台湾陈氏族群的发展，每一步都饱含着乡土和乡情的深厚记忆。

本书通过对姓氏源流的全面梳理，对多个不同姓氏的名人进行了典型剖析，如"张"姓的望族血统、"刘"姓的皇室标志等。这种纵横史料的处理手法，使得书中的历史人物仿佛从枯燥的史书中走出，成为生动的个性化形象，让读者在阅读过程中既能品味到历史的厚重，又能感受到人物的鲜活。

在字里行间，作者不仅是在叙述，更是在对话。本书用独到的解读，让每一个姓氏背后的故事都饱含哲理,每一段历史的进程都充满启示。而这种书写方式,恰恰体现了本书所提倡的"故事背后的思想内涵"。

《藏在姓氏里的33个秘密》一书,以文化人类学的视角,呈现了姓氏与民族精神的内在联系,将干枯的姓氏研究灌溉出鲜活的生命力。本书考证严谨,语言生动活泼,更重要的是给予了读者思考的空间,让姓氏的故事成为了解中华文化的重要窗口。

Contents 目录

上篇　有关姓氏的好玩的常识

第一章　姓氏到底是怎么来的 ⋯⋯⋯⋯⋯⋯⋯⋯⋯⋯⋯⋯⋯⋯⋯⋯ 2
　《山海经》中的姓氏探源：不死族的秘密与姓氏图腾 ⋯⋯⋯⋯ 3
　图腾崇拜竟是中华古姓之根 ⋯⋯⋯⋯⋯⋯⋯⋯⋯⋯⋯⋯⋯⋯ 4
　从图腾到文字：姓氏的演变轨迹 ⋯⋯⋯⋯⋯⋯⋯⋯⋯⋯⋯⋯ 6
　中国上古八大姓为何都是女字旁 ⋯⋯⋯⋯⋯⋯⋯⋯⋯⋯⋯⋯ 7

第二章　姓，不同于氏 ⋯⋯⋯⋯⋯⋯⋯⋯⋯⋯⋯⋯⋯⋯⋯⋯⋯⋯ 13
　"爸爸"来了，"姓"与"氏"也就分开了 ⋯⋯⋯⋯⋯⋯⋯⋯ 14
　西周的分封制是不少姓氏的来源，看看你的祖先是哪国的君主 ⋯ 16
　原来屈原姓芈，孔子姓子 ⋯⋯⋯⋯⋯⋯⋯⋯⋯⋯⋯⋯⋯⋯⋯ 18
　姓氏合一：庶民崛起 ⋯⋯⋯⋯⋯⋯⋯⋯⋯⋯⋯⋯⋯⋯⋯⋯⋯ 19
　古人有名还有字，它们怎么用 ⋯⋯⋯⋯⋯⋯⋯⋯⋯⋯⋯⋯⋯ 21

第三章 《百家姓》背后的历史风云 ………………………………… 23
《百家姓》都有哪些姓 ……………………………………… 24
赵为何排在《百家姓》所有姓氏之首 ……………………… 25
探究宋朝时期赵姓的特殊地位 ……………………………… 27
《百家姓》最后一句是什么 ………………………………… 31
居然有人姓"第五" …………………………………………… 32

第四章 日暮乡关何处是？探寻姓氏祖根地 …………………… 35
古书中的"中原"指的是哪里 ………………………………… 36
河南为何被称作中国人的"老家" …………………………… 36
走西口，闯关东，下南洋 …………………………………… 40
为何古训说"黄金犹可借，家谱不可借" …………………… 42

第五章 李姓，如何成为天下第一姓 …………………………… 45
为何唐代是李姓族群的急剧膨胀期 ………………………… 46
在唐代，是不能吃鲤鱼的 …………………………………… 48
李白的秘密 …………………………………………………… 49

第六章 "行不更名，坐不改姓"是什么意思 ………………… 53
"行不更名，坐不改姓"是一种担当 ………………………… 54
"大丈夫行不更名，坐不改姓"，也有例外 ………………… 55
"行"和"坐"又该如何理解呢 ………………………………… 56
改名的那些人和事 …………………………………………… 57

第七章 为什么有单姓和复姓 …………………………………… 60
关于复姓的由来 ……………………………………………… 61
东郭先生、南郭先生到底姓什么 …………………………… 63

第八章　追踪我们身边奇怪的姓氏 ························· 65

有哪些你听说过的可怕的姓 ······························· 66

"布、衣、祭、酒"原来也是姓 ························· 69

先有衣马茔，后有栖霞城 ································· 72

祭姓乃是周公的后代 ····································· 73

古代的祭酒是个什么官 ··································· 74

第九章　笔画最少和最多的姓 ····························· 76

笔画最多的姓氏，从头写到尾一共有 30 笔 ··············· 77

我姓"一"！最简单霸气的姓氏 ························· 79

第十章　历史上那些不通婚的姓氏 ························· 80

朱、李不通婚 ··· 81

潘、杨不联姻 ··· 82

第十一章　名字里的中国：好名字怎么起 ··················· 83

为何说"教子一艺，不如赐子好名" ····················· 84

如何避免重名 ··· 85

如何用诗文或者典故取名 ································· 87

关于起名的禁忌有哪些 ··································· 90

名人姓名的趣闻轶事 ····································· 92

下篇　我们的姓氏，原来还可以这么有趣

第十二章　王姓：王姓始祖太子晋，不慕王权而修仙 ……………… 98
　　王姓起源 …………………………………………………………… 99
　　王姓名人 …………………………………………………………… 101

第十三章　李姓：母子逃亡"李"保命 ……………………………… 103
　　李姓起源 …………………………………………………………… 104
　　李姓名人 …………………………………………………………… 105

第十四章　张姓：张姓始祖，始制弓矢 …………………………… 110
　　张姓起源 …………………………………………………………… 111
　　张姓名人 …………………………………………………………… 113

第十五章　刘姓：皇帝专业户，刘姓称帝王者达92人 ……………… 116
　　刘姓起源 …………………………………………………………… 117
　　刘姓名人 …………………………………………………………… 119

第十六章　陈姓：后裔8000万，始祖葬"铁棺" …………………… 123
　　陈姓起源 …………………………………………………………… 124
　　陈姓名人 …………………………………………………………… 125

第十七章　杨姓："杨"本意神木扶桑树，源于姬姓 ……………… 128
　　杨姓起源 …………………………………………………………… 129
　　杨姓名人 …………………………………………………………… 131

第十八章　黄姓：始祖伯益为《山海经》的作者 ………………… 136
　　黄姓起源 …………………………………………………………… 137
　　黄姓名人 …………………………………………………………… 138

第十九章 周姓：唐玄宗时期，姬姓为何改为周 ······ 142
- 周姓起源 ······ 143
- 周姓名人 ······ 144

第二十章 吴姓：始祖泰伯三让王位，天下称贤 ······ 147
- 吴姓起源 ······ 148
- 吴姓名人 ······ 150

第二十一章 孙姓：古来循吏第一人，孙姓始祖孙叔敖 ······ 151
- 孙姓起源 ······ 152
- 孙姓名人 ······ 155

第二十二章 朱姓："朱姓前身为"邾"，朱人来自红蜘蛛 ······ 158
- 朱姓起源 ······ 159
- 朱姓名人 ······ 160

第二十三章 胡姓：周武王姬发的女婿胡公满为陈、胡两姓共祖 ······ 165
- 胡姓起源 ······ 166
- 胡姓名人 ······ 169

第二十四章 林姓：商朝名臣比干的后代为何姓林 ······ 172
- 林姓起源 ······ 173
- 林姓名人 ······ 175

第二十五章 何姓：何韩本一家，何姓始祖韩厥救"赵氏孤儿" ······ 178
- 何姓起源 ······ 179
- 何姓名人 ······ 182

第二十六章 郑姓：烽火戏诸侯唯一出兵救驾的诸侯 ······ 186
- 郑姓起源 ······ 187

郑姓名人 ··· 188

第二十七章　谢姓：从远古炎帝后裔到申伯封邑 ················ 193
谢姓起源 ··· 194
谢姓名人 ··· 195

第二十八章　韩姓：韩国为何能成为三家分晋中的一员 ········ 199
韩姓起源 ··· 200
韩姓名人 ··· 203

第二十九章　冯姓：周文王之子毕公高为冯姓始祖 ··············· 208
冯姓起源 ··· 209
冯姓名人 ··· 211

第三十章　董姓：正史中记载的董姓始祖"豢龙氏"养的是龙吗 ······ 216
董姓起源 ··· 217
董姓名人 ··· 219

第三十一章　程姓：程姓始祖程伯符，定国献三瑞 ··············· 224
程姓起源 ··· 225
程姓名人 ··· 226

第三十二章　蔡姓：周武王的弟弟为何姓蔡 ························ 229
蔡姓起源 ··· 230
蔡姓名人 ··· 231

第三十三章　苏姓：苏姓始祖是苏妲己的父亲 ····················· 234
苏姓起源 ··· 235
苏姓名人 ··· 238

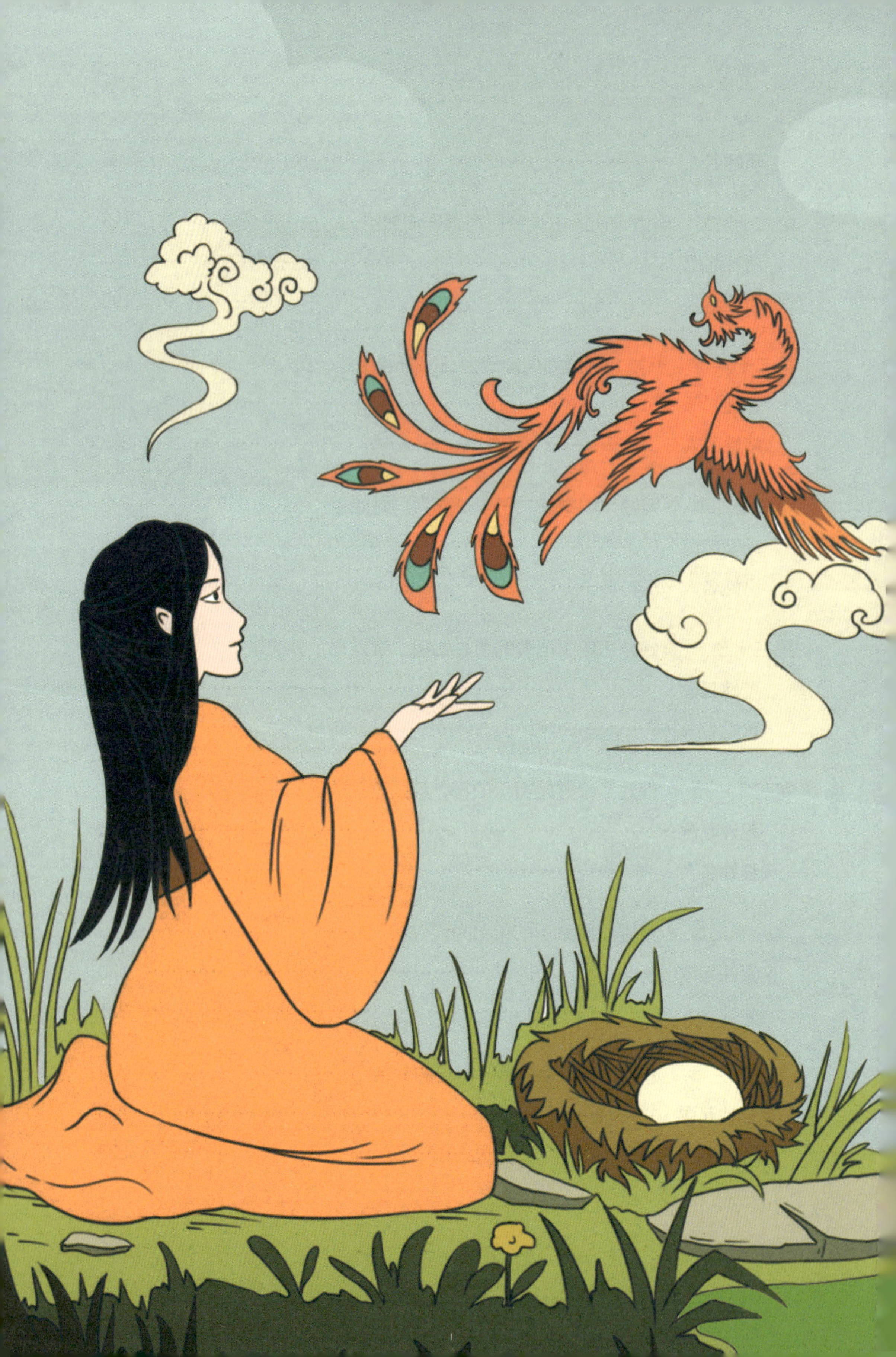

上篇

有关姓氏的好玩的常识

第一章
姓氏到底是怎么来的

当远古的祖先们围坐在篝火旁，以部落为单位共同生活时，姓氏的雏形悄然诞生。从部落的名称到家族的标识，姓氏经历了怎样的演变？它是否真如我们所知，起源于图腾的印记？那些神秘而威严的图案，是否正是我们姓氏最初的模样？

为何中华古姓多从母姓而来？这背后是否隐藏着对生育力量的无上尊崇？还是蕴含着母系社会时期女性角色的独特光辉？

当我们提到熟悉的十二生肖，它们作为动物图腾崇拜的遗迹，又是如何与我们的姓氏文化交织在一起，共同诉说着古老而影响深远的故事？

随着历史的洪流滚滚向前，姓氏又是如何一步步从单一的图腾象征，演化为家族荣耀、历史传承与身份认同的复杂载体？这一切的一切，都将在接下来的章节中，以故事的形式引领我们深入探索。

《山海经》中的姓氏探源：不死族的秘密与姓氏图腾

在上古奇书《山海经》中，不死族的传说令人遐想联翩，甚至有些姓氏被赋予了"不死族后人"的神秘色彩。这些姓氏背后，究竟隐藏着怎样的秘密？

《山海经》中，不死国与阿姓的故事便是其中的典型。不死国中，阿姓族人因食用甘木而得以长生，他们的姓氏或许正是对这份神秘力量的崇拜与传承。虽然在《百家姓》中没有找到阿姓的相关记录，但据历史记载，"阿"这一姓氏确实出现在商朝，甚至现在的蒙古族以及回族之中，也还存在着这一姓氏。

巫的起源，同样源自《山海经》中的记载。上古神话中，凶兽精灵主宰大地，人类苦难深重。天界的神明看到这样的景象之后，于心不忍，就决定赐予人类传承的力量。于是，在灵山之上，十位巫师掌管着长生不老的灵药，成了不死的化身。在上古时期，巫师不仅拥有与天地沟通的能力，更被视为大智慧、大功劳的象征。

这些巫师，如轩辕、蚩尤、神农等，在当时被称为"大巫"。他们不仅是部落的首领，更是人类与神明之间的桥梁。在《吕氏春秋》中，有着"巫彭作医，巫咸作筮"的记载，进一步证明了巫姓的存在及其在古代社会中的重要地位。这些巫师不仅掌握了长生不老的秘密，随着时代的发展，巫也逐渐演化成为一种文化和宗教，对医术、天文等领域产生了深远影响。

其实，不论《山海经》中姓氏起源的"真相"是什么，它的每一个"秘密"都是中华文化传承千年的见证者。

图腾是什么呢？

追溯姓氏的起源，我们不难发现，古代的姓氏大多源于图腾，是古人用以区分不同氏族的独特标志。这些图腾不仅代表了氏族的来源，更蕴含该氏族的品格与追求。

近代有一种颇为流行的观点："图腾感生，演化为姓。"意思就是咱们的老祖宗们最早用图腾来当姓。其实，关于姓氏图腾的说法，早已有之。这一观点认为中华古姓起源于原始的图腾崇拜。上古时期，人们的生活水平和文明程度都很低。他们对很多自然现象都感到困惑，比如为什么天会下雨，为什么山会那么高，为什么有些动物能飞，等等。同时，他们也不了解自己是从哪里来的，整个氏族是怎么起源的。

因为无法解释这些现象，原始人开始相信自然界中的万物都有灵性，都有一种神秘的力量。于是，他们选择了某种动物或植物，认为这些动物或植物与他们的氏族有着特殊的联系，可能是他们的祖先，也可能是他们的保护神。他们开始崇拜这些被选定的动物或植物，把它们当作本部族的守护神来祭祀，祈求它们的保佑和庇护。随着时间的推移，这些被崇拜的动物或植物逐渐演变成了氏族的标志，也就是我们现在所说的图腾。概而言之，图腾就是原始人迷信某种动物或植物同氏族有特殊关系，因而将其用来做本氏族的标志。

图腾崇拜竟是中华古姓之根

上古时代，流传着很多关于图腾感生的神奇故事。比如《竹书纪年》这本书里记载了大禹出生的故事："母曰修己，出行，见流星贯昴，梦接意感，既而吞神珠。修己背剖，而生禹于石纽。"而《帝王世纪》说禹母"吞神珠薏苡，胸坼而生禹"。所以，后来夏朝的人就把"薏苡"当成了他们的图腾，还把"姒"这个字当作了他们的姓。

再来说说商朝，那是咱们国家的第二个朝代。商朝的始祖契的母亲相传为有娀氏女，帝喾之妻，名为简狄。相传有一天，她与本氏族的两个姊妹出行，跑到宫殿外面的小溪边玩，抬头一看，嘿，天上飞着几只黑不溜秋的玄鸟（又称"燕子"）。其中一只玄鸟"嗖"地一下，就飞到了溪边的芦苇丛里。简狄好奇，就悄悄走过去看，发现那只玄鸟竟然在草丛里下了几个蛋，那蛋亮堂堂的，跟玉石似的。简狄觉得好玩，就捡起来在手里摆弄。结果玩着玩着，一不小心将蛋吞到肚子里去了。这下可好，没过多久她就发现自己怀孕了，跟大禹的妈妈吃了薏苡果怀孕的情况挺像的。

简狄后来生下的男孩，就是商朝的始祖，名叫契。这些故事，其实都反映了那时候的人们"知其母而不知其父"的母系氏族社会状况。契的出生也带着点神秘色彩，就像伏羲的母亲是踩了巨人脚印怀孕一样。契长大后，不仅聪明能干，还帮大禹治水，立了大功。大禹一看，这小伙子不错，就让他当了司徒，负责教育老百姓。再后来，契就被封到了"商"这个地方，以"子"为姓，成了商族人的老祖宗。

所以，商朝的人就把玄鸟当成了他们的图腾，把鸟蛋叫作"子儿"。《诗经》里头有句诗"天命玄鸟，降而生商，宅殷土芒芒"说的就是这件事。其他少数民族中，这样的图腾崇拜和图腾感生的故事也很多。比如咱们熟悉的十二生肖，其实就是动物图腾崇拜的一种。还有，像犬戎族就以狗为图腾，咱们中华儿女都爱说自己是"龙的传人"。而看过《狼图腾》这本书的人都知道，狼是突厥系民族的图腾。在古代突厥系众多民族之中，高车族流传着一个古老的传说：他们源自一位倾国倾城的匈奴公主与一头孤傲不羁的狼产生的神秘血脉的交融。苗族人觉得枫木是他们的祖先，怒族人说自己是蜜蜂变的，鄂伦春人认母熊为始祖母，古夜郎人则相信他们的祖先是从一根大竹子里蹦出来的……到现在，有些少数民族地区还保留着这些原始图腾的传说和习俗。

从图腾到文字：姓氏的演变轨迹

现代我国不少学者运用近代科学的方法和观点，对传说中的历史文献进行了系统研究，他们特别关注姓氏和图腾之间的关系，还有了不少新发现。文化学家丁山曾经表示，咱们中国古时候的姓，很多是图腾留下来的印记。比如周朝的"姬"姓，据说是鳄鱼的意思；而秦朝的"嬴"姓，则被认为是吉祥神兽的名字。

还有位叫李玄伯的学者，他在《中国古代社会》这本书里提到，古时候的姓其实就是从图腾演变过来的。他曾说过，那些文字里的姓，其实还能找到图腾的影子，就像是历史的遗迹一样藏在里头。

确实，如果我们仔细瞧瞧那些姓氏的汉字，就能发现它们不仅仅是字那么简单，还藏着远古祖先的图腾秘密。那些姓氏，就像是远古氏族部落的图腾标志一样，经过一代又一代的演变和美化，最终变成了我们现在看到的这些既漂亮又有意义的字。

历史学家吕振羽也支持这个说法，他指出，现在很多姓氏里，都还能找到原始图腾的影子，比如马、牛、羊、鸟、蛇这些动物，还有凤、梅、李、桃、花、龙这些自然界的东西。这么一说，是不是觉得咱们的姓氏文化更加丰富多彩、充满神秘感了呢？

由原始社会的图腾演变为氏族组织，这是姓氏的首次演变，即姓的产生。中国，可是全世界最早用姓氏的国家，算起来都快有一万年的历史了。想象一下，那时候的姓就像是个大大的标签，告诉大家："我们是一家人，血浓于水哦！"它不仅帮忙区分不同的家族，还让大家更紧密地联系在一起，不忘自己是哪一部分的血脉。这种古老的姓氏，真的是"认亲"的好帮手，让我们在茫茫人海中也能找到属于自己的"根"。

在班固等人编撰的《白虎通义》的《姓名篇》中对此有一段精辟的论述："人所以有姓者何？所以崇恩爱、厚亲亲、远禽兽、别婚姻也。"认为中华古姓的主要功能是"崇恩爱、厚亲亲"和"远禽兽、别婚姻"。

中国上古八大姓为何都是女字旁

由图腾衍生的中华古姓，大都源自母系氏族社会。那时候，社会结构简单，人们的技术能力和科学水平都不高，生活挺不容易的。一个氏族组织往往由一位老祖母及其繁衍出的女性后代子孙组成。在那个时代，人们的婚姻观念和结婚方式和我们现在的很不一样，大家住在一起，人们只知道自己的母亲，而不知道父亲是谁。因此，血缘世系只能按照母系来计算，这也是中华古姓多从母姓的原因，姓的本意实际上强调了生育的概念。

中华古姓源自母系

关于中华古姓源自母系的说法，在历史典籍中屡见不鲜，甚至在我国最早的文学作品《诗经》中也得到了体现。例如，《玄鸟》篇中提到"天命玄鸟，降而生商"，《生民》篇则说"厥初生民，时维姜嫄"。这些古老的诗篇，是商、周时期祭祀祖庙时的庄重乐章，人们满怀敬意地歌颂着各自的始祖母。在这些颂词中，我们并未见到对始祖（即男性的祖先）的直接赞美，这一现象反映了母系氏族社会在历史长河中留下的独特印记。它告诉我们，在那个遥远的时代，母系血统的地位是如此的重要，以至于在祭祀和传承的仪式中，"只知其母，而不知其父"。

姒姓

关于大禹的姓氏，史书中有明确的记载。相传，夏族首领禹的母亲因吞食了薏苡而生下了他。从此，薏苡便成了夏族人的图腾。又因为孩子是由女性生育的，便取"女"字作为偏旁，又取"苡"字的下半部分"以"字，最终形成了"姒"姓。

传说，周文王娶了个老婆叫太姒，周幽王有个宠爱的妃子褒姒，她们俩都姓姒。这个姒姓，到现在都还有人用，不过人数不多了，加起来不到两千人。这些人大多数都住在浙江绍兴的一个特别的地方，叫"禹陵村"。

禹陵村可是个了不起的地方，它被叫作"中国守陵第一村"。为什么呢？四千多年前，大禹的第六代孙子少康，他派了自己的一个儿子无余去会稽（就是现在的绍兴一带）守着大禹的陵墓，建了个祠堂，在那里定居下来，慢慢就形成了禹陵村，也有人叫它"守陵村"。

在这个村子里，住着很多姒姓的后代，他们从大禹那时候开始算起，已经传到第146代了！辈分最高的都到了141代。而且，每年他们都会举行纪念大禹的活动，一代一代传下来，至今没断过。

姬姓

姬姓的始祖为华夏民族的人文初祖黄帝，黄帝因长居姬水，以姬为姓。姬姓还是周朝的国姓。后稷（周族始祖）承袭了姬姓，是黄帝的玄孙，他也是五帝之一的帝喾的嫡长子。他的后代周武王（姬发）灭了商朝，建立了周朝。西周初年，周天子分诸侯71国，其中姬姓国就有53个。

更神奇的是，从姬姓这里，还分出了很多姓，比如我们熟悉的周姓、吴姓、郑姓、王姓、鲁姓、曹姓、魏姓等，加起来有411个之多，占了《百家姓》504个姓的82%呢！而且啊，这411个姓又各自生出了更多的姓，多得都数不过来了。

所以说，姬姓是名副其实的"万姓之祖"，它就像是很多姓氏的"老祖宗"，在一定程度上代表着中华民族姓氏的源头和根基。

姜姓

姜姓，可是上古时候超级有名的八大姓氏之一，它跟姬姓、妫姓这些古老姓氏一起撑起了中华民族悠久的历史。

姜，从字形构造上，我们可以窥见深刻的文化寓意与古人深邃的象征思维。它将"羊"与"女"二字融合，其中，"羊"是象形字，自古以来，羊便是温顺与驯良的象征，而"女"字的加入，则赋予了这一组合以"温婉顺从、柔美如女子"的丰富意象。在古代社会，"姜"字不仅与美好紧密相连，更成为众多女性取名时的青睐之选，寄托了人们对女性温婉贤淑品质的期望。

在《国语·晋语》中，叙述了一个特别有意思的故事，说的是炎帝神农氏和黄帝轩辕氏是怎么来的。话说，咱们的老祖宗之一少典娶了个名叫有蟜氏的姑娘当老婆，然后生下了黄帝和炎帝两位大神。炎帝，又称"神农氏"，因为他诞生于姜水之畔，所以以居邑名为姓，成为姜姓的始祖。炎帝神农氏还是医药始祖，他尝百草以辨药性，曾一日而遇七十毒，终成《神农本草经》。其中，生姜便是他所尝百草之一。一日，他误食毒蘑菇后昏迷，被一种香气浓郁的青草唤醒，并以其治愈病症。因此，他根据自己的姓氏，将这种神奇的青草命名为"生姜"。

自此，生姜与姜姓一道，源远流长。

后来，周武王登基后，神农裔孙姜子牙被尊为国师。在牧野之战中，姜子牙以其卓越的指挥才能，为周军立下了汗马功劳，周武王大加封赏，将姜子牙封为齐国的诸侯。然而，世事变迁，转眼间就到了战国中期。齐国被田氏家族取代，姜子牙的后代也因此流散各地。面对这一变故，姜子牙的后裔们有的选择以故国的名字"齐"作为自己的姓氏，有的则坚持使用先祖传承下来的"姜"姓，继续守护这份血脉相连的记忆。

秦汉时期，姜姓的大家族们开始从东边迁往西边，到了关中地区。慢慢地，他们在天水这个地方繁衍生息，形成了很有名的姜姓大家族。

你知道吗？从姜子牙开始算起，到现在，姜姓的后代们已经繁衍出了102个不同的姓氏！这里面有64个是单姓，比如吕、许、谢、纪、丘、卢等；还有38个是复姓，听起来就很有意思，比如淳于、东郭、高堂、子雅、雍门、公牛等。所以说，姜姓真是个了不起的姓氏，它像一棵大树一样，开枝散叶。

嬴姓

嬴姓源自五帝之一的少昊，《帝王世纪》里面曾记载："少昊帝，名挚，字青阳，姬姓也。母曰女节。"据说，在黄帝那个时候，天上有一颗大大的星星像彩虹一样，落到了华渚这个地方。女节晚上做了个梦，就怀上了少昊。少昊还有个名字叫玄嚣。少昊这家伙特别厉害，能算出天气来，哪天会下雨，什么时候有日食，他都能提前知道。而且，他还被人们叫作"鸟王"，因为他超级会驯鸟，他管的地方就叫"鸟夷"。少昊把自己的族人改名为"凤鸟氏"，整个族都把鸟当作图腾，都说自己是鸟的传人。

皋陶，是少昊的后代，跟尧、舜、禹一起被称为"上古四圣"，他是中国最早掌管刑罚的官。皋陶超级正直，办案子的时候用了一个叫"獬豸"的神兽帮忙，从来没有冤枉过人。大禹想过把王位传给皋陶，可惜皋陶去世得太早，大禹后来就把王位传给了皋陶的儿子伯益。

伯益最厉害的地方就是帮大禹治水。他还教大家怎么在低地种稻谷，且发明了打井的技术，这对那时候的人们来说可是大大的好事。大禹看伯益这么能干，就给了他一块封地叫"费地"，还赐了他"嬴"姓，嬴姓一族就这么开始了。

说到嬴姓，最有名的肯定是秦始皇嬴政了。虽然现在姓嬴的人不多了，但他们依旧分布广泛，像江苏、山东、云南这些地方都有嬴姓之人。而且，嬴姓还有好多分支，像黄、梁、徐这些姓，都是嬴姓的后代，统称为"嬴姓十四氏"。

妘姓

妘姓是中国古代一个很特别的姓氏，据说是祝融这位大神的八大姓氏之一，更是这八姓的老祖宗。在周朝的时候，有几个国家，像鄅国、夷国，偪阳国，它们的国君和老百姓都是妘姓，他们都是火神祝融的后代。

祝融在中国古代的神话故事里，那可是响当当的火神，大家都尊称他为"火神祝融"。他原来的名字叫作重黎，还有个响亮的称号——赤帝。祝融的后裔分为八姓，即己、董、彭、秃、妘、曹、斟、芈，史书称为"祝融八姓"。

妫姓

妫姓，其渊源可与姚姓共同追溯至远古五帝之一的虞舜。二者皆以居所之名而化姓，承载着对先祖虞舜无尽的敬仰。

不过，尽管妫姓承载着如此厚重的历史与文化底蕴，但它却并未跻身百家姓前千位之列，显得颇为低调而神秘。

春秋时期四大美女之首的息夫人就是妫姓陈国人，息代表她所属的息国，妫则是她母国陈国的姓。陈国的第一任君主妫满，就是舜帝的第三十三代孙。

据说息夫人非常漂亮，容颜绝代，后世把她当作主宰桃花的神仙祭拜，因此她又被称为"桃花夫人"。息夫人曾是息国君主的妻子，可不幸的是，公元前680年，楚王带着军队打败了息国，息夫人也被楚王带回了他的宫殿，成了楚王的妃子。虽然她后来为楚王生下了两个儿子——熊艰和熊恽，但她的心里一直都不好受，特别难过。

息夫人总是沉默寡言，几乎不说话。楚王觉得很奇怪，就问她为什么总是这么沉默。息夫人回答："一女侍二夫，我本来已无颜面对息国的百姓，还有何面目去说话呢？"便再度闭口不言。

对这个典故，唐朝诗人王维写了一诗《息夫人》：

莫以今时宠，能忘旧日恩。

看花满眼泪，不共楚王言。

姚姓

姚姓与姬姓等20个古姓均起源于公元前2000多年前的母系氏族社会，至今近5000年，是中国四大历史最长的姓之一。姚姓出自五帝之一的虞舜，舜生于姚墟，他的后裔子孙便以地为氏，称为姚姓。时至今日，姚姓应该算是一个大姓，在全国的分布如今主要集中于浙江、安徽、广东、江苏四省。由姚姓演变出的姓氏有70多个，遍布世界各地。

妊姓

《左氏春秋》中载，妊姓为伏羲氏风姓后代，另说妊姓即任姓一脉，是黄帝长子后裔。另有妊姓来源于契族一说，认为妊姓是契族古老姓氏之一。妊姓后来演变成现在的任、壬、奚、稽、薛、舒、仲、祖、且、谢、射、终、佟、修、章、吕、毕、洛等姓。

第二章
姓，不同于氏

说到姓氏，是否曾有一刻让你疑惑：为何"姓"与"氏"虽常被并肩提及，却各自承载着不同的历史重量与文化深意？它们之间，究竟横亘着怎样的界限？

姓，作为血脉传承的最初印记，它是否真如我们所想，仅仅是一个简单的称谓前缀？在那遥远的古代，姓的赋予是否蕴含着更为深刻的族群认同与血缘纽带？而氏，作为后来兴起的分支标识，它又是如何随着社会的变迁，逐渐从姓的阴影中走出，成为贵族身份与地位的象征的？

在历史的长河中，姓与氏的离合，是否也映射出社会结构的变迁与权力格局的动荡？它们之间的微妙关系，是否正是古代社会等级制度与文化传统的缩影？

当我们深入探索这一章时，是否会惊讶地发现，原来那些看似简单的姓氏背后，竟隐藏着如此复杂而丰富的历史与文化内涵？姓与氏，这对既相互依存又各具特色的概念，又将如何引领我们揭开更多关于姓氏的未解之谜？让我们带着这份好奇与期待，一同踏入本书的第二章，探寻"姓，不同于氏"的奥秘所在。

🐾 "爸爸"来了，"姓"与"氏"也就分开了

一万多年前，人类已经经历了漫长的母系氏族社会。

在那个古老的世界里，没有"爸爸"这个词，那时，人们只知其母，不知其父。但随着历史的齿轮缓缓转动，生产力不断提升，人类进入农业社会。

随之，"爸爸"来了。

"爸爸"的出现不仅标志着社会结构的重大变革，也让"姓"与"氏"这对"兄弟"，在历史的舞台上分道扬镳，上演了一场跨越千年的身份大戏。

在父系氏族社会至先秦的悠久岁月里，盛行着一种以"氏"为标识，区分社会层次与地位的独特习俗。这一习俗不仅构筑了"同姓之下，氏别尊卑；一姓之内，多氏并存"的复杂社会图景，还反映了时代的变迁与文明的演进。可以说，那个时代下，贵者有氏，贱者有名无氏。这到底是怎么回事呢？

❀ 父权，社会不平等的起源

在母系氏族的悠长岁月里，男人们过着逍遥自在的日子，他们成年后踏上旅程，到别的氏族寻找伴侣，像极了现代的"联谊活动"。那时，狩猎不过是场游戏，更多的时候，男人们围坐在篝火旁，分享着女人采集来的果实。

那时，男性的地位不高。他们也没什么打猎工具，所谓出门打猎，基本上是去玩耍，偶然猎得小动物，就和一群伙伴在野外一起烤着吃了。

在无忧无虑地生活了几百万年之后，农业革命的浪潮席卷而来，男人们被迫从狩猎游戏的后台走进真实生活的"战场"。

男人们开始在田间地头挥汗如雨，让土地孕育出丰富的粮食。这不仅解决了温饱问题，更带来了剩余财产，进而引发了部落间的纷争。在这个过程

中，男性的地位迅速攀升，从昔日的"玩伴"变成了家族的保护神，甚至是部落的领袖。

生育的奥秘也随之揭开，孩子不再是母亲的专属，父亲的身份也随之确立。

男人们心中开始涌动着一个念头：渴望拥有确凿无疑的血脉延续，将个人的财富与智慧传承给下一代。

这打开了父权社会的大门。

为了确保血脉的纯正与财产的顺利传承，男性社会构建了一套复杂而严密的体系，对女性施加着各种形式的限制与束缚：无论是有形的法律条文，还是无形的社会规范。这一切，都为父系专偶制家庭的诞生奠定了基石。随着生产力的飞跃与财富的累积，父系氏族社会迎来了前所未有的变革。生产力的提升促进了社会分工的细化，职业领域的划分日益明确，技艺的传承也变得愈加专业。父亲，这个曾经模糊的角色，正式登上了历史的舞台，成为家庭与社会结构中不可或缺的一环。

"爸爸"，终于来了。

这一时期，氏族中的领袖人物，如首领、酋长等，如同璀璨星辰，引领着社会的发展方向。他们不仅统揽部落大局，更精心培育了多元化的职能架构与管理体系。他们各展所长，各守其位：自然资源在他们的守护下得以永续利用；农牧业在他们的管理下繁荣昌盛；天文历法的研究者探索星辰奥秘，指导农时；军事法律的制定者维护着部落的安全与正义；礼仪教化与财政管理的大师们，则让部落的文化与经济稳步前行。

譬如说，太昊伏羲氏，以他的智慧规范了婚姻与姓氏，为社会的稳定与和谐奠定了坚实的基础；炎帝神农氏，以农业创新的伟绩，让人类的餐桌更加丰富多样，极大地提升了物质生活的品质；黄帝轩辕氏，则以高尚的伦理道德与公正的法制，成为后世敬仰的楷模；而少昊金天氏等天文学家，他们的精准历法如同时间的灯塔，为人们的日常生活指明了方向。

在这些杰出人物的背后，是家族世袭制度对技艺与职位的传承与延续。随着时间的推移，"氏"逐渐超越了简单的血缘标识，成为衡量社会地位与尊贵程度的重要标尺。正所谓"氏所以别贵贱，贵者尊氏，贱者有名无氏"，这一历史现象深刻地揭示了当时社会的等级结构与价值观念。

在《通鉴外纪》这部历史典籍中，对于"姓"与"氏"的界定有着清晰的阐述："姓者，统其祖考之所自出；氏者，别其子孙之所自分。"姓，乃是追溯祖先源流之标识，承载着宗族的起源与根本，是大宗一脉相承的尊号；而氏，则是后来衍生出的，用以区分同一宗族内不同分支、小宗的特有称谓。

西周的分封制是不少姓氏的来源，看看你的祖先是哪国的君主

春秋战国时期，一个极具震撼力的诅咒——"坠命亡氏"，在诸侯间广为流传，其威力之大，足以与剥夺爵位、丧失国家相提并论。郑樵在《通志·氏族略》中深刻揭示了这一点："古之诸侯，诅辞多曰'坠命亡氏，踣其国家'，以明亡氏则与夺爵失国同。"这足以说明，在那个时代，"氏"这一看似简单的姓氏符号，实则承载着个人乃至家族的社会地位与荣誉。

追溯至先秦时期，姓与氏是截然分开的两个概念。姓，作为整个有血缘关系部族的共同标识，具有稳定性和传承性；而氏，则是同姓部族内部不同支系的标志，其变化往往与封邑、官职的变动紧密相连。这种区分，不仅体现了血缘关系，也反映了当时森严的等级制度。

要深入理解这一现象，我们不得不提及西周的分封制。

《史记》中记载，一日，年少的周成王与弟弟叔虞嬉戏时，将一片桐叶削成珪状（珪：一种玉），将其作为封地的凭证送给叔虞。他开玩笑说：

"拿着，我把唐国封给你。"史官尹佚请求成王选择一个吉日封叔虞为诸侯，成王说那只是戏言。尹佚答："天子无戏言。"于是成王便封叔虞于唐。叔虞死后，他的儿子迁都于晋水之边，将国名改为晋。这就是桐叶封弟的故事。唐国就是后来春秋五霸之一的晋国。

唐国的后裔遂以国为氏，改姓为唐。这个例子说明了：周朝宗室成员，原本同属姬姓，在分封制度下被派遣至各地治理，他们随后便各自以所分封国家的国名作为自己的氏。

这一制度下，受封对象主要分为三类。

第一类是与周王同姓的亲族，占据了主导地位。

第二类是功臣。功臣的封国中，最有名的当数齐国，是封给首功之臣姜太公的。一般的诸侯国是不能随便对外发兵的，但齐国却有征伐之权。史书中记载："东至海，西至河，南至穆陵，北至无棣。五侯九伯，实得征之。"也就是说，如果以上这些地区的小国不听话，齐国可以直接出兵替周王教训它们。后来齐桓公能够成为春秋时期的首位霸主，这个征伐的特权还是起了一定作用的。

第三类是先代贵族的后代。史书记载，武王封神农之后于焦，封黄帝之后于祝，封帝尧之后于蓟，封帝舜之后于陈，封大禹之后于杞。有些古圣先贤都去世好几百年了，他们的后代不知道在哪里放羊呢，但是周王还是找到了他们，封他们为诸侯。就连纣王的哥哥微子启也被封于商丘，建立宋国。

原来屈原姓芈，孔子姓子

大家可能会有疑问：封国那么多，封国里的人究竟姓什么？我们以楚国为例。

周灭商后，周成王封楚人首领熊绎为子爵，建立楚国。我们熟知的春秋五霸之一、"一鸣惊人"的楚庄王叫熊旅，那个跟屈原投江脱不了干系的不争气的楚怀王叫熊槐。但事实上，熊并非楚国的国姓，而是楚国国君的"氏"，准确地说，芈才是楚国的国姓。

那时，男女在称呼上是有区别的，男子称氏，女子称姓。进一步观察《芈月传》，我们会发现一个有趣的现象：芈月的父亲楚威王名为熊商，父女二人姓氏不同，这正是"氏明贵贱"原则在古代社会中的具体体现。楚王作为尊贵之族，以熊为氏，而芈月作为女性，则未以氏相称，反映了当时社会对于性别与身份地位的严格区分。

所以，再强调一次，芈月虽然和她父亲一样，皆为芈姓、熊氏，但是她父亲可以叫熊商，她却只能被称为芈月，而不是熊月。

这就是"氏明贵贱"落实到历史的具体场景中的真实体现。要是问你：离骚的作者屈原，姓什么？你可能会说屈原，那肯定姓屈。不对，其实屈原姓"芈"，《芈月传》的芈，"屈"是他的氏。顺便说一下，春秋战国时期那些知名的"楚国人"，其实都姓芈，只不过氏不同，比如伍子胥、屈原、白起、项羽，他们跟芈月其实都是同姓亲戚。

更笼统一点说，女称姓，男称氏。氏是姓的分支。氏用来区别贵贱，贵族有氏，贫民有名无氏。比如老子生了几个儿子，有点出息的就可以自立门户，有自己单独的氏，但姓还在，也不会变。再比如，孔子的祖上有个人，叫作孔父嘉，他是宋国的贵族，当官当到了大司马。一般古代的大司马，就是管军事的，类似于今天的国防部长、军队总司令这种。因为宋国的国姓是子，孔父嘉是公族，也姓子；所以孔子是子姓，孔氏，名丘，字仲尼。

千万不要认为孔子姓孔，否则就闹了大笑话了。

这种以氏别贵贱的风尚，在父系氏族社会到先秦这一时期相当盛行，形成了"同姓异氏，一姓多氏"的社会格局。

姓氏合一：庶民崛起

正如上篇所论，姓与氏能在先秦发展下去，一个核心原因就是分封制和世卿世禄制（也称"世官制"）。世官制有两种含义：一种是指家族世代固定做一种官；另一种是官职不固定，但官僚地位固定。但不论是哪一种，家族（家庭）垄断官爵与俸禄，如此造就了世族，这些世族在物质保障与政治庇护下世代繁衍着——分封。

然后，自春秋后期起，各国开始变法改革，新的官僚出现。这些官僚的任命权在君王手中，可以被君王任免与调遣，世官制下的士族开始崩溃，贵族的经济政治基础被剥夺。

之后，秦朝统一六国，进行了一系列大刀阔斧的改革，其中最重要的一项就是用郡县制度彻底取代了宗法血缘制度。

以前，国家被分割成很多小国和封地，贵族们根据血缘关系享有特权和封地。但秦朝不同，它把全国划分为41个郡，郡下面再设县、乡。这样一来，不管你是谁，都得按行政区划来管理，皇帝的儿子也不例外，没有私人领地了。

这种完全用行政区划代替以宗法氏族血缘为关系网络的政治结构，彻底结束了宗法制及与之相关联的分封制以及世卿世禄制。贵族们用来显示身份的"氏"也变得不再那么重要，慢慢地，"氏"和代表血缘关系的"姓"就变得差不多了，大家都开始用"姓氏"来称呼自己，这就是"姓氏合一"的开始。这种"姓氏合一"的趋势，是社会历史发展的必然结果。史书上是这么说的，公元前221年，秦始皇横扫六合、一统天下，"车同轨，书同文,行同伦"。《通志·氏族略》云"秦灭六国,子孙皆为民庶,或以国为氏,或以姓为氏,或以氏为氏,姓氏之失,自此始。"

在这一过程中,长期作为周王室宗法制度核心的姓氏制度,随着王室的彻底坍塌而逐渐消亡。"君子之泽,五世而斩",曾经享有崇高地位的王子王孙们一夜之间沦为庶民。原先的庶民的社会地位得到提高,游士、侠客、布衣都可获得相应的"姓氏"。

简单来说,"姓氏合一"这个制度,是在西汉初年渐渐明确的。顾炎武在《日知录·氏族》中说,从司马迁写《史记》那时候开始,人们就不再把姓和氏分得那么清,经常混着叫了。你看,《史记》里,称秦始皇"姓赵氏",到了汉高祖刘邦,就直接称其"姓刘氏"了。

秦朝末年,大规模的农民起义风起云涌,封建宗法的姓氏制度遭受了巨大的冲击和破坏。起义的领袖如陈胜,他出身低微,却振臂一呼,质疑"王侯将相,宁有种乎",这一呼声代表了平民百姓对封建制度的反抗。众多平民,甚至奴隶,都加入了起义军的行列,成为推翻秦朝、建立西汉的主要力量。

自此,大宗的"姓"与小宗的"氏"不再有区别,它们合二为一,两者之间的界限消失了,它们合并成了我们今天所说的"姓氏"。这也是中国姓氏发展史上一个特别重要的变化。

第一,姓氏合一后,姓与氏无区别,姓可称为氏,氏也可称为姓。

第二,姓

氏合一后，男女的姓名称谓相同，皆称姓与名或字。

第三，姓氏依父系平等地被所有子女继承，不再有嫡庶、贵贱之别，不再有"别族立氏"的情况出现。

从那以后，姓氏的界限被彻底打破，无论是高高在上的帝王，还是平凡普通的百姓，都拥有了属于自己的姓氏。在学术研究领域，学者们习惯将先秦时期的姓氏统称为"古姓"，而将秦汉之后，随着郡县制推行、社会结构变革而形成的姓氏体系称为"今姓"。

古人有名还有字，它们怎么用

深入品读《三国演义》这部历史巨著，不难发现刘备在部署军事行动时，总爱以"云长""翼德""子龙"等字来呼唤关羽、张飞、赵云等将领，而非直接呼其本名如"关羽""张飞""赵云"。这一现象背后，深藏着古人对于名与字使用的独特文化与礼仪。

追溯至古代，人们自出生起便拥有了姓与名，这是身份的基本标识。而字，则是男子成年后，由长辈或师长所赐，象征着个人的成长与独立，也标志着其已具备参与社会交往乃至婚嫁的资格，故有"待字闺中"语，虽原指女子待嫁，但亦侧面反映了字与成年、成熟的关联。

在古人的日常交往中，名多用于自谦，无论是在正式或非正式场合的自我介绍中，如刘备常以"备"自称，说"备如何如何"，而不会说"玄德如何"，因为这样会显得过于自大。相反，字则更多地被用于他称，尤其是在表示尊重、亲近时或正式场合下。刘备对麾下将领的称呼，正是体现了这种尊重与亲近，同时也彰显了他作为领袖的温文尔雅与知人善用。

自称时通常用名，体现一种谦虚的态度。然而，在特定的场合，比如在面对敌人时，情况则有所不同。比如赵云在叫阵时，常常大喊："我乃常山赵子龙也！"此时，他无需谦虚，故而用字。

从这些例子中，我们可以看出，在中国古代，人们的名和字是有着明确区分的，且在不同的情境下有着不同的使用方式。《古人名字解诂》解释：名以正体，字以表德，号以明志，斋室寄情。

虽然"名是名，字是字"，但是，名与字的联系是极为紧密的。

就像诸葛亮，名字里有个"亮"字，他的字号"孔明"就像是给"亮"这个字加了个注解，说他既明亮又智慧。再比如陶渊明，名字里的"渊"和字号"元亮"也是相呼应的，感觉都是那么清澈、明亮。

咱们再聊聊张飞和关羽。张飞字"翼德"，"翼"就是翅膀，有了翅膀才能飞得高，这和他的名字"飞"多配啊！而关羽呢，字"云长"，"羽"也是翅膀的意思，但他不用"翼"而用"云长"。为什么呢？因为关羽在人们心中可是大鹏鸟级别的，飞得高、飞得远，"云长"二字更有那种气势磅礴的感觉。所以有人开玩笑说，关羽的名字起得大气，自然就当了二哥，张飞就只能排老三了。

当然啦，名字和字号的关系也不都是这么直白的，有时候还会来个反差。比如曾点，名字里的"点"像是小黑点，但他的字号"皙"却是白色，一黑一白，挺有意思的。还有朱熹，名字里的"熹"是天亮的意思，而他的字号"元晦"却是黑夜的开始，这反差也是挺大的。

说了这么多，大家现在应该对古人的名字和字号有点感觉了吧？其实我们也可以试着给自己起个字号，不用太复杂，但最好能体现出自己的特点和愿望。比如你希望自己聪明伶俐，就可以起个像"智明"这样的字号；如果你喜欢大自然，也可以起个像"山林居士"这样的雅号。

总之，起字号就是要让自己听起来更有范儿！

第三章
《百家姓》背后的历史风云

　　提起《百家姓》，几乎无人不知、无人不晓。但你可曾想过，简单的《百家姓》排序，竟隐藏着历史的风云变幻？从帝王将相到平民百姓，他们的姓氏如何与时代的命运紧密相连？在历史的长河中，姓氏如何伴随着家族的兴衰起伏，见证一个个王朝的崛起与陨落？那些显赫一时的姓氏，又在何时何地，因何缘由，逐渐隐退于历史的尘埃之中？而那些看似平凡的姓氏，又是否藏着不为人知的坚韧与智慧，默默书写着属于自己的传奇篇章？

　　本章带领大家用探索的目光，去揭开那些隐藏在《百家姓》背后的历史秘密，感受那份跨越千年的厚重与深邃，让每一次翻阅，都成为一次与古人跨越时空的心灵对话。

《百家姓》都有哪些姓

在我国古代，典籍浩如烟海，《百家姓》无疑是其中一部颇具特色的著作。据传，这部著作起源于北宋初年的钱塘，由一位书生所著，旨在作为儿童启蒙教育的读物。他将常见的姓氏巧妙地编排成四字一句的韵文，宛如一首朗朗上口的四言诗，既易于诵读又便于记忆，因此一经问世便迅速流传开来。

不过，《百家姓》中的"百"字并非实指。实际上，现存的《百家姓》版本中共收录了504个姓氏，其中单姓444个，复姓60个。提及百家姓氏，许多人脑海中首先浮现的便是"赵钱孙李"这四个姓氏，它们仿佛已经成为百家姓的代名词，随口便能道来。

《百家姓》全文为：

赵钱孙李 周吴郑王 冯陈褚卫 蒋沈韩杨 朱秦尤许
何吕施张 孔曹严华 金魏陶姜 戚谢邹喻 柏水窦章
云苏潘葛 奚范彭郎 鲁韦昌马 苗凤花方 俞任袁柳
酆鲍史唐 费廉岑薛 雷贺倪汤 滕殷罗毕 郝邬安常
乐于时傅 皮卞齐康 伍余元卜 顾孟平黄 和穆萧尹
姚邵湛汪 祁毛禹狄 米贝明臧 计伏成戴 谈宋茅庞
熊纪舒屈 项祝董梁 杜阮蓝闵 席季麻强 贾路娄危
江童颜郭 梅盛林刁 钟徐邱骆 高夏蔡田 樊胡凌霍
虞万支柯 昝管卢莫 经房裘缪 干解应宗 丁宣贲邓
郁单杭洪 包诸左石 崔吉钮龚 程嵇邢滑 裴陆荣翁
荀羊於惠 甄麴家封 芮羿储靳 汲邴糜松 井段富巫
乌焦巴弓 牧隗山谷 车侯宓蓬 全郗班仰 秋仲伊宫
宁仇栾暴 甘钭厉戎 祖武符刘 景詹束龙 叶幸司韶

郜黎蓟薄 印宿白怀 蒲邰从鄂 索咸籍赖 卓蔺屠蒙
池乔阴郁 胥能苍双 闻莘党翟 谭贡劳逄 姬申扶堵
冉宰郦雍 郤璩桑桂 濮牛寿通 边扈燕冀 郏浦尚农
温别庄晏 柴瞿阎充 慕连茹习 宦艾鱼容 向古易慎
戈廖庾终 暨居衡步 都耿满弘 匡国文寇 广禄阙东
殴殳沃利 蔚越夔隆 师巩厍聂 晁勾敖融 冷訾辛阚
那简饶空 曾毋沙乜 养鞠须丰 巢关蒯相 查后荆红
游竺权逯 盖益桓公 万俟司马 上官欧阳 夏侯诸葛
闻人东方 赫连皇甫 尉迟公羊 澹台公冶 宗政濮阳
淳于单于 太叔申屠 公孙仲孙 轩辕令狐 钟离宇文
长孙慕容 鲜于闾丘 司徒司空 亓官司寇 仉督子车
颛孙端木 巫马公西 漆雕乐正 壤驷公良 拓跋夹谷
宰父谷梁 晋楚闫法 汝鄢涂钦 段干百里 东郭南门
呼延归海 羊舌微生 岳帅缑亢 况郈有琴 梁丘左丘
东门西门 商牟佘佴 伯赏南宫 墨哈谯笪 年爱阳佟
第五言福 百家姓终

🎔 赵为何排在《百家姓》所有姓氏之首

可以看出，《百家姓》采用四言体例，句句押韵，不过，许多人误以为《百家姓》的排列顺序是依据人口数量来定的，实则不然。若真以人口数量来排序，李姓将荣登榜首，占全中国汉族人口的 7.94%。如此一来，姓氏的顺序将变为"李王张刘，陈杨赵黄"，而钱姓则会退居至第 89 位。

那么，《百家姓》的排序究竟隐藏着怎样的秘密呢？今天，就让我们一同揭开这个谜团，探寻《百家姓》姓氏排序背后的故事。

"赵钱孙李"之所以位居《百家姓》之首，实与《百家姓》诞生的时代背景紧密相连。当时，宋太祖赵匡胤稳坐龙椅，作为一国之君，其尊贵的地位无可撼动。在姓氏排序上，自然也不能让皇帝屈居人后。因此，那位编撰《百家姓》的书生，出于对皇权的敬畏，将赵姓置于首位，以此彰显皇帝的至高无上。

关于《百家姓》里钱姓为什么排那么前，有两种挺有意思的说法。一种是说编这书的人可能自己就是钱家人，为了显摆自家地位，就悄悄把钱姓放在了皇族之后的第一位。另一种大家更常听说的，是讲北宋那时候，吴越国的国王钱镠特别识相，早早向宋朝投降，还帮赵匡胤打天下，赵匡胤一高兴，给钱镠封了大官，所以钱姓在《百家姓》里也就水涨船高，排到了第二，这可是荣耀的象征。

再来说说孙姓为什么排第三。这也是因为钱镠国王的王后姓孙，这位孙王后不仅长得美，还特能干，帮钱镠把国家治理得井井有条。有这么个厉害的王后，她的姓当然也要在《百家姓》里风光一把啦。

最后聊聊李姓为什么排第四。这和李后主李煜有点关系。虽然李煜最后当了亡国之君，但赵匡胤还是挺欣赏他的，没怎么为难他，还给了他一个"违命侯"的封号。想当年，李煜也是个性子倔强的人，不肯轻易低头。另外，赵匡胤刚当皇帝的时候，李唐皇室的名声还挺响的，赵匡胤也不想做得太绝，于是就把李姓放在了第四位，既显示了尊重，也平衡了各方势力。

在姓氏的排列之中，还有一个问题引起了人们的广泛关注。刘姓，作为一个历史悠久且声名显赫的大姓，在无数皇室中留下了深刻的印记。然而，令人费解的是，为何在《百家姓》的众多姓氏中，刘姓的排名却相对较后呢？

根据老百姓口耳相传的故事，这个姓氏的排名和北汉这个政权长期给宋朝找麻烦有很大关系。宋太祖赵匡胤这辈子为了搞定北汉，前后打了三次仗，但每次都没成功。这肯定让他心里头火大，对北汉那边的人和事儿都特别不待见。

那位编撰《百家姓》的书生特别会看皇帝的脸色，也懂皇帝的心思。为了让赵匡胤高兴，他就在编排姓氏顺序的时候动了手脚，故意把刘姓（北汉的皇帝姓刘）排得靠后了点儿。

他这么做，一方面是向皇帝表忠心，说明自己听话；另一方面也说明那时候的人对姓氏排名这事儿特别上心，因为这里面藏着不少政治意味。

其实，不光是《百家姓》，唐朝的时候也编过一本叫《氏族志》的书，那时候的朝臣也是按照新的规矩来排名的，唐太宗的李姓当然就排在了最前面。到了明朝，又有人编了本《千家姓》，里面朱姓也是当仁不让排第一。所以你看，《百家姓》里的姓氏顺序可不是随便排的，它背后有很深的历史和政治原因。

探究宋朝时期赵姓的特殊地位

赵姓人赵匡胤凭借其卓越的智慧和领导力，建立了宋朝，开创了赵氏王朝的新纪元。赵姓随之成了国姓，象征着皇室的权威与尊贵。所以，在赵姓族史上，最辉煌的莫过于宋朝时期，在宋代人编写的《百家姓》中，赵姓排名第一，成为"天下第一姓"。

河南开封双龙巷，一家出两帝王

河南开封，是宋朝的首都，史称"东京"。

这座历史悠久的古城，其街道布局独特，素有"七角八巷七十二条胡同"的美誉。在这八巷之中，尤以双龙巷最为显赫，因为其在宋朝出了两个皇帝，所以被称为"双龙巷"。

关于双龙巷，民间有这样的一段传说：

唐末有一位名叫陈抟的读书人，他隐居在华山之中，最终得道成仙。一日，他下山云游，偶遇一名逃难的汉子，此人肩上挑着两个箩筐，每个箩筐里坐着一个小孩。陈抟一见到这个场景，忍不住哈哈大笑，笑得竟然从驴背上摔了下来。路人见状纷纷上前询问原因，陈抟笑着回答："我本来以为这

世上再也不会有真正的天子了，没想到这一担子里竟然藏着两条真龙！看来，天下的局势已经注定了啊。"说完，他给了那位逃难的汉子一些银两，并叮嘱他一定要好好抚养这两个孩子。

不久之后，这位名叫赵弘殷的逃难汉子来到了开封。他在这里举目无亲，只能暂时在鸡儿巷的一座破庙里安顿下来。寒冬腊月，天气异常寒冷，两个孩子冻得直哭。赵弘殷心疼极了，赶紧生火为他们取暖。就在这时，庙里的和尚做了一个奇怪的梦，他梦见有火龙飞进了庙里。惊醒后，和尚对赵弘殷说："你的孩子，可是龙啊……"

这两个孩子，哥哥叫赵匡胤，弟弟叫赵光义。后来，哥哥赵匡胤建立了宋朝，成了宋朝的第一位皇帝。等赵匡胤去世后，位置被传给了弟弟赵光义。这么一条不起眼的小巷子，竟然出了两位皇帝，就像龙藏在里面一样，所以大家都叫它"龙潜之地"。

为了纪念这一奇迹，人们将原来的鸡儿巷更名为"双龙巷"。明代《如梦录》中也有记载："双龙巷，乃宋太祖、太宗旧居之地。"

北宋这个朝代，一共有9位皇帝，总共持续了167年，它在开封建都时间最长，也是历史上影响特别大的一个朝代。赵匡胤，作为北宋的开国皇帝，他管理国家有16年之久。而他的弟弟赵光义，在哥哥之后接班，又稳稳地统治了国家21年。

这哥俩齐心协力，花了30多年的时间，把东京（就是现在的开封）建设成了一个超级大城市。那时候，东京的人口超过了100万人，城市里的建筑金碧辉煌，美得不得了。人们都说，东京的繁华和规模，在当时是找不到第二个的。

宋朝建立，赵氏皇族分三支

公元961年，即赵匡胤称帝的第二年，赵匡胤的母亲杜四娘病重。临终前，她把赵匡胤和赵普叫到床头。

赵匡胤悲痛地握着母亲杜四娘的手，询问母亲的遗愿。杜太后问赵匡胤是否知道他为什么能够做皇帝。赵匡胤想要讨好生病的母亲，就说自己全凭父亲、母亲积的余庆。杜太后尽管很高兴，却也直截了当地告诉儿子，是因为后周让一个小孩子做了皇帝，如果他想要宋朝的江山绵延下去，死后要把皇位先传给他的弟弟，然后再由弟弟传给他的儿子们。

因为杜四娘临终前的嘱咐，赵匡胤按照她的意愿，写下了"金匮之盟"，决定把皇位传给弟弟，以此来稳固江山。15年后，赵匡胤去世，赵光义凭借这个"金匮之盟"登基，成为宋太宗。有人可能会问：作为一名女子，在那个时代，杜太后如何能够影响赵匡胤对皇位继承人的选择？历史真相往往极为复杂。

杜太后生活在唐朝末年的乱世之中，亲历了五代十国的

乱局与变迁。虽然赵匡胤一手推动了赵宋王朝的建立，但杜太后却被认为是陈桥兵变幕后的重要推手，所有的参与者都是她拉拢过来的。这就不难解释为何在北宋建国之初，杜太后在朝堂上以及皇位继承问题上拥有极为重要的话语权。

按照"金匮之盟"，宋太祖去世后，由其弟弟赵光义继承了皇位。

然而，赵光义即位后，却悄然隐匿了这份盟约的具体内容，使得继位之路偏离了既定的轨迹。

魏王赵廷美，性情上素以刚愎自用、骄横不羁著称，其行径多次触怒了兄长宋太宗，屡遭严厉训斥，心中积怨颇深，对皇位更是心怀觊觎，暗自筹谋，意图加速实现其篡位之愿。面对此等情形，宋太宗出于兄弟情谊的考量，同时念及赵廷美过往的赫赫战功，虽撤销了其开封府尹之职，但仍委以西京（即今日之洛阳）留守。后来，赵廷美又被迁到房陵，并在此郁郁而终。此后，北宋历代皇帝皆为宋太宗赵光义的后代。

靖康之变后，北宋王朝轰然倒塌，被金国吞并。康王赵构，也就是后来的宋高宗，他一路南逃，最终在临安站稳脚跟，建立了南宋。虽然成了皇帝，但他的心里始终有个解不开的结——自己的儿子早早离世，这让他痛苦不已。

宋高宗赵构在深深的反思中，渐渐形成了一个念头：他认为北宋的覆灭，还有自己失去爱子的痛苦，都是因为祖先宋太宗赵光义没有按照"金匮之盟"的约定行事，这才招来了灾祸。

这个念头一旦生根，就迅速发芽长大。赵构最终做出了一个大胆的决定：他要改变南宋皇位的传承，把皇位还给太祖赵匡胤的后代！

于是，南宋的皇位传承方向来了个一百八十度的大转弯，从太宗赵光义一脉转到了太祖赵匡胤一脉。宋孝宗，作为太祖赵匡胤孙子赵德芳的六世孙，幸运地登上了皇位。从此，南宋的皇帝就都是太祖赵匡胤的后代了。

而那些原本属于太宗赵光义一脉的皇室成员，他们中的很多人选择了离开临安，四散到南方的各个角落，过上了普通人的生活，开始了新的篇章。

翻开《宋史·宗室世系表》，我们可以看到宋朝宗室清晰的三大家族脉络：太祖赵匡胤的后代、太宗赵光义的后代，还有魏王赵廷美的后代。

《百家姓》最后一句是什么

《百家姓》这部典籍，以其匠心独运的四字一句格式，编织了一幅丰富多彩的姓氏图谱。

开头的"赵钱孙李"，大家都能脱口而出，但你知道它最后一句是什么吗？对，就是"第五言福，百家姓终"。

乍一看，你可能会以为"福"字就是百家姓的最后一个，后面那四个字只是告诉你这本书讲完了。但其实啊，这里头有大学问呢！"第五""言""福""百""家""姓""终"，这七个，每一个都能独立成为一个姓氏，就像玩了一场文字游戏，特别有趣。

尤其是"第五"这个复姓，听起来就挺特别的吧？它不像"张王李赵"那样常见，但能在《百家姓》里占有一席之地，说明它背后肯定有段不简单的历史。能被称为"第五"的，在古代可能是个大户人家或者有什么特别的身份呢。

再来说说"言"和"福"这两个姓。"言"姓，就像它的字一样，让人想到说话、交流，可能这个姓氏的人都很擅长表达吧；"福"字呢，一听就让人开心，感觉这个姓氏的人家里都很有福气，希望好运常伴。

至于"百""家""姓""终"这四个字，虽然单独作为姓氏可能不那么常见，但它们放在一起，就像是在说："《百家姓》这本书讲的就是咱们千家万户的姓氏故事，现在故事讲完了，但姓氏的传承永远不会结束。"

所以，《百家姓》的最后一句，不仅仅是告诉你这本书看完了，更是在用一种特别的方式，告诉我们每一个姓氏都是宝贵的，都承载着家族的历史和文化。读起来，是不是觉得既亲切又有趣呢？

居然有人姓"第五"

第五姓是汉族的复姓之一，它的起源和田姓有关。具体来说，是在汉代时，因为迁徙的原因，齐国公族改姓而来的。在秦国逐渐征服六国的过程中，齐国是最后一个被攻克的诸侯国，所以相对来说，它的损失比较小，田氏家族的势力还是很强盛的。到了秦朝末年，齐国的田氏后人也试着想要复国，但是最后刘邦凭借着他出色的政治和军事才能，成功统一了天下，建立了汉朝。

刘邦建立汉朝后，觉得田氏等六国贵族的势力太大了，这对他的统治是个潜在的威胁。为了消除这个不安定因素，他决定采取一个大动作：把六国贵族都迁到关中地区，这样他们就直接在他的监控之下了。

然而，这仅仅只是开始。

对于被迁移到关中咸阳一带的齐国王族田氏，刘邦进一步采取了分化策略，将他们按照居住的宅第分成八门，并分别赐予了"第一""第二""第三""第四""第五""第六""第七"和"第八"等新的姓氏。例如，田广之孙田登为第二氏，田广之孙田癸为第三氏，田广之弟田英为第八氏。

《潜夫论·志姓氏》中记载："汉高祖徙诸田关中，而有第一至第八氏。"这一记载揭示了这些独特姓氏的由来，它们实际上是刘邦为了削弱和分化田氏贵族势力而特意创设的。堂堂的一国王族，国破家亡之后，不仅其后裔沦为平民、罪民，其姓氏也被迫改变，由国姓公族改为毫无意义的序号，确实让人感慨万千。

不过，通过这一手段，刘邦成功达到了削弱贵族势力的目的。随着时间的推移，这些被赐予的新姓氏逐渐在历史的洪流中消失，唯有"第五"这一姓氏得以延续至今，成为这段历史的独特见证。

第五姓之所以能延续至今，并且出现在《百家姓》中，与第五氏后裔中人才辈出密不可分。第五氏的后人中涌现出了三位杰出的人物，分别是东汉汉明帝时期的第五伦、唐朝唐肃宗时期的第五琦，以及宋朝的第五均。可以说，第五姓能够被列入《百家姓》之中，与其家族历史上的这三位大官的出现有着密切关系。现今，一些第五姓多演化为第姓、五姓或伍姓。

❀ 东汉廉吏第五伦

《后汉书》里第五伦的故事挺有意思。《后汉书·第五伦列传》记载有这样两句话："其身不正，虽令不从""以身教者从，以言教者讼"。大概意思是，如果当官的自己不正直，就算他喊破嗓子下命令，手下人也不会真心听他的。但是，如果他用自己的行动做榜样，那大家就会跟着学。第五伦就是这样一个"打铁还需自身硬"的人，所以他的手下都特别尊敬他，连汉肃宗刘炟也特别看重他。

刘炟让第五伦当了司空，这可是个大官，是专门负责监督其他官员的。那时候，皇帝的大舅子马廖仗着后台硬，到处拉帮结派，搞得朝廷里乌烟瘴气的。第五伦看不下去了，他冒着极大的危险给汉肃宗刘炟写信，说了外戚专政、皇权旁落的危害性，还提醒皇帝要勤俭，别学那些亡国的例子。另外，他还建议皇帝多选好人当官，不要让那些混日子的人占着位置。刘炟听了，觉得第五伦说得对，就照着做了，结果国家慢慢变好了，老百姓也富了起来。

第五伦的儿子担心他太耿直，会得罪人，就劝他圆滑点。第五伦一听就火了，说："小孩子懂什么！当官就要有当官的样子，做人也要有原则！"这话传了出去，有个朋友就问他有没有私心。第五伦很坦诚地说："虽然我没收礼，但心里会记得送礼的人，但不会因此偏袒。对侄子和儿子的关心不一样，这也是人之常情。"

与其说第五伦是幸运地生在了好时代，遇到了开明的君主，不如说是他内心深处的志向和抱负推动着他前行。他在向肃宗递交的奏折中，真情流露地写道："我最大的心愿，就是君臣之间能够亲密无间，没有丝毫的猜疑与隔阂。"（原文："君臣交欢，无纤介之隙，此臣之至所愿也。"）这话听起来虽带了点官场的正式感，但背后的意思其实很简单：只要君主与臣子之间能够相互信任，大家齐心协力，那么朝廷就会和谐，政令就能顺畅地下达与执行，整个社会也就能够保持有序和稳定，老百姓自然能够过上安稳幸福的生活。这，就是第五伦内心深处最真挚的愿望。

《菜根谭》里有句话说得好："势利纷华，不近者为洁，近之而不染者为尤洁。"第五伦就是这样的人，在复杂的朝廷里，他还能保持正直和清廉，真是个"尤洁者"。

历史就像本教科书，能教给我们很多东西。第五伦的故事告诉我们：不管是谁，只有品德好，行为才能端正；行为端正了，才能做到清廉。那些受人尊敬的好官，其实都是在告诉我们，道德是最宝贵的。所以说，有道德的人最美，清廉的官最值得我们学习。

第四章
日暮乡关何处是？探寻姓氏祖根地

"日暮乡关何处是"，这不仅是古人对故土的深切呼唤，亦是今人探寻姓氏根脉时，心中涌动的无尽乡愁。烟波浩渺间，每一缕思绪都似在追问。那些承载着家族记忆与荣耀的姓氏，其祖根之地，又怎能不令人魂牵梦绕？

中原大地，这片古老的沃土，自古以来便是中华文明璀璨绽放的摇篮。在这片广袤无垠的土地上，是否每一抔黄土之下，都埋藏着先祖们筚路蓝缕、以启山林的足迹？

为何台湾同胞在寻根问祖时，会将目光投向福建，进而溯源至固始？这背后隐藏着怎样的历史脉络与文化密码？是北方战乱的烽火，迫使汉人南迁，寻求一片安宁的乐土？还是固始这片土地本身，就有着难以割舍的血脉联系与文化传承？

让我们一同踏上这场探寻姓氏之源的旅程，在固始的古朴村落中，在福建的青山绿水间，在漳江的潺潺流水旁，我们或许能找到那些遗失的记忆，听见先辈的低语，感受到那份跨越时空的亲情与归属感。这场发现之旅，我们不仅仅是在寻找一个地名，更是在寻找自己的根与魂，寻找那份属于中华民族共同的记忆与荣耀。

古书中的"中原"指的是哪里

"中原"一词，内涵深刻，既有普遍适用的广义解释，亦有精确具体的狭义界定。广义而言，它跨越了整个黄河流域的辽阔疆域，涵盖了今河南大部，并延伸至陕西、山西、河北、山东的部分地域，展现出一幅宏大的地理画卷。而狭义上，中原则聚焦于古代豫州之地，其地域轮廓与今日河南省的主要区域相吻合，成了一个历史与文化的核心符号。

追溯历史，《尚书·禹贡》与《尔雅·释地》等古籍名篇早已将"河南"与"豫"紧密相连，赋予了这片土地"豫州"之名，意指黄河之南至汉水之间的广袤区域，进而衍生出"中原""中州"等美誉，象征着其作为天下之中的重要地位。在这片土地上，"三皇五帝"的传奇故事代代相传，他们在此活动、繁衍，为中原文化注入了深厚的底蕴。

自夏朝至宋朝，长达3000余年的岁月里，河南始终是中国历史舞台上的璀璨明珠，政治、经济、文化的中心地位无可撼动。20余个朝代，200余位帝王，或建都于此，或迁都至此，留下了无数辉煌的历史篇章。在中国八大古都的璀璨星空中，河南独占其四——开封、洛阳、安阳、郑州，它们共同见证了河南乃至中国历史的沧桑巨变，故有"一部河南史，半部中国史"之说。

此外，中原大地还是中华姓氏文化的摇篮。以中华人文始祖衍生出了数以千计的姓氏，以中原沃土为家，流布全国及世界各地。排名前100的大姓中，78个姓的源头在河南。

河南为何被称作中国人的"老家"

现在，学术文化界一般认为中华民族有九大始祖，即伏羲、炎帝、黄帝、颛顼、帝喾、少昊、尧、舜、禹。古代都城的寻根与姓氏寻根是紧密相连的。

说到河南，那古都的历史可是悠久得很。比如伏羲和炎帝，他们都选陈这个地方（现在叫"淮阳"）当都城；黄帝在有熊（现在的新郑）建了都城；颛顼在帝丘（也就是现在的濮阳）定了都；帝喾则把都城设在了亳（今天的偃师）。再往后看，夏朝的第一个都城阳城，就在现在河南登封的东南边，告成镇那儿。商朝早中期的时候，都城设在了郑州。

我们发现这九大始祖都出自河南，后世姓氏是根源于九大始祖的，当然也可以视为其姓氏之根在河南。

什么是固始寻根现象

说起"老家河南"，不得不提固始这个地方。

固始坐落在河南省的最东南角，整个县都在淮河的南边，东边还紧挨着安徽的六安，地理位置特别有意思。虽然按老说法，中原里头不包括固始，但现在它是河南省的一个县，所以说起来还是可以把它算作中原的一部分。

固始在历史上可是个热闹的地方。

中原的人要是想往南走，去庐州、安庆、徽州这些地方，甚至更远到浙江、福建，固始都是必经之路。而且，好多中原人南迁的时候，都会先在固始聚一聚，然后再出发。所以，固始就像是中原人南迁的一个大中转站。

对于那些后来去了福建，并且姓着中原姓氏的人来说，固始可能不是他们姓氏最开始的地方。但是，在找自己姓氏之根的时候，固始是他们绕不开的一个近点。因为这里有着他们祖先南迁时的记忆和足迹。因此，固始寻根具有其独特的魅力。

近年来，福建的众多姓氏在追溯家族渊源的过程中，发现他们的祖先大多源自"光州固始"，即今天的河南省信阳市固始县。这一发现使得这些姓氏的家族成员心中普遍产生了一种深厚的固始情结，他们将中原的根牢牢地定位于"光州固始"。这一文化现象引起了中原文化研究和姓氏文化研究专家学者的广泛关注，他们将这种探寻祖根的现象称为"固始寻根"。

台湾访祖到福建，漳江思源溯固始

"台湾访祖到福建，漳江思源溯固始"，这句话说明历代大规模的姓氏迁徙总的趋势是由北到南。究其原因，有地理因素和历史原因。固始县作为历代中原河洛人南迁的肇始地和集散地，历史上有过四次大规模的移民南迁，将中原文明的火种播撒到八闽大地，后裔渐次播迁至粤、台、港、澳和海外各地。

今天可以看到的福建一些大姓的族谱、家谱，如王、陈、刘、黄、郑、周、许、方、曾、吴、谢、尤、施、余、颜、吕等20余种姓氏的谱牒资料中，都有其祖先由固始入闽的记载。这不得不提到西晋末年的永嘉之乱，匈奴、鲜卑、羌、羯、氐等少数民族入据中原，战乱不已，导致了西晋司马氏政权的分崩离析，在这样的历史背景之下，北方的士族豪门纷纷渡江南迁，后代还有"衣冠南渡，八姓入闽"的传说。

永嘉之乱是西晋历史上继八王之乱后的又一次大规模战乱。西晋末年，司马昭的孙子司马衷登上皇位，这就是历史上有名的"何不食肉糜"的那位皇帝，这个时候，发生了八王之乱。司马家的八位亲王，你方唱罢我登场，斗来斗去的结果是国力空虚，导致北方五个主要游牧民族趁机南下，也就是上文所提到的匈奴、鲜卑、羌、羯、氐，这些游牧民族入主中原后，导致西晋灭亡，中国历史进入五胡十六国时期。北方长期处于战乱状态，大批汉人纷纷渡过长江南下。

北方战乱，汉人南下，为何选福建

至于为什么选择福建，这还得从福建独特的地理条件说起，福建地处岭南，三面环山，一面靠海，社会环境相对稳定，所以成为士族南迁较为集中的地区。

说起福建漳州的历史，必说到固始。如果说固始是树根，漳州就是那树上的枝叶。西晋末年，固始人第一次大规模南迁；时隔几百多年后，也就是唐末，另一批固始人入闽。福建的历史由此改变。

唐高宗时期，为了平息福建的纷乱，他钦点了陈政为岭南行军总管事，领兵入闽。在这支队伍中，有一位年仅13岁的少年英雄格外引人注目，他便是陈政的儿子陈元光。这位少年早慧，13岁时便在乡试中脱颖而出，一举夺魁。然而，面对国家的召唤和家国的责任，他毅然放弃了文人的安逸，选择随父从军。从此，他以大唐猛将陈元光的身份，在战场上书写着自己的传奇。

陈元光的英勇与聪慧不仅体现在战场上，更在治理地方上展现得淋漓尽致。武则天时期，为了加强对福建地区的管辖，她批准在泉州与潮州之间设立漳州，并任命陈元光为漳州的首任刺史。在陈元光的精心治理下，漳州逐渐繁荣起来，成为福建地区的一颗璀璨明珠。

陈元光开发漳州，建功于国，造福于民，受到历代朝廷的封赏和黎民百姓的尊崇，被奉为"开漳圣王"。他的生平事迹和当年南传的中原文化，千余年来影响深远。

唐天宝十四载（755），安史之乱爆发，这场动荡持续了漫长的8年，迫使中原地区的士族群体再次大规模南迁，他们的足迹遍布苏浙、湖广、云南以及闽粤。其中，来自河南固始的王潮与王审知兄弟，于唐光启元年，即公元885年，踏上了前往福建的征途，最终在闽南地区扎根，创立了闽国，成为五代十国时期的重要一隅，他们也因此被尊为福建王姓的始祖，史称"开闽王氏"。

这些都说明，对于福建地区的姓氏寻根来说，河南的固始真的是个非常重要的地方。

从2009年开始，固始县就开始举办根亲文化节，后来逐渐发展成了中原（固始）根亲文化节，到现在已经办了11届，成了河南省的一个很重要的节庆活动。特别是2023年9月，第十一届中原（固始）根亲文化节在固始县根亲文化园盛大开幕，这次活动吸引了来自全球各地的华侨华人，还有来自港澳台地区以及马来西亚、越南、菲律宾、泰国、法国、英国、秘鲁等国的姓氏宗亲和商会代表。这30多年来，海内外华人的寻根热情一直都很高，从来没减退过。不管他们现在在哪里,先祖所在的地方永远都是他们心里最值得尊敬和怀念的地方。他们去追根溯源,最后发现根就在河南。

走西口,闯关东,下南洋

"哥哥你走西口,小妹妹我实在难留……"这首脍炙人口的民歌《走西口》,在山西可是家喻户晓。它唱的是男女间深深的情谊,还有离别时的那份不舍和生活的艰辛,歌声里揭开了移民史上波澜壮阔的一页,饱含着时代的沧桑。

走西口,就像是用脚步去丈量未知的未来,路上要是迷了路,就把鞋子一扔,鞋尖指哪儿就往哪儿走。你知道吗?现在住在内蒙古呼和浩特的汉人中,有八成是当年从山西走西口过去的。那时候,好多人都去那边做生意、打工。慢慢地,内蒙古那边的市场就热闹起来了,城市也变得越来越繁华。

包头这个地方还有句老话,"先有复盛公,后有包头城"。复盛公就是山西乔家200多年前开的大商号。到了清朝中期,内蒙古那边的买卖,差不多都被这些走西口的山西商人给包圆儿了。

咱们国家历史上还有好多这样的移民大潮,像"湖广填四川""渡台海""闯关东""客家南迁",这些和"走西口"一样,都是咱们自己家里头的迁徙。但还有更远的,比如"下南洋"和"金山梦",那是咱们中国人勇敢走出国门,去更远的地方闯荡,长路漫漫,充满了血泪辛酸。

下南洋,这一跨越重洋的迁徙潮,始于明清之际,尤以清末民初为盛。无数华人为躲避战乱、寻求生计,踏上了前往东南亚的漫长旅程。他们乘坐简陋的木帆船,穿越波涛汹涌的南中国海,面对海难、疾病、海盗等多重威胁,每一步都充满了未知与艰辛。抵达南洋后,这些华人以惊人的毅力和智慧,在异国他乡开垦荒地、种植作物、经营商贸,逐渐在东南亚各国站稳脚跟,形成了独特的华人社区。

在这个过程中，姓氏作为文化传承的重要载体，也随之广泛传播。例如，林、陈、李等姓氏的华人，在马来西亚、新加坡、印度尼西亚等地繁衍生息，不仅保留了姓氏的根源记忆，还通过宗祠、族谱等方式，将家族历史与文化传统代代相传。同时，他们也将中华文化的精髓，如儒家思想、节日习俗、饮食文化等，带到了南洋，促进了当地文化的多元化发展。

在浩荡的下南洋迁徙大潮中，福建与广东两省的人士占据了绝对的多数，比例高达95%以上。值得注意的是，这两个省份中，陈氏家族以其庞大的族群规模，均稳居当地姓氏排行榜的首位。陈旭年、陈秀连、陈祯禄、陈启沅、陈修信、陈上川、陈江和、陈嘉庚……这仅仅是众多陈氏杰出人物中的一小部分，他们的名字和故事不仅在南洋地区被传为佳话，更在中国与东南亚的历史交流中留下了不可磨灭的印记。这些陈氏精英们，或以商业奇才的身份推动经济繁荣，或以文化先驱的姿态引领社会进步，或以教育家的身份培育英才，或以政治领袖的角色引领国家发展，他们的成就与贡献，共同书写了华人在南洋的光辉篇章。

不得不提，在此背景下，一群富有远见卓识的华人领袖开创了当地华文教育事业，将中华文化的根脉深深扎根于异国他乡，让乡音袅袅不绝，乡情绵绵延续，使祖国文化在异国土地上绽放出绚烂的花朵。

新加坡南洋华侨中学于1919年由著名华侨领袖陈嘉庚先生创立，其规模之宏大、教育水平之高超，在当时被誉为"南洋地区华侨教育的巅峰之作"。陈嘉庚先生不仅创办了南洋华侨中学，还慷慨解囊，资助并建立了多所涵盖航海、师范、女子教育等领域的华文学校，开创了华侨海外办学的崭新篇章。他坚持在华文学校中设立中文课程，彰显了保护与传承中华文化的坚定决心。

紧随陈嘉庚先生的步伐，福建同安籍华侨领袖陈六使先生于1953年创办了新加坡南洋大学。这所海外唯一的最高华文学府，不仅吸引了众多华人学子的目光，更成为华文教育发展的一个重要里程碑。

在泰国，陈纯先生创办的《中华日报》不仅成为曼谷华文报业的中流砥柱，更是全泰华人获取资讯、交流思想的重要平台。而在医疗领域，新加坡陈笃生医院作为由陈氏家族捐资创办的现代化大型医院，与新加坡中央医院并驾齐驱，为新加坡及周边地区的民众提供了高质量的医疗服务，成为新加坡医疗事业发展的典范。

综上所述，这些迁徙不仅重塑了人口地理的分布图，而且对迁入地和迁出地的经济结构、文化交融产生了深远的影响。

为何古训说"黄金犹可借，家谱不可借"

寻根问祖是中华民族的传统，作为一种礼仪传承至今。那么，如何寻根？我们的根在哪里？要解决这些问题，我们就必须依据一种特殊的历史文献——家谱。我们俗称的"家谱、族谱"即是寻根问祖的重要资料来源。

家谱，我们也叫它"族谱"，就像是家族的历史书。每个国家都有自己的史书，每个民族、每个地方也都有它们的历史记录，而家呢，就有家谱来记载家里的故事。家谱、正史和方志，这三样被大家称为"中华民族历史的三大支柱"。

家谱清清楚楚地写着我们的家族是从哪儿来的，后来又搬到了哪里，还有族人是怎么生活、怎么结婚的，还有我们家族里有哪些规矩和文化。如果你想知道自己的根在哪里，家谱可是个很好的线索哦！

最早的家谱出现在大禹时期

关于家谱的起源时间问题，学术界大致有宋代起源说、战国秦汉起源说、周代起源说、殷商起源说等四种，虽然起源时间各不相同，但都是以已有文献作为立论的基础。其实家谱的起源可能要更早。

家谱的雏形或许能在大禹治水的传说中找到线索。《礼记·礼运篇》记载，自大禹将天下视为家业传承之后，"各亲其亲，各子其子"，王位世袭，子孙相继，就有了专门记载帝王世袭的谱牒。《史记·夏本纪》即据此记述了夏王朝的世系：自禹至桀共传14世，17个帝王。这一详尽的谱系记录，强烈暗示了夏代时期可能已经出现了相对完善的帝王谱系记录，而这极有可能就是家谱这一文化现象的早期形态。

家谱成为传家宝源于士族门阀政治

关于家谱，民间一直流传着这样的古训："黄金犹可借，家谱不可借。"把家谱当作秘不示人的传家之宝，这还得从中国古代独特的门阀制度说起。

门阀制度萌芽于东汉，形成于曹魏，发展于西晋，到东晋其势力已达顶峰，形成"上品无寒门，下品无士族"的态势，势力足以与皇权并立，甚至一度超越皇权。

在魏晋南北朝时期，门阀制度盛行，社会地位高低严格受家族声望影响。相较于那些声名显赫的高门望族，那些家族背景相对平凡、门第不高的家族被称为"寒门"或"庶族"。尽管这些家族也拥有一定的土地和财产，其家族成员甚至有机会进入官场，但在整体政治环境中，他们常常受到排挤和压制，其社会地位难以与高门士族相提并论。当时的官员选拔制度——九品中正制，便是这种以家族门第为核心的社会阶层制度的典型反映。所谓"九品中正制"，是延康元年（220），曹丕为延揽人才，采纳吏部尚书陈群的建议而设立的新的官吏选拔制度。其主要内容是在各州、郡设置中正官，并将人才分为9个等级进行推选，政府按等级选用。

东晋时期，门阀制度盛极一时，其中琅琊王氏、颍川庾氏、陈郡谢氏与龙亢桓氏四大家族尤为显赫，他们的影响力深远，几乎成为东晋历史的缩影。特别是琅琊王氏，其家族势力之强，足以与皇室并驾齐驱，共同塑造着那个时代的政治格局。

唐代诗人刘禹锡笔下的"旧时王谢堂前燕，飞入寻常百姓家"，便是对琅琊王氏昔日辉煌的一抹追忆。西晋末年，永嘉之乱迫使琅琊王氏举族南迁至金陵。尽管身处异乡，他们仍保留着对北方故土的深情厚谊，以原乡地名自居。在司马睿建立东晋政权的历程中，琅琊王氏扮演了至关重要的角色，几乎可以视为新朝的实际奠基者，与皇室司马氏形成了"王与马，共天下"的紧密联盟，其中大将军王敦与其堂弟王导更是这一联盟的核心人物。

王导主内，以其卓越的政治智慧联合南北士族，稳固朝纲；王敦主外，手握重兵，征伐四方，镇守荆州，遥控建康。二者确保了王氏家族在政军两界的绝对优势。当时，朝廷上下，王氏及其亲信几乎占据了半壁江山，影响力可见一斑。

话说回来，正是因为魏晋南北朝时期门阀制度的盛行和九品中正制的实施，所以不论是选拔官吏还是婚姻嫁娶，都十分注重门第，要以家谱为凭据。这种情况也导致了一些原本出身贫贱的宗族在发达之后，往往会去攀附那些有名的门第，冒充自己是某个显赫祖先的后代，以此来显示他们血统的高贵。因此，那些真正的名门望族都非常注重保护自己的族谱，严禁外人查看，就是怕同姓但不同宗的人来攀附冒充。这就是为什么在传统社会里，家谱一直被视为私密的家族档案，"黄金犹可借，家谱不可借"的说法也就由此而来。甚至有些家族还把收藏家谱的事情写进了家族档案，如果有人违反了这个规定，就会受到家法的惩罚。

江西信丰《温氏族谱·家规》中便说了，家谱不能被虫鼠咬坏，也不能因为水火盗贼而丢失，更不能借给别人抄录或者卖掉换钱。如果有人违反了这些规定，家族就会召集众人来审问，严厉惩罚之后，还要把原来的家谱追回来，交给家族里其他诚实的人来收藏。如果有人故意藏着不交出来，惩罚还会加倍。

《平越杨氏重修小宗祠谱·原刊条规》里也规定了，家谱不能用木匣子装，要放在香火之上或者书室里。如果有人因为不小心让家谱被老鼠咬了、油污了、墨迹侵占了或者字迹磨坏了，就要被罚三两银子。如果拒不交罚，就不能参加家族的祭祀活动。如果有些不肖子孙，卖掉家谱或者抄写原本去骗钱，导致真假混淆、家族支派紊乱，对于这样的人，会将其逐出家族，更不允许他进入祠堂。

第五章
李姓，如何成为天下第一姓

你可曾想过，何以李姓能跨越千年，遍布四海，成就天下第一姓的传奇？让我们将思绪回溯至盛唐，一探究竟。

唐太宗李世民非凡的智慧与胸襟，不仅稳固了李氏家族的皇权，更巧妙地将李姓推向了荣耀的巅峰。他的一纸诏令，功臣显贵被赐姓为"李"，这份无上的荣耀，如同春风化雨，滋养了李姓的枝繁叶茂。

而更令人称奇的是，鲤跃龙门而化龙，寓意吉祥与高洁，"鲤"与"李"谐音。唐朝对"鲤"字的钟爱，竟也悄然间与李姓紧密相连。

再将视线拉回现代，我们不禁要问：为何在商界这片没有硝烟的战场上，李姓同样能够大放异彩，涌现出如李嘉诚、李兆基、李光耀家族，韩国三星李氏家族等一众商界巨擘？他们的成功，是否也与李姓背后所承载的历史底蕴及其文化传承息息相关？

这一切，都仿佛是一个个未解之谜，等待着我们去探寻、去解答。

为何唐代是李姓族群的急剧膨胀期

不知道有没有人想过：为什么全世界有那么多人姓"李"？这还得从唐朝说起。

在唐代，由于皇帝姓李，李姓成为"国姓"，唐太宗李世民着力抬高李姓门第，并对功臣大规模赐姓李，引领唐代"赐姓"之风。

历史典籍里详细记录了唐朝皇帝赐给很多人李姓的事情。比如，因为功绩特别突出，英国公李勣、夷国公李子和等人被赐予了李姓。而且，一些归附唐朝的少数民族首领也得到了这个荣誉。像靺鞨族的酋长李突地稽，因为对唐朝特别忠诚，被唐太宗李世民赐予了李姓；突厥颉利部族的李思摩，原本叫阿史那思摩，也因为对唐朝的贡献，被赐予了李姓；还有党项族平夏部的首领李思恭，他本姓拓跋，因为在镇压黄巢起义中表现好，被唐僖宗赐予了李姓。

有意思的是，有些少数民族部落的酋长被赐予李姓后，整个部落的人都跟着改姓李了。据统计，唐朝时期赐姓李的案例涉及了近10个民族、16个不同的姓氏，这些姓氏里既有汉族的，也有少数民族的，影响范围甚至远至今天的越南、朝鲜等国家。这一做法直接导致唐朝时期李姓人口急剧增长。

除了大规模赐姓，赵郡李氏、陇西李氏、赐姓李氏以及唐朝宗室的后人中，有很多都是做官的，生活富裕，一夫多妻，这使得李氏人丁兴旺，在当时渐渐成为全国的大姓。

一言概之，李姓的大发展，始于唐朝。我们从下面这个小故事可看出端倪。

在公元632年，也就是贞观六年，唐太宗李世民和宰相房玄龄进行了一次深入的对话。

李世民说："最近听说山东有四个大家族，虽然他们家道中落了，但还是仗着祖先的功劳，骄傲自大。在给儿女办婚事的时候，他们总是要求过高的彩礼，把本来喜庆的婚礼变得像人口交易一样，这样既败坏了风气，也给社会带来了不好的影响。既然他们的德行已经配不上他们的地位了，那就得赶紧刹住这股歪风邪气。房爱卿，你怎么看？"

房玄龄听后，深表赞同，点头称是。

于是，李世民就下令让高士廉、韦挺、岑文本等人在全国范围内普查那些世家大族的人口，并且重新修订世族的名录。高士廉接到命令后，立刻就带着人开始紧锣密鼓地编书了。他们走访了很多家族，查看了他们的族谱，还参照了史书和传记进行核对，终于在638年把书编成了。

但是当高士廉把《氏族志》的稿子拿给李世民看的时候，李世民却非常不满意。原来，在这本书里，官职只是黄门侍郎的崔干，竟然被排在了皇室和功臣之上，成了士族的第一等！

李世民对此极为生气。

他说："他们早已衰微，却还自负门第。我平定四海，天下一家，难道你们看不起我吗？"诚然，李世民心中尚有一层深意未明言于外，那便是李唐之天下，皇权独尊，岂容世家大族分而享之。经此番严厉训诫，高士廉等众终是领悟了李世民欲重塑士族格局的雄心。于是，心照不宣之下，他们再度着手修订《氏族志》，将皇族陇西李氏尊为首席氏族，紧随其后的是皇后之族长孙氏，而昔日民间威望显赫的山东崔氏，则被低调地置于第三序列，以此彰显新朝气象与皇权至上的原则。

经过精心修订的《氏族志》终于定稿了，这本书总共有100卷，详细记录了293个姓氏、1651个家族。在这本书里，士族的等级被重新确定，形成了一个新的统治集团。这个集团以皇族宗室为核心，功臣（包括皇亲国戚）和关中士族是重要的支柱，而山东和南方的士族则起到了辅助作用。这样的调整不仅让李唐王朝的政治基础更加稳固，更通过御书国志的形式，明确并强调了李姓至高无上的尊贵地位。

从此，李唐王朝的姓氏尊严得以确立，士族格局焕然一新。

在唐代，是不能吃鲤鱼的

唐朝对于谐音是相当看重的。"李"和"鲤"是谐音，因此，当时以鲤鱼为鱼中之贵。从皇帝、贵族、官吏到平民百姓，都崇尚鲤鱼，甚至还培育出不少新的品种。所以李唐王朝认为杀鲤鱼为不祥之事，据《旧唐书·玄宗纪上》所载，唐玄宗曾两次以政府文件形式下诏，"禁断天下采捕鲤鱼"。《酉阳杂俎》记载，唐朝时，不仅不能吃鲤鱼，而且还不能抓鲤鱼，不能贩卖鲤鱼。如果被别人举报的话，贩卖鲤鱼者重打六十大板，情节严重者还有可能丢掉小命！原文为"国朝律，取得鲤鱼即宜放，仍不得吃，号赤鯶公。卖者杖六十。言鲤为李也"。

民间对鲤鱼的推崇也不逊色于皇室。我们熟知的"鲤鱼跃龙门"承载了古人对鲤鱼的美好寄托。古籍《三秦记》载"每岁季春，有黄鲤鱼，自海及诸川，争来赴之。一岁中，登龙门者，不过七十二"。百姓想象鲤鱼逆水而游，成功跃过龙门便可以化身为龙。科举考试的举行，使平民百姓对鲤鱼寄予了更强烈的感情，希望通过考试实现阶级的跨越。现在很多地方称鲤鱼是"锦鲤"，其实也是受到这种观念影响，毕竟君王把鲤鱼当作自己的替身，并且赋予了鲤鱼很高的地位，所以老百姓们也对鲤鱼非常的尊敬，演变到现在，大家就觉得锦鲤是非常幸运的，代表了好运气。

不过，唐朝法令虽然禁止百姓吃鲤鱼，但在唐中后期，受自由开放的风气的影响，政府对民间鲤鱼的管控并不严格。在唐诗中，还能看到百姓吃鲤鱼的场景，如"船头有行灶，炊稻烹红鲤"，可以看到文人墨客吃鲤鱼喝酒助兴。可见，即使有法令的制止，仍阻挡不了百姓对鲤鱼的喜爱。

李白的秘密

《长安三万里》火了，自然，李白也火了一把。不过，大家对李白的印象，仍旧停留在他诗歌之中那种豪迈不羁的个性，那种浪漫至极的情怀。但李白身上的传奇色彩，不仅来自他放荡不羁的性格，还来自他扑朔迷离的身世。

《长安三万里》借高适之口，介绍李白的祖籍是陇西成纪（今甘肃静宁西南），是汉代名将飞将军李广的后裔，也是西凉武昭王李暠的后人，所以和李唐皇室是宗亲。李白曾在自己好几篇作品中，譬如《上安州裴长史书》《上韩荆州书》等，多次强调自己的身世，还在诗中自称"本家陇西人，先为汉边将。功略盖天地，名飞青云上"。

这个说法也在北宋古籍《新唐书》中得到了印证，其中的一篇文章《唐左拾遗翰林学士李公新墓碑并序》对李白的身世做了非常具体的描述：李白为兴圣皇帝（武昭王李暠）九世孙，是唐太宗李世民的同辈远房亲戚。但这个说法与他的自叙辈分对不上，至少差了三辈，可能性较小。

还有几种较流行的说法。先说比较离谱的"宗室说"，这个说法认为李白是李建成或李元吉的孙子，玄武门之乱后被废为庶人。我们分析下就知道这种说法站不住脚。首先，那时候时兴"斩草不除根，春风吹又生"，李世民将兄弟家的男人杀得干干净净，怎么可能留着活口？即便真有的话，爷爷辈的事情早就过时了，那李白完全可以拿出证据宣称自己是皇家人。毕竟像他这么上进的人，在仕途无望的情况下这么做不奇怪。

除此之外，关于李白的身世说法还有陈寅恪等人主张的"胡人说"，郭沫若等人主张的"汉人说"，范伟等人主张的"混血说"。

陈寅恪等人主张的"胡人说",认为李白曾经在西域碎叶城,也就是今天吉尔吉斯斯坦境内生活了很长时间。范传正为李白写的《唐左拾遗翰林学士李公新墓碑并序》中有这么一句话:"一房被窜于碎叶,流离散落。"这从侧面说明他们这支族人逃难后,颠沛流离到西域各地的生存情况。范传正撰写的墓碑及序文,虽饱含深情,却未能全然揭开李白自幼深受汉文化滋养之谜团。

"胡人说"与李白自身的叙述间,显然存有不小的分歧。诚然,李白对唐玄宗热衷的疆域扩张持保留乃至讽刺态度,但这背后不仅仅是对异族同胞的温情关怀,更深层次的是他对战争给中原百姓带来沉重灾难的深刻忧虑与反对。

而另一边,郭沫若先生在其著作《李白与杜甫》中,针对李白的身世进行了详尽考证,特别是指出了李白的出生地是碎叶,并反驳了陈寅恪先生关于李白源自西域胡人,家族因故被贬谪的说法。据史载,李白五岁时,其父李客携全家迁徙至蜀地,最终在绵州(现今的四川绵阳)青莲乡定居,这一迁徙过程无疑为李白日后的文学创作深深烙上了汉文化的印记。

郭沫若认为李客举家由中亚碎叶迁徙入蜀,家中必定富裕,且史料中也多有李客在碎叶经商的记录。无论是往返于内地与碎叶的商业活动还是其后迁入蜀地的行为,李客如果没有较高的汉文化修养是难以实现的。一个外国人或长期定居碎叶的人不可能在短期内迅速掌握汉文化,也难以为李白提供良好的汉文化教育,可见李客应是汉人,李白作为其后代自然也是汉人。

还有一种说法是范伟等人的"混血说",认为李白应是汉人与胡人的混血,其故乡在陇西成纪。李白出生在碎叶,但他在诗歌中提起过自己的故乡是陇西,如《赠张相镐二首》中提到"本家陇西人,先为汉边将"。他在《上安州裴长史书》中说:"白本家金陵,世为右姓,遭沮渠蒙逊难,奔流咸秦,因官寓家。"这里的"右姓"说的是他出自高门大族,也就是陇西李氏。李阳冰《草堂集序》记录:"李白,字太白,陇西成纪人,凉武昭王暠九世孙。蝉联珪组,世为显著。中叶非罪,谪居条支,易姓与名。"从这里看,李白是血统上的纯汉人几乎不可能。陇西乃至西域一直都是汉胡杂居的地方,即便是李唐皇族也有胡人的血脉,以至胡风昌盛。因此,李白混血的可能性更大。有人认为李白母亲是突厥的,也有人认为是羌族的。

除了身世背景的多元性,李白的文化背景也具有多元性。首先,李白出生于多元文化交融的地区,自幼受汉族文化与胡人文化的双重影响。其诗歌的思想情感与审美观念具有浓厚的汉族文化特色,在创作上继承了汉乐府的传统,又融入了胡人文化的独特元素,如李白的《清平调》就是结合龟兹乐曲调创作出来的。李白的诗歌中也经常出现对边塞风光、胡人生活的描绘,如《关山月》《塞下曲》等,对唐代边塞诗和浪漫主义诗歌的发展产生了重要影响。其次,李白在性格和行为上也表现出不同于汉人内敛、温文尔雅的特点,"仰天大笑出门去,我辈岂是蓬蒿人""天生我材必有用,千金散尽还复来""且乐生前一杯酒,何须身后千载名?"等诗句无不展现出李白豪放不羁、洒脱自如的胡人性格。

但无论哪种说法,李白的文化身份认同是汉族这一点毋庸置疑。李白虽对胡地风光有感情,但对胡人却并未展现出归属感。在安禄山叛变后,李白甚至多次表现出对胡人的憎恶。如他在安史之乱后的作品《胡无人》:"云龙风虎尽交回,太白入月敌可摧。敌可摧,旄头灭,履胡之肠涉胡血。悬胡青天上,埋胡紫塞傍。胡无人,汉道昌。陛下之寿三千霜。"

站在中原汉族的立场上,李白希望汉军战胜胡军,平息战乱,让边疆人民过上宁静的生活。《永王东巡歌十一首》中的一句"但用东山谢安石,为君谈笑静胡沙",用了谢安的典故表达了李白希望建功立业、从军灭胡的抱负。

回头看,轻舟已过万重山;向前看,长路漫漫亦灿灿;抬头看,万里明灯照人间;低头看,脚下黄土千年绵;入心看,满腔热血为国燃。李白是一颗耀眼的巨星,无论其身份如何,他都是盛唐的明珠,是潇洒自由的代名词，是中华文化的代表，更是独属于中国人的浪漫主义诗人。李白的一生坎坷辛酸，却自在畅快，他几乎摆脱了历史的引力，闪耀着"扶摇直上九万里"的光辉。这是何等的活力与生命力，以至于让千年后的人们得以从他的诗歌中窥见那位放纵肆意的人间客、歌舞升平的长安城与浪漫自由的大唐盛世。

第六章
"行不更名，坐不改姓"是什么意思

你可曾听过"行不更名，坐不改姓"？这句话究竟蕴含着怎样的风骨与坚持？在《三国演义》的烽火连天里，吕布，那位武艺超群、战力无双的猛将，为何却背负上了"三姓家奴"的骂名？难道仅仅是因为他频繁易主，忘却了那份对自我身份的坚守？

而当我们谈及李世民，这位开创盛世的帝王，他的名字似乎也在无形中影响了历史的进程。为了避讳，连国家的机构民部都不得不更名为"户部"。这背后，是对权力与尊严的极致尊重，还是对个人名字背后所承载的意义的一种敬畏？

但话说回来，"行不更名，坐不改姓"中的"坐"，其实并非字面意义上的坐下，而是暗指了古代严苛的连坐制度。这不禁让人遐想：若是在那个法制森严的时代，一个人能够自豪地说出"行不更名，坐不改姓"，这背后需要多大的勇气与决心？

"行不更名，坐不改姓"是一种担当

施耐庵写的《水浒传》，其中有一回"母夜叉孟州道卖人肉 武都头十字坡遇张青"中，写到武松的英雄豪气时，就是让武松这样自报家门的："我行不更名，坐不改姓，都头武松的便是。"这个简短的自我介绍，既报了自己的姓名，又报了职业和官职，毫不遮掩，一点也不隐藏。

"我行不更名，坐不改姓，都头武松的便是。"

"行不更名，坐不改姓"这句古语，实际上寓意着无论面临何种境遇，都不会掩饰或改变自己的真实姓名。它是对一个人为人处世正直无私、坦荡磊落的一种赞美。在许多脍炙人口的武侠小说中，英雄人物初次登场，往往会豪气干云地说出"真英雄顶天立地，行不更名，坐不改姓"，以此彰显他们光明磊落的个性。

《三国演义》里的吕布，武功很高强，业务能力天下第一，但就是人品不怎么样。他根据利益最大化原则，不断更换门庭，被张飞骂为"三姓家奴"。这个意思放到现在就是说："吕布，你到底能不能分清自己的亲爹是谁？！"

"大丈夫行不更名，坐不改姓"，也有例外

不过，"大丈夫行不更名，坐不改姓"这话听着挺爽，而事实上，自打有避讳制度以来，若姓名犯了帝王的忌讳，便很少有人能够做到这件事。

北宋杨家将杨六郎，大家一定不陌生。但据宋史记载，杨六郎原名杨延朗，因为避讳圣祖赵玄朗名讳，后来改名杨延昭。说起杨六郎改名，背后的故事还挺有趣。宋真宗想要通过与神仙建立稳固的关系，提高大宋王朝的神权，他把自己知道的神仙想了一遍，终于找到一个姓赵的且在道教中有头有脸的神仙：保生天尊大帝赵玄朗。说赵玄朗大家可能有点陌生，这位神仙还有一个大家熟悉的名字叫赵公明！宋真宗心想这不就是现成的老祖宗嘛！于是尊赵玄朗为圣祖，并且下诏："圣祖名，上曰玄，下曰朗，不得斥犯。"所以杨延朗只能改名杨延昭。

不要说杨六郎改名，连道教的神祇也不例外。玄武大帝因为冒犯了圣祖赵玄朗的名讳，被改名为"真武大帝"。

既然是为尊者讳，那么最尊莫过于天子，但是很多帝王的名字又比较普通，所以导致影响了很多常用词。如汉明帝刘庄在位时期，庄姓被强行改为严姓。五代十国时期，敬姓犯了后晋高祖石敬瑭的忌讳，因此改敬姓为苟姓，后来有改回敬姓的，而有部分家族至今仍在沿用苟姓。

再比如，汉文帝叫刘恒，这个"恒"字就应当避讳。我们熟知的《道德经》第一句"道可道，非常道；名可名，非常名"，就是改后的版本，改前的版本是"道可道非恒道，名可名非恒名"。还有，恒山成了常山，甚至连同音的姮娥也成了嫦娥。

历史上还有很多名人被皇帝赐姓，如唐朝大将李勣，其本名为徐世勣，被唐高祖赐姓李氏，即李世勣，后避唐太宗李世民名讳，再次更名为李勣。同样，冒犯了唐太宗李世民名讳的观世音，尽管是菩萨，也必须改名避讳，要么叫"观自在菩萨"，要么就去掉冒犯皇帝名讳的"世"字，简化为"观

音"。唐玄奘翻译的《心经》,就将其称为"观自在菩萨"。

说到李世民,顺带一提,为了避他的"民"字,"民部"被改为了"户部"。

"行"和"坐"又该如何理解呢

"行"和"坐"又该如何理解呢?这里面又有一层深奥的意义了。行,就是"在外行走",是对外的意思,比如:行走江湖、行走世界。"行不更名"指的是自己涉世与人交往,为了表达一致性、连贯性,承诺不更改自己的名字。

"行"字好理解,但是,"坐"字呢?可以理解为"坐下""坐着"吗?这样的简单理解是不准确的。

"行不更名,坐不改姓"中的"坐",应为"连坐"之意。所谓"连坐",乃是一种刑罚制度,即某人犯罪,与其有关联的人也需连带受刑。这个制度的创造者,就是历史上非常有名的卫鞅,也就是大家常说的商鞅。卫鞅原本是卫国国君的后代,后来他来到了秦国,帮助秦孝公进行了大刀阔斧的改革,让秦国变得非常强大和富裕,这段历史被人们称为"商鞅变法"。在商鞅的改革中,他制定了一个叫作"连坐法"的制度:五家为伍,十家为什,如果有任何问题,大家都要互相举报,否则就要一起受罚。如果不举报,十家连坐。连坐法的目的,就是让老百姓互相担保、互相监视、互相揭发,一旦有人犯罪,跟他有关的十家也会跟着倒霉。简单来说,"连坐"就是"株连",古代的"灭三族"或"灭九族",都是连坐惩罚的极端例子。

而"坐不改姓"这句话,其实是想表达一种大丈夫的英勇气概。就算面临全家被杀的厄运,也绝不会因为害怕连坐而改姓逃避。这是一种宁死不屈、英勇无畏的精神。如果把"坐"字理解成"坐卧",那就完全无法传达这种豪情壮志了。

改名的那些人和事

虽说起名是认真的、慎重的,用名也是严肃的、稳定的。可随着环境的变化,常会有人觉得原名不恰当,动起了改名的念头。总而言之,起名是常例,是每个人都要经历的;改名是特例,不具备普遍性。但是,改名也相当于起名,只不过可能是在原有的名字上进行加工修改,使改过的名字具有更丰富的内涵和实际意义。

改名的事例,古往今来实在不少。比如曹雪芹,原来叫曹霑;朱自清,本名其实是朱自华;茅盾,真名叫沈德鸿。

成年后,经历了生活的酸甜苦辣,面对命运的挑战,不少人会觉得自己的名字不再能完全代表自己,或是想要一个新的名字来寄托对未来的美好愿景。这时候,改名就成了一个重要的转折点,它像是一个新的起点,让人带着全新的希望和动力继续前行。

改名字其实也是一种艺术,跟写诗作文差不多,都得靠点灵感和琢磨。有时候你可能想破了脑袋也想不出个好名字,但有时候灵感一来,一个既有新意又合心意的名字就自然而然地蹦出来了。

那么,该如何改名?改名又有哪些方法?你可以根据自己的性格、喜好、梦想来挑名字,也可以参考一些寓意美好的字词,或者是结合你的生辰八字、五行属性来选。

以地名改名法

以地名为名的方法一般都有着特殊的含义,有的是父母还有太多的牵挂,有的是名字主人难以割舍曾经的经历。于是,都以寄托思念为主来改名,令人每每想起，都不禁感到幸福和留恋。因此改名时，此类改名法不妨作为一种考虑。例如，国画大师齐白石拜师学艺时，请胡沁园先生给他改名。胡先生说：离你家不到一里的地方有个驿站叫"白石铺"，白石铺虽无名山大川，可田园风光倒也十分美好，我看你就叫白石山人吧！但四字有些啰唆，所以在题画时，齐白石常常只写前两个字"白石"。这样一来，久而久之，他就干脆以"齐白石"为名了。

易音换字法

发音相同或相近的字是很有限的，当改名的要求与保留原名的发音产生冲突时，人们便只好忍痛割爱，而寻求其他发音的字了。有时虽然仅仅是一音之改，但名字的寓意、风韵都焕然一新。例如，现代著名散文家、诗人朱自清，原名朱自华。将"华"改为"清"，不仅比原名高雅，而且还蕴含典故："宁廉洁正直以自清乎？"（《楚辞·卜居》）含有保持清白、绝不同反动势力同流合污之意。现代诗人何其芳，原名何永芳，是一个字辈名。他在四川万县中学读书时，因为文章写得漂亮而深受国文老师青睐，"何其芳"之名便是这位老师为他所改。虽是一字之改，却顿使名字大放光彩，就像一个激情洋溢的感叹句，表达了老师对弟子发自内心的欣赏。

向人求赐改名法

有许多人的名字不是父母改的，这有很多的原因：父母文化水平不高，对改名不内行；求人赐名，图个荣耀吉利；感恩纪念；求人指点迷津，以觉悟解惑；为了立身行事更加方便。

赐名者各个阶层都有，有皇帝圣谕钦赐，也有"金枝玉叶"口谕传诏；有私塾先生，有亲朋长辈，有传艺恩师，也有云游僧侣；有豪儒名士，也有江湖行侠……何坤求名于毛泽东而得"长工"，李隆郅求名于邓中复而得"立三"，刘大田求名于恩师而得"开渠"，张正权曾出家投佛而得"大千"，牛俊国求名先辈而获"得草"……可以说，在古代，人们之所以向他人请求赐名，是因为他们内心深处对权威和古圣先贤的崇敬之情。而在现当代，这种行为则更多地体现了对改名文化的尊重，对先进文明的借鉴，以及对后代未来命运的深切关怀与殷切期盼。无论是对那些学识尚浅的人，还是对那些学识渊博的人而言，这都不失为一个值得考虑的选择。

以文章、诗词改名法

以文章、诗词改名，需要较深的文化修养和一定的文学基础，是一种极好的改名方法。

中国现代派象征主义诗人、翻译家戴望舒，原名戴朝安。望舒取自楚国诗人屈原作的《离骚》："前望舒使先驱兮，后飞廉使奔属。"望舒即神话中的驱月驾车的神，后来成为月的代称。

邹韬奋是我国现代著名的新闻记者、出版家，他原名邹恩润，因其一生的主要活动都用"韬奋"这个笔名，他的原名反而被忽略。关于"韬奋"一名，他曾向人解释过，"韬"是韬光养晦，"奋"是奋斗不息，用以自勉的意思。郭沫若曾就他的笔名作了一副藏头联："韬略终须建新国，奋发还得读良书。"

现代作家张恨水，原名张心远，"恨水"二字也寓含着一段深意。南唐后主李煜《乌夜啼》词云："林花谢了春红，太匆匆。无奈朝来寒雨，晚来风。胭脂泪，相留醉，几时重？自是人生长恨水长东。"张恨水幼年酷爱辞章，读了李后主此词，从中悟到光阴像流水一样逝去。"恨水"一名会使我们感慨光阴如水流逝，务须严以律己。

第七章
为什么有单姓和复姓

当我们翻开《中华姓氏大辞典》，那超过 11000 个姓氏的庞大阵容，仿佛一幅幅生动的历史画卷缓缓展开。单字姓的简洁，如同晨曦初露，直接而纯粹；而双字姓和三字、九字乃至十字姓的繁复，则闪烁着独特的光芒。它们是如何在历史的长河中诞生的？又是如何被赋予了如此丰富的内涵与意蕴？

"令狐""慕容"，这些古老而神秘的复姓，如同历史长河中遗落的珍珠，每一颗都蕴含着家族传承的辉煌与沧桑。提到东郭先生、南郭先生，我们不禁好奇，他们是否姓"东郭"或"南郭"？这不仅仅是简单的文字游戏，更是对古代姓氏文化中方位与家族标识深刻理解的体现。在那个没有现代户籍制度的时代，姓氏不仅仅是个人身份的标签，更是家族血脉、社会地位乃至地域归属的象征。复姓，尤其是带有方位词的复姓，是否曾作为某种特定的身份标识，在历史舞台上扮演过独特的角色？

这一切，都等待着我们去探索、去解密。

关于复姓的由来

复姓之起源纷繁多样，涵盖官职、封地、职业乃至少数民族姓氏变迁等多个层面。

令狐姓的起源

以封地为例，不少复姓由此衍生，其中令狐氏便是一个典型例证。《百家姓》中提及，令狐氏的渊源可追溯至周朝名将魏颗，因其显赫战功获封令狐之地，其后裔便以封地为姓，传承至今。

说起令狐这个姓，它的历史可是悠久得很，能一直追溯到上古时期，跟周文王的一个儿子毕公高有关系。毕公高的后代毕万，因为功劳大被封到了魏地，这就算是令狐家和魏家结缘的开始了。毕万的子孙里，有好多是打仗的好手，比如魏犨，他是晋国的大将军，名气可大了。魏犨的儿子魏颗更是不得了，他打了一场大胜仗，让晋景公特别高兴，就把令狐这块地赏给他了。魏颗的儿子魏颉，为了感谢父亲，就决定用令狐作为自己的姓。这么一来，令狐家族就算正式成立了，到现在已经有2300多年了呢。

虽然有时候令狐姓会简化成狐氏、胡氏什么的，但这些变化都是从同一个老祖宗那里传下来的。令狐家的人，作为周文王的后代，跟魏家关系特别铁，他们大多住在山西那边，世世代代都在那里生活。所以，令狐家族的人都把毕万和魏颗当作自己的老祖宗，经常怀念他们的功绩，也把他们的精神一代代传下去。

除了令狐家，还有其他一些复姓也很有意思。比如段干氏，据说是老子的儿子李宗的后代，因为他被封到了段和干这两个地方，所以后代就用段干当姓了。还有像梁丘、上官、钟离这样的复姓，也都是这么来的。

还有些复姓是因为住的地方起的。比如东郭氏，就是因为住在国都临淄的东边，所以就叫东郭了。闾丘氏也是，因为有个大夫叫闾丘婴，他住的地方就叫闾丘，后代也就跟着叫闾丘了。还有南门、西门、南宫这些，都是这么来的。

另外，还有一些复姓是从官职、爵位、家族关系、爷爷的字这些来的。比如司马、司空这些，都是从官职来的；公孙、仲孙这些，是从爵位来的；叔孙这些，是从家族关系来的；公羊、子阳这些，是从爷爷的字来的。每个复姓背后都有它自己的故事呢！

复姓"慕容"的由来

还有的复姓出自少数民族，如慕容是鲜卑族主要部落之一。三国时期，鲜卑族有个首领叫莫护跋，他带着族人搬到了辽西。他和司马懿一起打败了割据辽东的公孙渊，因为立了大功，被封为了率义王。

那时候，北方的汉人很喜欢戴一种叫"步摇冠"的帽子，这种帽子上面有很多悬垂的装饰物。莫护跋看到了也很喜欢，就自己做了一顶，每天都戴在头上。鲜卑人看到他这样，都叫他"步摇"。因为当地话里"步摇"和"慕容"发音差不多，所以后来大家都叫他"慕容"。莫护跋的后代干脆就把"慕容"作为他们部落的名字。到了西晋时期，慕容廆占领了燕北、辽东一带，自称"鲜卑大单于"。他的儿子慕容皝后来建立了前燕国，从此他们家族就正式用"慕容"作为姓氏了。

1981年，内蒙古腹地的一次考古发现，让马头鹿角金步摇重现天日。这件饰品巧妙地勾勒出骏马的雄姿，马头轮廓分明，透露出鲜卑族与马共生的游牧生活特色，二者之间深厚的情感纽带跃然其上。金步摇上，鹿角与桃形摇叶的完美融合，具有鲜明的慕容鲜卑族的独特的文化特征。

东郭先生、南郭先生到底姓什么

小时候，我们大多都读过《东郭先生与狼》和《滥竽充数》的课文。《东郭先生与狼》这篇文章中，说战国时候，有个教书的，大家叫他东郭先生。东郭先生心地善良，他教育学生，无论做什么，都要先做个好人。平时，他连蚂蚁也不敢踩，蚊子也不敢拍。因为东郭先生过于善良，不慎救下了狼，结果差点丢了性命。而《滥竽充数》中的南郭先生，他其实并不会吹竽，却混在真正的乐师中假装自己会吹奏。

但你有没有想过：东郭先生和南郭先生，他们名字中的"郭"究竟代表着什么呢？他们到底姓什么呢？

《东郭先生与狼》中的主角东郭先生，有些教材简单地注释为：一位名叫东郭先生的人。但这种解释并不完全准确。实际上，"东郭"是一个常见的复姓，所以文中的"东郭先生"，应该理解为一位姓东郭的先生。

说起"东郭"这个姓，它可是有着深厚的历史渊源，和齐国的贵族们有着不解之缘。想当年，在春秋那会儿，齐国的"大老板"齐桓公，他的好些个儿孙选择在都城临淄外围的东边安家落户，还得了个响当当的称号——"东郭大夫"。那时候，城里面叫"城"，外面那圈儿就叫"郭"，跟咱们现在说的"城里城外"一个意思。于是，这些住在东边"郭"里的贵族后代，就把"东郭"当成了自己的姓，一直传到了现在。

而甲骨文的"郭"字，则简直就是个迷你版的城市模型，城墙、碉楼一应俱全，一看就知道是为了打仗时观察和防守用的。所以，"郭"这个字，从古到今，都是城里城外那条清晰分界线的代名词。

说到这，有人可能就想到了《韩非子》里那个"滥竽充数"的南郭先生。对，"南郭"也是个复姓，跟"东郭"的意思一样，都是指外城墙。既然有东边的和南边的，那西边的和北边的呢？

没错，和"东郭""南郭"一个道理，"西郭"和"北郭"也是那时候的复姓，而且它们的来历也是一样的，都是齐桓公的子孙们根据居住地来取的。只不过，在历史的长河中，我们可能更常听到"东郭先生"和"南郭先生"的故事，而"西郭先生"和"北郭先生"就没那么出名了。但这并不妨碍它们作为复姓，在姓氏的大家族里占有一席之地。

另外，小伙伴们可能有所不知，"北郭先生"其实也有一个很著名的成语典故，出自西汉韩婴所著的《韩诗外传》卷九，文曰"北郭先生却楚庄王之聘不仕"。说的是，春秋时期，楚庄王曾多次派人聘请北郭先生出来做官，却被婉言辞却。后世用"北郭先生"一词，指代隐居而不仕的人。对于"西郭先生"一词，明代冯从吾的《西郭先生传》提到，这是位高风亮节、心胸宽广的高士。他纯粹就是因为住在了长安的西郭而得名。

第八章
追踪我们身边奇怪的姓氏

中国姓氏号称百家，其实远不止于此。东、西、南、北、甲、乙、丙、丁……当你看到这些字的时候，除了想到它们代表了方位序列，可能想到这些也是姓氏？

你是否曾对这些独特的姓氏感到好奇与不解？"鬼"与"尸"这两个姓氏一出现，是否就让你的心头涌起一丝寒意？

而当我们深入探索，又会发现"布、衣、祭、酒"这些日常字词，竟然也是姓氏的一部分。你是否会疑惑："布衣"作为姓氏，是否寓意着家族世代崇尚简朴、远离尘嚣的生活哲学？"祭"姓之人，是否真的与古老的祭祀仪式有着不解之缘，传承着与天地沟通的神秘力量？"酒"姓，又是否意味着这个家族与美酒有着不解的情缘，每一滴酒香都承载着家族的历史与故事？

这一章，我们将以这些奇怪的姓氏为线索，提出一系列引人入胜的问题，引导你一同踏上这场充满惊奇的探索之旅。

有哪些你听说过的可怕的姓

在这数不清的中国姓氏之中，有这么两个姓，让人一看就会觉得毛骨悚然，这两个姓就是"鬼"和"尸"。看到这两个姓，你怕了吗？

鬼谷子真的姓鬼吗

先说说鬼姓，古音读作 wěi，不可读作 guǐ。历史上能和"鬼"这个姓扯上关系的最出名的好像就是鬼谷子了。不过鬼谷子真的姓鬼吗？

从古代到唐朝晚期，鬼谷子这位神秘人物一直是个无名无姓的。司马迁、柳宗元等历史大家，尽管对鬼谷子或褒或贬，但都未能揭开他真实身份的面纱。鬼谷子，就像一团迷雾，让世人猜不透、摸不清。

然而，到了唐朝晚期，终于有人忍不住想要揭开这团迷雾的一角。诗人陆龟蒙率先出手，他直接给鬼谷子取了个名字"诩"，但至于姓什么，陆大诗人却卖了个关子，没有明说。

转眼到了宋朝，大学者李昉在《太平广记》卷四中又引杜光庭的《仙传拾遗》云："先生姓王名诩。"给鬼谷子安上了"王"姓，变成了"王诩"，还说他生活在晋平公时代，因为住在鬼谷而得名。这个说法后来得到了明朝李杰的认可，并在《道藏目录详注》中添加了鬼谷子师从老君的传奇色彩。到了清朝，《嘉庆重修一统志》更是进一步确认了他的"王诩"身份和"楚人"国籍，还说他曾在云梦山采药得道。这样一来，鬼谷子的形象在民间就越发立体和清晰了。

不过，话说回来，这些关于鬼谷子姓名和来历的说法，其实都是后人的猜测和想象，没有确凿的证据支持。但因为是《太平广记》这样的权威书籍记载的，所以大家都信以为真了。所以现在你在网上搜鬼谷子，多半会看到他姓王的介绍。

然而，清朝还有一位叫张澍的学者，他提出了不同的看法。张澍也是个有学问的人，还中过进士，当过知县。他认为鬼谷子其实姓刘，叫刘务滋，"鬼谷"只是他居住的地方之名，并非姓氏。不过，张澍的这个结论是怎么得出来的，就没人知道了。但这个"刘务滋"的名字倒是挺新颖的，如果鬼谷子在天有灵，说不定还会觉得挺有趣呢。

当然啦，无论是让鬼谷子姓王还是姓刘，从史书记载的角度来看，都不过是些无稽之谈罢了。而真正有点靠谱的说法是，鬼谷子可能就直接姓"鬼"。这个观点是当代学者、教授许富宏先生提出来的。许教授是南通大学文学院的专家，《鬼谷子》一书研究的权威。他根据《战国策》中的记载，推断出鬼谷子很有可能真的姓鬼。这一提法虽然新颖，但也为我们了解这位神秘人物提供了一个新的视角。

我们继续来说说鬼这个姓氏的来源。听说，鬼姓有三个不同的"出身"，每个都挺有意思的。

首先，第一个来源跟夏朝那些能跟鬼神"聊天"的通灵师有关。在《姓氏考略》这本书上写着，想成为通灵师，身上得有三个"神秘标记"：左胳膊上得有黑痣，左耳朵后面得有痣，还有脖子后面也得有痣。要是你全中了，嘿，那你可能就是这鬼姓的后人了。不过啊，这些通灵师后来因为佛教、道教的兴起，加上原始宗教的衰落，慢慢就散了。清朝以后，很多通灵师都跑到国外去了。

再来说说第二个来源，这个跟炎帝的后代有关，特别是那个鬼氏部族的鬼臾区。在那个年代，鬼被看作亲人去世后留下的灵气，能保佑家人。一开始，鬼其实专指妈妈去世后的样子，是母系社会里的精神支柱。后来，鬼就变成了所有去世之人的灵魂的统称。到了父系社会，鬼又成了部落的象征，鬼氏部族就是这么来的。而鬼臾区就是这个部族里的杰出人物，他还是黄帝的得力助手，医术高超，五行八卦也玩得转。唐朝的王冰在《黄帝内经素问》里还提到了黄帝和鬼臾区的对话，这说明鬼臾区可是真有其人，还与神医世家有关。

最后，第三个来源跟鬼方氏有关，他们是商周时期住在西北边的一个少数民族，也就是戎狄族的一支。甲骨文里都有他们的记录，说他们后来迁徙到了很远的地方。这些鬼方人，在不同的历史时期有不同的名字，比如秦汉时叫"丁零"，后来还南迁到了蒙古高原，变成了"狄历""敕勒"或者"铁勒"。在史书上，他们还是高车六部之首！

尸姓名人尸子竟是商鞅的老师

除了鬼这个姓，尸姓可以说也是中国姓氏中较为吓人的姓氏之一。提到"尸"这个字，就会让人后脊背发凉，所以尸姓人在取名字的时候也很艰难。其实，最早用这个姓的人还是地地道道的王族。而且那时候的"尸"字也不是现代的意思。据考证，姓尸的家族起源于西周时期，有位王室大夫叫尸臣，本姓姬，显然是周王室的亲戚。而东周时，周召公的后代里有一部分人生活在尸乡，即河南偃师市的西部，后来改为了尸姓。

也就是说，尸姓的祖先是周朝天子，毫无疑问属于顶级贵族。周朝建立后，很多封国的王族都是天子的近亲，至于后来用地名当作姓氏，这也是当时的常规操作。

现在，姓尸的人非常稀少，大多住在甘肃省。这个姓氏有三个主要起源：

第一，东周时，召公的一些后代定居在尸乡，后来他们就以"尸"为姓，从姬姓中独立出来。

第二，西周时有个王室大臣，姓姬，氏为尸，名叫臣。尽管关于他的历史记载不多，但出土的尸臣鼎证明了他的存在。

第三，战国时期有位著名的思想家叫尸佼，他是先秦诸子之一，擅长刑名之术，大家尊称他为"尸子"。尽管尸子不如其他诸子百家那么广为人知，但他能被尊称为"子"，可见他一定有着卓越的成就。他留下了许多著名的理论和名言，为后世所敬仰。随便举几个例子，大家一听就会恍然大悟，原来这句话出自尸子啊！比如："鱼失水则死，水失鱼犹为水也！"这句讲述君民关系的名言一语点破了百姓的重要性。

比如："四方上下曰宇，往古来今曰宙。"简单明了地概括了宇宙的定义。

再比如："自井中视星，所见不过数星。"坐井观天的故事，极有可能是从这儿得来的。我们从尸子留下来的著作中发现，儒家、法家、墨家，道家、阴阳家……尸子都懂一点，是诸子百家中的杂家的代表人物。而且尸子极有可能和商鞅有关系，甚至是商鞅的老师！关于他的国籍，有说是鲁国，也有说是晋国，但无论是哪里人，他的学术贡献都是不可忽视的。

根据《汉书》的说法，尸佼在机缘巧合之下，认识了秦国相国商鞅，由于尸佼才华横溢，甚至一度被商鞅当成老师一般，事事请教。但是后来商鞅因为得罪了贵族只能谋反，结果不但自己被杀，而且整个家族、门客、亲朋好友也都如此，被牵连的人不计其数。等到商鞅死后，尸佼看事不可为，于是跑到蜀地，隐姓埋名，把自己这么多年的思想和认知写成《尸子》一书。凭借这本著作，他才得以晋升为春秋战国时期诸子百家中的一员，也因此被尊称为"尸子"。

到了明朝永乐年间，尸姓还出了两位举人，分别是尸聪和尸帛，算是为尸姓增添了光辉的一页。

"布、衣、祭、酒"原来也是姓

春秋时代，中华大地上，相术艺术已臻至精妙之境。古郑国的历史长河中，有两位非常有名的相术大师——姑布子卿与季咸，他们声名远播，尤其是姑布子卿，其威望几乎与儒家先贤孔子并驾齐驱，成为时代传奇。关于布姓的起源探秘中，有一脉线索便指向了这位非凡的相士，认为其姓氏或由此而衍。

姑布子卿，作为后世相士心中的鼻祖，其相人之术被奉为圭臬，人称"姑布子卿术"，影响深远。他为晋国重臣赵简子及其诸子相面的佳话，以及为孔子相面的传奇，跨越时空，至今仍被人们津津乐道，在《史记》中都能找到相关记录。

赵简子，晋国的一代名将，心怀家国，忧虑于继承人选。他广邀天下智者，以求慧眼识珠，最终请来了姑布子卿。在一众衣着光鲜的公子中，姑布子卿的目光却意外地落在了厅堂外一位衣着朴素、气质不凡的青年身上。经赵简子介绍，方知此乃其与妾室所育之子，叫毋恤。他非嫡非长，却引起了姑布子卿的高度关注。姑布子卿很坦诚地对赵简子说"上天注定，虽贱必贵。毋恤是一个真将军"，后来，毋恤果然做了晋国的将军。

姑布子卿为孔子看相的事情更是传扬得很远。《韩诗外传》记载：一次，孔子出卫国东门，与素未谋面的姑布子卿不期而遇。姑布子卿迎着孔子的面看了五十步，又在孔子之后跟随五十步，之后对孔子的学生子贡说："孔子额头像尧，眼睛像舜，脖子像大禹，嘴巴像皋陶。从前面观看，相貌过人，有王者气象。若从身后观察，却是肩高耸，背瘦弱，这样的不足与缺陷，将让孔子一生郁郁不得志，无坐朝堂之富贵。"子贡听后有些失望，姑布子卿说："你不要这样，他流汗而无酸臭，又不叼食，只不过远望像丧家之犬罢了。"子贡将原话告诉孔子，孔子感佩不已，说："王道已殇，政教已失，而我若丧家之犬，他是懂我的人啊！"后来孔子的命运也证实了姑布子卿的相断千真万确。

关于布姓，另外还有一种说法。即方孝孺被诛十族后产生了布姓。布氏原姓为步，在山东主要有三个族支，分别在阳谷、肥城和成武三地。姓氏如何从步改为布？又是怎么到了山东境内的？还要从明初燕王朱棣灭方孝孺十族的历史事件说起。

公元 1399 年 8 月 6 日，燕王朱棣在北京起兵，以清君侧的名义，反对侄子建文帝的削藩政策。发兵前，他的军师姚广孝跪地嘱托，说南京城破之日，方孝孺一定不肯投降，希望不要杀他。

"杀方孝孺，天下读书种子绝矣！"姚广孝意味深长地说。朱棣打下南京城后，方孝孺果然不逃，也不降。方孝孺下狱后，朱棣再三请人去劝降，但方孝孺始终不从。

在朱棣筹备登基大典之际，他意欲借助方孝孺在士林中的崇高声望，遂召其撰写即位诏书。

方孝孺一身素缟，哀恸入殿，直面朱棣。

朱棣温言相劝："先生无须过哀，朕不过效仿周公辅弼成王之道。"

方孝孺泪眼婆娑，反问："既如此，成王（指朱允炆）今在何方？"

朱棣轻叹："成王已自尽，魂归天际。"

方孝孺不屈，追问："成王既逝，何不立其子以承大统？"

朱棣答："国需长君，幼子难当此任。"

方孝孺再问："那立成王之弟，岂非顺理成章？"

朱棣语带愠怒："此乃皇家内务，先生无须多问。"

言罢，朱棣命侍从备好纸笔，坚持道："即位诏书，唯先生手笔方能服众。"

方孝孺提笔数行，随即愤然掷笔，泣不成声，边哭边斥："宁死不屈，诏书岂可轻书！"

朱棣怒目而视："汝不惧九族尽诛乎？"

方孝孺昂首大笑："纵使十族，吾又有何惧！"

此言一出，朱棣怒火中烧，当即下令割裂方孝孺之口，自颊至耳，鲜血淋漓。

野史载，方孝孺目睹族人、挚友、门生一一倒于屠刀之下，神色竟无丝毫动容。整整杀了7天，一共杀了873人（另有一说为847人）。

据布氏家谱记载，布家的老祖宗叫步辰，

字天象，河南开封小沟村人。因为他是方孝孺的学生，不幸受到了牵连，被朝廷追捕。但幸运的是，步辰的妻子卢老夫人带着三个儿子在黑夜中匆忙逃跑，为了安全起见，他们决定把"步"这个姓改成"布"。

这一路上，他们历经千辛万苦，终于逃到了山东。三个儿子分别在阳谷、肥城和成武这三个地方安了家，繁衍生息。现在，在阳谷还能看到布家的祠堂，那里是布家人纪念祖先的地方。并且他们的家谱虽历经种种历史浩劫，却幸运地保存了下来。

先有衣马茔，后有栖霞城

"衣"是传统《百家姓》的编外姓氏，却与几个常用姓氏多有渊源，譬如"马"姓还有"殷"姓。

殷姓，起源于河南安阳。商朝灭亡后，殷商遗民以国名殷为姓；等到周朝建立，原本当官的那些殷家人就变成了普通老百姓。为了生活过得好点，他们就开始在中原大地上到处做生意。

时间一长，周朝的人心里头就有了个印象：那些经常跑买卖的人，多半是以前的商族人。再后来，大家说着说着，"商族人"这个称呼里的"族"字就慢慢没了，直接简化成"商人"了，这个名字就一直用到现在。

然后，这个殷姓从河南慢慢传到了山东那边。可巧的是，因为山东那边的方言，殷姓慢慢就变成了另一个姓——"衣"。

关于殷、衣两姓的这段渊源，《康熙字典》上有详细的记载："齐人言殷，声如衣，今姓有衣者，殷之胄，见礼记注疏。"换句话说，现在山东的衣姓是由于读音相近而从殷姓分出来的，衣和殷这两个姓本是一家。

另外，在山东栖霞，流传着这么一句话："先有衣马茔，后有栖霞城"。这包含了两层意思：

一、衣姓与马姓，细细追溯，竟是同根同源的一家人。

二、衣姓很早就在栖霞落户，比栖霞建县的时间还要早。

可是，衣姓究竟早到什么时候呢？

衣家的族谱上说，他们的祖先以前是在皇宫里管衣服的官，叫"尚衣局官"，因为这个官职，他们就被赐了"衣"这个姓。衣家的一个老地方，原来叫"衣马茔"，据说那儿风水特好。

再来说说辽宁庄河那边，衣姓的人特别多。据他们所说，在清朝时，有个勇敢的妇女带着几个儿子闯关东，然后在那边生根发芽，族群越发壮大。

现在衣姓的人遍布全国各地，甚至海外，好多都是从山东、辽宁这两个地方走出去的。特别是东北吉林那儿的衣家人，他们原本姓马，据说他们的祖先是个清朝的汉族官员，心里想着反清复明，结果被发现了，只能逃到关外去。那时候，他啥都没带，就带了件衣服，为了躲避追捕，就改姓了"衣"。

祭姓乃是周公的后代

现在，我们来说说祭姓。它的来源并不繁杂，人们普遍认为其出自姬姓，是周公姬旦的后裔。周公旦，本名姬旦，即人们熟知的周公。

周公是周文王的儿子，也是周武王的弟弟。他辅佐了文王、武王和成王三位君王，对周朝的建立和稳定做出了非常大的贡献，是历史上有名的贤臣。

有部流传至今的古籍叫《周官》，也就是我们常常说的《周礼》，据说就是周公旦写的。因此，他被大家认为是制定和推行礼乐制度之人。除此之外，还有一个传说：周公旦是一个解梦高手。说到"周公解梦"，就是指他能解读梦境中的奥秘哦！简单来说，周公旦就是个全能型人才，是智慧与能力并存的传奇人物。

武王去世后，年纪还小的成王就当上了国王。这时候，周公旦站了出来，像个大管家一样帮忙管理国家。而武王的另外三个兄弟——姬鲜、姬度和姬处，他们之前因为帮武王打败商纣王有功，被派去管、蔡、霍这三个地方当诸侯，大家就叫他们"管叔""蔡叔"和"霍叔"。

但这三兄弟对周公旦管理国家有点意见，他们不仅不帮忙守好东边的地方，还跟商纣王的儿子武庚，以及徐、奄这些东方的部落联合起来，搞了个大叛乱，这就是有名的"三监之乱"。

周公旦一看，这哪行啊，得赶紧解决。于是，他亲自带着大军去打仗，花了三年时间，终于把这些叛乱给平定了。管叔他们那一块地方，也就是管国，就被取消了。

但是，周公旦觉得中原，特别是郑州那块地方，太重要了，不能没人管。于是，他就把自己的儿子派去郑州，让他在那里建了个城，还给了他一个"伯"的爵位，大家就叫他祭伯。祭伯到了那里后，在当地大力兴建城池，巩固了对那里的掌控。

祭伯是周公旦的儿子毋庸置疑，但关于具体排行却有不同的说法。《广韵·怪》中说："祭：姓。周公第五子祭伯，其后以为氏。"《通志二十略·氏族略第三·以邑为氏·周邑》却这样记载："祭氏，姬姓。周公第七子所封。其地今郑州管城东北祭城是也。"祭伯到底是周公旦的第几个儿子，这事儿还得多找找历史资料才能弄清楚。不过，可以确定的是，他确实是黄帝的后代，因为他也姓姬。

时间到了春秋时期，祭国被郑国灭了。祭伯的后代们为了纪念自己的国家，就决定把国名"祭"当作自己的姓。这样一来，"祭"这个姓就诞生了，而祭伯也就成了这个姓氏的老祖宗。

古代的祭酒是个什么官

酒，在中华民族源远流长，有着数千年的历史。饮酒，已经成为一种文化。你可以想象，早在人们还用石头做工具的新石器时代，酒就已经开始被人们酿造和享用了。

古代，酿酒是一门很重要的手艺，酿酒者一般都是专门为皇帝和贵族们服务的。所以，统治者还专门设置了管酒的官员，最早叫"酒正"，这可是从商周时期就开始有的官职哦。就像现在的职业有很多不同的名字一样，酒正这个官职在不同的朝代也有不同的叫法，比如在晋朝就叫"酒丞"。

你知道《诗经》吧？那可是我们古代最早的诗歌集，里面就有提到酒呢。而关于酒正这个官职，最早的正式记载是在《周礼》这本书里。书里说，酒正负责酒的法令，还要教别人酿酒。这个官职就像现在酿酒厂的厂长，级别很高，管得也很多。

随着时间的推移，酒正的名字变了又变，但他们的职责一直都是管酒，从酿酒到卖酒，都是他们的工作范围。到了隋唐时期，朝廷专门设立了良酝署，里面有酒令和酒丞两个官职；宋朝的时候又叫"酒务"；金国时期称为"酒坊使"。虽然名字不一样，但都是干这行的。

有趣的是，有些人的祖先就是干酒正的，他们后来就以这个官职为姓，称自己为"酒"姓了。这就是"酒"这个姓氏的有趣来历。

有个说法挺有意思，说酒这个姓，其实是从一个官职名字来的，虽然这个官职跟酒没直接关系，就是名字里带个"酒"字。咱们回顾下，汉朝朝廷里有个官职叫"博士祭酒"，是国子监的主管官。

到了西晋，这官职的名字变成了"国子祭酒"，隋朝又变成了"国子监祭酒"，还是干的老本行——主管教育。一直到清朝末期，国子监被废，设学部，学部首长称"学部尚书"。

简单来说，古代的祭酒的工作职责是给皇帝培养能人，帮助皇家教育子孙后代。后来，有些祭酒的后代，为了纪念先祖，就从官职里挑了个"酒"字当自己的姓，于是就有了酒这个姓氏。

第九章
笔画最少和最多的姓

在众多汉字里,最简单的是"一"和"乙",它们都只有一笔。"一"就像是最初的世界,简单又原始;"乙"则像弯弯的河流,代表着生命的流动。这两个字展示了汉字最初的简洁美。

而最复杂的汉字之一是"爨",音同"窜",是个会意字,火字旁,结构复杂,写完它要整整 30 画呢!

笔画最少与最多的姓氏,不仅仅是汉字的奇观,更是历史的见证。它们以各自独特的方式,讲述着关于姓氏起源、兴盛、衰落与重生的故事。我们不禁要问:在这些姓氏的背后,还隐藏着多少未被揭开的秘密?它们又如何影响着我们今天的生活与文化?让我们带着这些疑问,继续探索汉字与姓氏的深邃世界。

笔画最多的姓氏，从头写到尾一共有 30 笔

中国的姓氏除了常见的百家姓，还有很多其他少见的姓氏，下面我们来看看笔画最多的姓。

笔画最多的姓为"爨"，音同"窜"，属于会意字，部首为火，结构为上中下，从头写到尾一共有 30 画。这个字看起来难写，其实从上到下就是'兴林大火'四个字。既然是会意字，我们自然能从这个字上感受到一种文化，确切地说，是古人生火做饭的场景。我们认真分析，这个字的寓意非常好，金、木、水、火、土，五行它占全了。而要下笔记住这个字，是有秘诀的，"兴字头，林字腰，大字下面用火烧"。我们把"爨"进行字体结构拆解，是不是就很容易记住了？

此外，从姓氏的源头追溯，爨姓起源于姬姓，出自周王朝时期的一个特定官职——爨官，这是一个以官职名称作为姓氏的实例。爨官，乃是西周宫廷中专为王室成员烹制膳食的官员，特别是负责掌管烹饪之火的灶官，民间常亲切地称之为"火头倌"。其职责重大，专门管理炊事火源。仔细审视"爨"字，其古字形生动描绘了这一场景：上部似双手捧持甑（古时用于蒸煮食物的器具），中部为灶口，燃烧着柴火，下部则描绘了双手添柴入灶的情景，极为形象。

虽然这个姓氏属于生僻姓氏，但它的来历一点都不普通。这个姓源自古代的河东大户班家，和著名的班超、班固是同一家族的人。时间回到东汉末年，班家的一个分支因为表现出色，被朝廷封赏了一块地方，叫作"爨地"（今天山西的忻州）。那时候，人们常以封地的名字来当作自己的姓氏，所以住在爨地的班家人，就慢慢开始姓爨了。

在此过程中，爨姓中也出过一些有名的人物，比如爨习。他曾在南中地

· 77 ·

区当过县令，后来刘备占领益州时，他选择归顺。在爨习的带领下，爨家人在南中地区繁衍开来，通过联姻等方式，逐渐成了当地的大家族。随着时间的推移，爨姓的势力越来越大，不仅遍布云南的各个地方，甚至还建立了属于自己的小政权，这在历史上被称为"爨氏据滇"。

爨人在南中地区的长期发展中，不仅融合了古滇人的血脉，还吸纳了以昆明为核心的滇文化精髓，孕育出了举世瞩目的爨文化。然而，历史的车轮滚滚向前，至唐代，随着唐王朝对南中地区统治的加强，对爨部的征调引发了爨人的反抗，加之爨氏内部纷争不断，权力斗争愈演愈烈。此时，已统一洱海地区的南诏国趁势而起，发起攻势，最终结束了爨氏家族在南中地区长达四百年的统治。此后，爨人大部失去了原有姓氏，转而姓寸，并逐渐融入彝族、白族等少数民族之中；另有部分族人远赴海外，极少数则留在内地，艰难地保留下"爨"姓。这一转变，标志着辉煌了近五百年的爨文化的落幕，但其精神与文化遗产却成为南诏、大理文化的深厚底蕴，大理国更自诩为爨氏遗风的传承者。

时至今日，当我们踏入昆明的地铁站，那些站名所用的字体，正是对这段历史文化的致敬——它们采用了古滇爨体，以一种独特的方式，让过往的行人感受到那份穿越时空的文化韵味。

除了爨这个笔画多的冷门姓氏，还有好多奇怪的难认的姓氏，以下举例说明：

麹　读音：[qū]

襈　读音：[xuān]

郤　读音：[xì] 古同"郄"，姓；[qiè] 姓

亓　读音：[qí]

庹　读音：[tuǒ]

禚　读音：[zhuó]

蒯　读音：[kuǎi]

我姓"一"！最简单霸气的姓氏

看完笔画最多的姓氏，接下来看看笔画最少的姓氏，一姓和乙姓。"一"这个姓氏最早有记载是在《魏书》中。相传一姓来源有以下几种：

第一种说法是一姓来源于商王朝的开国君主商汤，被舜帝赐姓为子，名履，字天乙，其后代子孙用先祖名字的"乙"字作为姓氏，称"乙氏"。商王朝的缔造者商汤，字天乙，号成汤。那时的"一"，不仅是数字的开始，更是万物的起源。而后旁系子孙中取壹为姓氏，称壹氏，最后演变为一姓。

第二种说法是一姓源自北魏时期的鲜卑族一那娄氏。由于北魏孝文帝实施汉化改革政策，鲜卑族需将原有姓氏改为汉族姓氏。因此，一那娄氏的族人中，有些便以"一"为谐音，可以说是鲜卑族汉化的结果。

第三种说法是一姓出自西域匈奴的使者，因为被后唐君主赐以汉姓乙，子孙后代都用了乙为姓氏。后演化为"一"。

"一"这个姓氏虽然历史悠久，可全国姓一的人只不过约1400人，主要分布在山西、四川、安徽等地。

第十章
历史上那些不通婚的姓氏

为何有的姓氏之间不得通婚？是昔日战场上刀光剑影下的血海深仇，还是宫廷斗争中权谋诡计下的不解之怨？这些恩怨，竟然深刻到足以让后世子孙在爱与婚姻面前，也不得不低头妥协？

更有甚者，这份仇恨竟被镌刻于族规之中，成为世代相传的铁律。这不仅仅是两个人的遗憾，更是两个家族乃至两个文化脉络间难以言说的痛。

那么，这些姓氏背后，究竟隐藏着怎样惊心动魄的故事？是权力斗争的牺牲品，还是情感纠葛的牺牲者？随着时间的流逝，那些恩怨是否已随风消散，只留下这些不通婚的规矩，作为历史的见证？

让我们带着这些疑问，轻轻揭开历史的帷幔，一探究竟。

朱、李不通婚

据说，李姓和朱姓是几千年的世仇，李家建立了大唐江山，从此"李"成了国姓。在唐朝末年，藩镇割据的乱象愈演愈烈，各地军阀权势滔天，李唐皇室岌岌可危。在这乱世之中，地方军阀朱温的崛起，犹如一颗重磅炸弹，沉重地打击了唐朝摇摇欲坠的统治。

朱温带着大军直接打到了长安城，把唐昭宗给控制住了，他想借着皇帝的名义来指挥天下。但是，唐昭宗性格很硬气，朱温想尽了办法，唐昭宗还是不听话，这让朱温很头疼。

朱温一气之下，就干了件让整个朝廷都震惊的事——他杀了唐昭宗，然后又选了唐昭宗的儿子李柷（即唐哀帝）当新皇帝。可就算这样，朱温还是觉得不够，他想当皇帝的念头越来越强烈。

随后，他自立为大梁皇帝，成为这个新王朝的开国君主。

朱家和李家因弑君和篡位之仇而势如水火，更因朱家担忧李家借通婚之机复辟，故两家自此断绝联姻之念，互不来往，永结仇敌。几百年后，朱元璋建立了明朝。明朝末期，李自成发动农民起义，最终攻入北京城，崇祯帝被迫自缢在煤山，明朝灭亡。李姓成功复仇，从此，朱李两家的"仇恨"又加深了一层，世代不通婚。

虽然现在的人们大多不再遵循那些旧时的传统和禁忌，特别是在这个思想文化日益开放和多元的时代，大家的婚姻观念更加自由。但了解这些历史和文化背景对于理解中国的传统文化和民间信仰仍然具有一定的价值。

潘、杨不联姻

相比之下，潘姓和杨姓不能联姻就冤枉多了。潘、杨两家为世仇，从历史文献上看，并没有足够的证据。

小说、戏曲和民间演义，让《杨家将》的故事广为流传，杨业、杨延昭、杨宗保、穆桂英等人物热血忠勇，是家喻户晓的英雄。而潘、杨不联姻就主要源于《杨家将》故事中潘仁美陷害杨敬业的桥段。

杨家将的故事原型主要来源于《宋史》等史书记录。这些故事虽然广为流传，但也有不少虚构和夸张的成分，例如杨宗保和穆桂英等角色就是虚构出来的，并非真实历史人物。而潘仁美与杨敬业的故事，在《宋史》中并无记载。如果仅是因为民间文学作品的虚构就导致两家成为世世代代的仇人，世代不可通婚，那对于这两个姓氏的后人来说，也未免太过冤枉了。

真实的历史上并没有潘仁美这个人，却有个叫潘美的，他是宋太祖手下有名的将领；而在历史上也没有杨继业这个人，历史上只有一个杨业，是北汉时期的将领。历史上的潘美不仅没有陷害杨业，相反，他还是杨业的伯乐，正是他力保杨业，才使得赵匡胤没有对这位北汉的不降之将痛下杀手。

在史书记载中，潘美是北宋的开国名将，是一位心地忠厚的长者，还是一名智勇良将；而对于杨业之死，他有责任，但责任不大。

说实话，在文盲率颇高的漫长过往，民间读史书的人不多，倒是由历史题材改编的评书、戏曲故事，传播速度很快。结果，大家都把经过艺术加工的杨家三代人的故事当成了真事儿，特别是那些崇拜杨家将的杨家人，慢慢地就不太喜欢姓潘的了。可能就是因为这个，才有了"潘杨不通婚"这样的规矩。虽然它并没有真正的历史根据，但在一些家族和村子里还是传了下来。

不管历史上的事情到底是怎么样的，姓氏本来就是为了让我们记住自己的根，知道自己是从哪儿来的。不能因为姓氏背后的故事，而在心里头有偏见，跟别人对着干。

作为后代，是否应该抛弃先人昔日恩怨，一笑泯恩仇？

第十一章
名字里的中国：好名字怎么起

"字里行间藏乾坤，名中深意待君寻。"在有限的汉字海洋中，如何精挑细选，组合出既符合音韵之美，又富含文化底蕴的名字？是追求寓意深远，如"浩然""静姝"，让人一听便知主人品格高洁；还是讲究独特创新，让名字独一无二，引人注目？

如何在快速变迁的社会中，为孩子起一个既有文化内涵又不失现代感的名字，让其在未来的道路上，既能自信地拥抱传统，又能勇敢地探索未知？

"好名难求，贵在用心。"在这个人口众多、汉字有限的时代，"名，何以为美？何以为顺？"不仅是对起名艺术的深刻叩问，也是对父母智慧与情感的一次大考，更是对人生智慧的一次探寻。

为何说"教子一艺，不如赐子好名"

名字是给孩子的第一个礼物，更是伴随其一生的礼物，如何起名可是一门大学问。《论语》曰："名不正则言不顺，言不顺则事不成。"又有古语曰："赐子千金，不如教子一艺；教子一艺，不如赐子好名。"可见，名字关乎人的一生，自古以来就被人们重视。

不过，我国人口十多亿，而常用汉字只有几千个，可用作为名字的常用的汉字就几百个，如何起个好名字已是一个摆在当前的社会问题了。好名字的特征到底有哪些呢？

总体来说，一个好的名字应该具有以下几个特征：

1. 响亮上口。名字要读起来流畅好听，谐音美好，因为声音含义同样影响人，让人产生条件反射，即易读性。比如我国明代旅行家郑和之名。

2. 易于书写。人名在形式上要简明，便于记忆，易于传播，从而形成一种良性循环，强化人们的记忆。比如，一个人的名字叫"杨鑫懿"，显然笔画繁杂，书写麻烦，而且还容易造成不必要的错误。反之，如果叫"杨宜立"，就简单、好记得多。

3. 内涵丰富。名字是个人独有的社会代号，它除了让人认识你，还具有强烈的主观色彩，包含着期望、追求、寄托。因此，起名一定要寓意深刻，切忌有粗俗不雅之意。如王任重，"任重"出自《论语·泰伯》"士不可以不弘毅，任重而道远"。任重，意为责任重大。

4. 新颖别致。不和名人重名，取不易重名的名字。创意新颖，真正体现通过名字以区分人的作用，即特有性。比如"茅盾"这一笔名。

总结起来，"声""字""意""情"俱佳，才能称得上是好名字。

如何避免重名

网络上有这么个段子：有一对夫妻晒出自己 2 岁儿子的出生证明，其中孩子奇特的名字引发了众多的网友热议，孩子取名为"李不尚书"，谐音"礼部尚书"。孩子父母认为这个名字是比较有特色的，几乎不会重名，才决定给孩子取这样一个名字。其实，从古至今，人名一直存在着一个突出的问题——重名。在上海，1968 年至 1971 年间诞生了 3397 个王伟，其中，1971 年 11 月 21 日就有 33 个王伟降临于世。现在常见的姓氏有很多，难免会出现一些同名同姓的情况，那么古代出现同名同姓的情况多不多？现今我们又该如何避免重名？

南北朝时，梁元帝萧绎撰《古今同姓名录》，这本书的资料显示，在历史上大概有 3 个董仲舒，3 个周瑜，3 个王羲之，4 个刘秀，9 个张衡，9 个张良，等等。此后，几乎每个重要朝代都有这类专著问世。民国时期彭作桢著《古今同姓名大辞典》，收入人名 5 万多，同姓名者竟有 1.6 万多人。其中，重名指数最高的是王佐，共 71 人；其次是李芳，共 53 人；再次是王俊、李英、刘福，都是 40 人。重名最高的前 20 名，只有一个双字名，其余都是单字名。这几个简单的数字，也显示出重名的规律和原因。

为减少和避免重名，以下四条建议可供起名者参考。

起名尽量少用单字名

单字名重名的可能性要大大高于双字名。按数学排列组合原理，用 10 个姓和 30 个字组合姓名，可组成单字名 300 个，而组成双字名可达 8700 个，后者组成的不重名数是前者的 29 倍。据全国户籍人口调查，使用频率最高的 10 个名字依次为：张伟、王伟、李娜、王芳、李伟、王静、李静、张敏、刘伟、张静。这些姓名男女皆有使用。而张伟这个名字的使用者竟超过 30 万人。

起名少用重叠字

有些父母喜欢给孩子起两个字的重叠名字，如乐乐、珊珊、媛媛、苗苗等。首先，虽然名字简单可爱，但弊端是重名太多，有个小学就有四五个叫"玲玲"的；其次，缺乏长远眼光，孩子长大了，到中老年还叫叠名，就显得不太合适了。

起四字名

重名现象，多是起名用字少造成的，如果增加用字数，一定程度上可以避免重名。2000年以来，中国的一些年轻夫妇，在为新生儿起名时采用"父姓+母姓+双名"的格式。这种起名方式使人口普查中四字名大量出现，如张杨舒仪、唐林婉儿、郑赫莲子、马陆辞玉、杨柳娉婷、周袁亚雄、何华德龙等。这种新颖的起名方式可以极大地减少重名现象。

一般来说，用四字结构起名有以下几种方式：

1.姓氏字+3个辅助字。如：李宇萧然、李寒若冰、涂曲诗墨。

2.父母姓氏组合+2个辅助字。如：李黄嘉麒（李为父姓，黄为母姓）；李秦羽翎（李为父姓，秦为母姓）。

3.姓氏字+1个辅助字+姓氏字+1个辅助字。如：朱成林景（朱为父姓，林为母姓）；涂至夏末（涂为父姓，夏为母姓）。

4.姓氏字+辈谱字+2个辅助字。如：李瑾瑜炫（李为姓氏，瑾为李氏辈谱字）；孙思哲睿（孙为姓氏，思为孙氏辈谱字）。

5.姓氏字+2个辅助字+姓氏字。如：李墨辰夏（李为父姓，夏为母姓）。

少用或不用常用字

这是减少或避免重名的有效办法。当前哪些字使用频率最高呢？《新民晚报》上有一篇文章列举出了人名用字频度最高以及宜避用、少用的字，下面摘引出来供参考。

男：波、涛、明、辉、艾、峰、林、刚、忠、义、仁、德、福、永、世、成、安、宁、子、建、志、军、荣、杰、富、民、昌、康、元、宗、俊、天、良、贵、山、光、海、强、勇、健、文、力、保、和、平。

女：秋、红、占、雪、梅、兰、菊、桂、莲、芹、芝、萍、莉、花、春、云、月、华、彩、霞、雁、娥、燕、凤、芬、淑、美、英、金、银、宝、玉、珍、珠、翠、佩、玲、琴、秀、丽、惠、巧、慧、敏、洁、娟、爱。

总之，避免重名，是起名应遵循的一条基本原则。名字作为自己的独特代号，如果与他人一样，将给自己和他人带来种种麻烦，那就不能称为好名字。父母给子女起名，一定要想到这一点，尽力为孩子起个独具特色、不易与他人撞名的好名字。目前，有些城市的户籍管理有先进的计算机联网设备，可以开展防止重名的服务，所以在给新生儿报户口的时候，建议到当地公安局或者派出所，用计算机查询一下，这样立刻就可知道这名字有多少重名的，多多少少也可解决一部分重名的问题。

如何用诗文或者典故取名

很多人可能听过一种取名之道叫：女《诗经》，男《楚辞》；文《论语》，武《周易》。这种取名方法虽然常见，但也不能简单地一以概之。不过，不可否认的是，从古至今，《诗经》《论语》《史记》以及唐诗宋词等不仅教育、影响着一代又一代的学子，而且还给我们带来了不少佳名，用诗文起名在文化界已经成为一种风尚。例如，唐代茶圣陆羽，字鸿渐，其名字出于《易经·渐卦》："鸿渐于陆，其羽可用为仪，吉。"

不仅优秀的诗词中蕴有佳词，引人深思，古文谚语中摘字起名更是寓意深刻。如欲表豪情壮志，可取壮飞（李白诗："俱怀逸兴壮思飞，欲上青天揽明月。"）、白羽（卢纶诗："平明寻白羽，没在石棱中。"）、志丹、留丹（文天祥诗："人生自古谁无死，留取丹心照汗青。"）等；欲求超脱高雅，可取乔木（《诗经·小雅·伐木》："出自幽谷，迁于乔木。"）、帆影（李白诗："孤帆远影碧空尽，唯见长江天际流。"）等；欲明亲情友谊，可用春晖（孟郊诗："谁言寸草心，报得三春晖。"）、秋鸿（苏轼诗："人似秋鸿来有信，事如春梦了无痕。"）；等等。

诗文起名法需要有较深的古典文学功底，因而随着我国人民文化水平逐渐提高，诗文起名法越来越受欢迎，以下是可作为名字的词语，供欣赏及参考。

古文摘选法

无极（《礼记·大学》"君子无所不用其极"）

知本（《礼记·大学》"此谓知本，此谓知之至也"）

时中（《中庸》"君子之中庸也，君子而时中"）

可均（《中庸》"天下国家可均也"）

诚明、明诚（《中庸》"自诚明，谓之性；自明诚，谓之教"）

诗词摘选法

思远（《诗经·国风·载驰》"视尔不臧，我思不远"）

清扬（《诗经·国风·野有蔓草》"有美一人，婉如清扬"）

明哲（《诗经·大雅·丞民》"既明且哲，以保其身"）

素荣（屈原《九章·橘颂》"绿叶素荣，纷其可喜兮"）

飞扬（刘邦《大风歌》"大风起兮云飞扬"）

养怡（曹操《龟虽寿》"养怡之福，可得永年"）

南翔（曹丕《燕歌行》"群燕辞归雁南翔"）

雄杰（阮籍《咏怀》"岂若雄杰士，功名从此大"）

飞鸿（谢灵运《登池上楼》"潜虬媚幽姿，飞鸿响远音"）

葳蕤（张九龄《感遇》"兰叶春葳蕤，桂华秋皎洁"）

采薇（王维《关蒙毋潜落第还乡》"不得顾采薇"）

清秋（孟浩然《秋登万山寄张五》"兴是清秋发"）

芳原（韦应物《东郊》"微雨霭芳原"）

舒波（韩愈《八月十五日夜赠张功曹》"清风吹空月舒波"）

锦茵（杜甫《丽人行》"当轩下马入锦茵"）

予心（骆宾王《在狱咏蝉》"无人信高洁，谁为表予心"）

玉鉴、素月（张孝祥《念奴娇·过洞庭》"玉鉴琼田三万顷，着我扁舟一叶。素月分辉，明河共影"）

芳菲（陈亮《水龙吟·春恨》"恨芳菲世界，游人未赏，都付与、莺和燕"）

如虎（辛弃疾《永遇乐·京口北固亭怀古》"想当年，金戈铁马，气吞万里如虎"）

东流（辛弃疾《菩萨蛮·书江西造口壁》"青山遮不住，毕竟东流去"）

冷香（姜夔《念奴娇·闹红一舸》"嫣然摇动，冷香飞上诗句"）

兰心（史达祖《东风第一枝·咏春雪》"巧沁兰心"）

枫桥（吴文英《惜黄花慢·送客吴皋》"正试霜夜冷，枫落长桥"）

玉关（张炎《解连环·孤雁》"暮雨相呼，怕蓦地、玉关重见"）

如海（朱弁《春阳》"诗穷莫写愁如海"）

香凝（吴文英《风入松》"有当时、纤手香凝"）

雨萍（文天祥《过零丁洋》"山河破碎风飘絮，身世浮沉雨打萍"）

以诗文起名，内涵丰富，寓意深刻而又委婉含蓄。

另外，除了诗文起名法，从典故或者典籍中摘取字词作为名字也是对优秀传统文化吸收、发扬的表现，更是取名者有一定文化涵养的表现。因此，用典故取名也是非常常见的。

我们先举几个取自《尚书》的男孩名字为例：

允恭（《尚书·虞书·尧典》"允恭克让，光被四表，格于上下"）

这句话的意思是忠实不懈，又能让贤，光辉普照四方，思虑至于天地。"允"字，常表诚信、真实之意。"恭"字，表达了恭敬、谦逊的态度，也代表了自我修养的一种境界，即要求自己谦虚谨慎，不骄傲自满。取名为"允恭"，寓意着一个人既具备以诚信为本的品质，又有谦虚谨慎、诚敬待人的态度。

益谦（《尚书·虞书·大禹谟》"满招损，谦受益，时乃天道"）

这句话的意思是骄傲自满招致损害，谦逊虚心得到益处，这是自然规律。"益"字在名字中寓意着增益、好处和进步。"谦"字则在名字中代表着谦虚、谦逊的品质。取名为"益谦"，寓意着一个人具备谦虚谨慎的态度，能够虚心地向他人学习，不断提升自己的修养和素质。

若昊（《尚书·虞书·尧典》"乃命羲和，钦若昊天，历象日月星辰，敬授民时"）

这句话的意思是于是命令羲氏、和氏，严谨地遵循天数，推算日月星辰运行的规律，制定出历法，把天时节令告诉人们。"若"字有多重含义，如"如果""假如"等，体现了一种假设与探索的精神。"昊"字意味着广大无边，常用于指天，寓意着胸襟开阔、开明潇洒。"若昊"这个名字给人一种大气、豪迈的感觉，能够激发人的积极向上的精神风貌。它让人联想到一个人不断探索、勇于创新，同时又胸怀宽广、志向高远。

另举著名相声演员马三立为例，"三立"语出《左传·襄公二十四年》："大上有立德，其次有立功，其次有立言，虽久不废，此之谓不朽。"

关于起名的禁忌有哪些

古人起名有一些注意事项或规则，比如《礼记·内则》说："凡名子，不以日月，不以国，不以隐疾。"这句话翻译为白话文就是替小孩取名，不要用日月之名，不要用国名，不要用身上暗疾之名。古人起名之所以有如此多的讲究，就是因为他们相信名实相应，名字有丰富的内涵及意义，会直接影响一个人的兴衰荣辱。所以今天在给孩子取名时，也不能草率行事，必须多思多想。

起名忌直白

所谓"直白",是指名字的表达方式太直接,太简单化,太像白话。直白的名字缺少涵养、意味和美感,显示起名者文化水平低。这样的名字只能算作材料或半成品,若当作名字使用,还需要进一步加工润色。

起名忌锋芒太露和狂妄自大

取名的时候,不仅应当避免过于浅薄,更要杜绝锋芒太露和狂妄自大的倾向。因为一个过于炫耀和显摆的名字,容易引发他人的反感与不服,甚至可能招来他人的批评:"何须如此炫耀?名字与人并不相符。"正如俗话所说,"枪打出头鸟",保持谦逊才是明智之举。狂妄与放肆不仅暴露了个人修养的不足,更是对他人的不尊重,甚至带有蔑视的意味。

起名忌肤浅

起名应当新颖,别具一格,且不能肤浅、俗气。这包括两个方面:一是思路上的俗套,沿用过去的老方法,起名仍然围绕着福禄财相、仁寿安康、光宗耀祖、礼义廉耻、忠厚贤德、金银珠宝、龙虎凤麒、英花兰香等陈词滥调。虽然这是大部分人在祈盼人如其名,从而得到这些福报,但现实生活中并不推荐此法。二是套用俗词俗语,缺乏新鲜感。

起名忌粗俗

粗与细是相对的,俗与雅是相对的。所谓"粗"就是粗糙的未经加工的带有原始味道的字词。名字应当是一件精致玲珑的作品,让人赏心悦目。"粗"是相对的,格格不入的。用"粗俗"的字起名有两种表现:一是用词粗鲁、俗气,未经雕琢。二是虽做了一定的文字加工,但字面词意间仍流露出一种野气,给人冥顽不灵、桀骜不驯的印象。

起名忌过于洋化

不要起过于洋化的名字。我们是中华儿女，如果名字过于洋化，则与身份很不相称，造成内外失重的感觉，所以起名时应该体现出中国文化的特性，而不是一味地为了追求洋气而使用一些过于时髦的字眼儿。当然，如果是在一些与外国人交流的场所则另当别论了，也可以直接取个英文名字，方便与外国人交流。

名人姓名的趣闻轶事

试想，西汉文坛上的璀璨明珠——司马相如，谁承想他幼年时竟以"犬子"之名示人，这质朴中带着几分诙谐的称谓，如何能与日后那挥毫泼墨、文采飞扬的文学巨匠形象相匹配？然而，正是这份对自我超越的渴望，让他毅然决定改名"相如"，以战国智者的风骨自勉，誓要成为时代的脊梁。这背后，是对偶像的深深敬仰，也是对自我价值的无尽追求。

再将目光转向明朝，那位开创一代盛世的洪武大帝朱元璋，他的原名"朱重八"，在历史的尘埃中似乎显得那么不起眼。然而，正是这个出身贫寒、名字普通的青年，凭借着非凡的智慧与勇气，一步步走上了权力的巅峰。在这个过程中，"朱重八"这个名字，已无法承载他日益膨胀的雄心与抱负。于是，"元璋"应运而生，它不仅仅是一个新名字，更是他对自己未来无限可能的期许与宣告，预示着一段辉煌历史即将开启。

读到这些故事，我们不禁要问：在历史的长河中，那些璀璨夺目的名人姓名背后是否都隐藏着一段扣人心弦的故事？而正是这些名人姓名的趣闻轶事，串联起历史的脉络，让我们在品味之余，也对人性中的自我超越与梦想追求多了几分敬畏与感慨。

李四光名字的由来

著名地质学家李四光出生在一个贫困的家庭里。因为他排行老二,他的父亲李卓侯给他起了个响当当的名字叫"李仲揆","李四光"这个名字是他在一次填表时偶然改用的。1902年,李仲揆报考了当时湖广总督张之洞创办的武昌高等小学,并以第一名的成绩顺利地考上了这所学堂。入学后,他刻苦用功,连考了几次第一名。两年后,按学堂的规定,他因成绩优秀被保送到日本官费留学。在填写出国护照表格时,他因一时兴奋走了神,竟把年龄"十四"写在姓名栏下面。

发现写错后,因为贫穷舍不得花钱再买一张表格,他冷静地想了一下,就把"十"改成"李",可是叫"李四"多难听呀。正在犯难时,他抬头看见前面大厅正中挂的横匾上有"光被四表"这四个字。他突发灵感:何不在"四"字后再添个"光"字?四光,四面光明,光照四方,前途充满希望啊!他对想到的这个名字很满意,于是又端端正正地加了一个"光"字。李四光学成回国后,始终奋战在科学研究和国家建设的第一线,为我国的地质、石油勘探和建设事业等做出了巨大贡献。

地大物博的中国,在1956年以前,长期被外国人宣布为贫油国,占世界人口1/4的中国人靠"洋油"过日子。1956年,李四光亲自主持石油普查勘探工作,在很短时间里,先后发现了大庆、胜利、大港、华北、江汉等油田,为中国石油工业建立了不朽的功勋,使中国进入世界产油大国的行列。

施耐庵名字的由来

《水浒传》是中国古代长篇小说的代表作之一,以宋江起义故事为线索创作而成。这部著作的作者施耐庵因此而名垂千古,后世学者对他的研究与评价也颇多。

施耐庵,元末明初小说家。他在江阴游学时,大财主徐麒羡慕他的品学,请他在东林庵讲学。施耐庵一边讲学一边写书。一天,他写到《水浒传》中"石秀智杀裴如海,头陀敲木鱼"这一段,突然想到东林庵珍藏的木鱼木

槌，心中疑惑不解，便问徐麒："你这庵里的木鱼木槌，为何像宝贝一样珍藏呢？"徐麒说："这庵里原先住着一位老和尚，他念经拜佛用心极诚，一边念经一边敲木鱼。"接着，他又用手指着木鱼的凹陷说："你看，这就是老和尚念经时敲下的痕迹，日久而成啊！"施耐庵听了，连连点头，感觉自己写书也要有那种锲而不舍、专心致志的精神才行。

事后，他提笔写了"耐庵"两个字，贴在门楣上，旨在告诫自己要排除一切困难，写好《水浒传》。外人不知其意，便把他称为"耐庵先生"。时间长了，他也觉得这个名字不错，便改名为"施耐庵"。

金圣叹名字的由来

金圣叹，是明末清初的文学评论家，对《水浒传》《西厢记》《左传》等书及杜甫诸家唐诗都有评点。他为人幽默风趣，史称"狂傲有奇气"，终因"哭庙案"被杀。金圣叹，本姓张，初名采，又名喟，字若采；明亡后改名人瑞，字圣叹。说起他的改名，有两种说法。

第一种说法是金圣叹的名字来源于他的一首打油诗《丁祭弹文》。所谓"丁祭"是祭孔子的日子，也就是当时的"教师节"。

有一年的"丁祭"，他和一群秀才、监生到文庙祭孔。祭祀完了，那些平时文质彬彬的学生们突然开始抢供桌上的肉和馒头，说是谁抢到谁就能当大官、发大财。金圣叹看到这场景，就写了首打油诗，笑话他们："天晚祭祀了，忽然闹吵吵。祭肉争肥瘦，馒头抢大小。颜回低头笑，子路把脚跳。夫子喟然叹：'在陈我绝粮，未见此饿莩！'"

从此以后，他就改姓金，名人瑞，字圣叹了。"金"就像给孔子塑的金身，"圣叹"嘛，就是孔子也得为这世态炎凉感叹一下。

第二种说法是，金圣叹小时学习《论语》，对孔子的喟然叹曰句特别欣赏，金圣叹知道孔子这是在叹自己的学生曾点，因为曾点胸无大志，不想在仕途上求发展，金圣叹认为自己就是曾点这一类人，所以把自己的名字改为"金圣叹"。

我们从上述两个故事中可以看到"金圣叹"三个字的修辞风格，它也就是金圣叹为人的风格。金圣叹的为人，倨傲不群，藐视一切，确实"狂傲有奇气"。

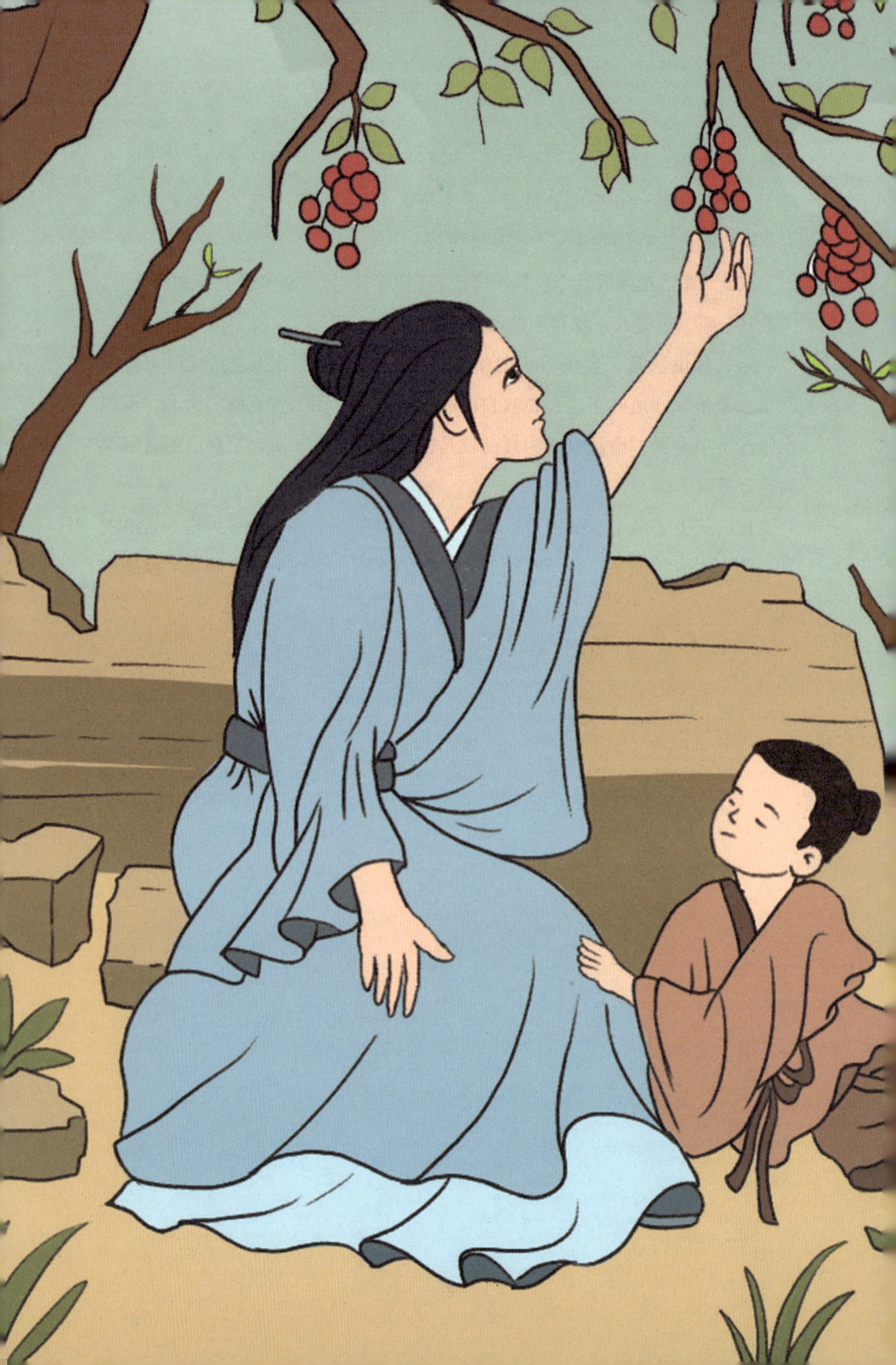

下篇

我们的姓氏，
原来还可以这么有趣

第十二章
王姓：王姓始祖太子晋，不慕王权而修仙

王姓，可是咱们中华民族里数一数二的大姓，家族庞大得不得了，人数已超过一亿大关。王家人偏爱在河南、山东、四川与河北这些地域聚居，其中王姓人口最多的省是河南省。

本章引领大家探寻以下问题："王"字构造简洁而深邃，三横一竖间，是否寓意着天、地、人皆归其管辖的哲学思考？而甲骨文中"王"字作为斧钺的象形，是否正是古代权力与威严的象征？

太子晋，作为众多王姓族人共尊的始祖，其影响力何以穿越时空，至今仍让众多王姓后裔引以为傲，视自己为这辉煌血脉的继承者？这一切背后，又隐藏着怎样的历史故事与文化传承？

河南偃师缑氏山的升仙太子碑，不仅是武则天女皇的孤篇亲笔，更是跨越千年的文化瑰宝。碑文中，那长达2000余字的叙述，究竟如何巧妙地融合太子晋的仙话传说与对武周盛世的颂扬？

王姓起源

我们先来看看"王"字的构成：由三横一竖构成，三横代表天、地、人，一竖贯通天、地、人，这就是天、地、人都要归"王"管的哲学意义。在甲骨文中，"王"字是斧钺的象形，也代表着权力。

黄帝、虞舜以及商周诸王的后裔即以王为姓，源出多门。

中华王姓起源主要有三支：姬姓王氏、子姓王氏和妫姓王氏，均发源于河南。河南洛阳偃师、新乡卫辉、商丘、周口淮阳是王姓重要的起源地。

王姓的得姓始祖为周灵王太子晋

上古时代，夏、商、周三代的至高无上者皆被尊称为"王"，这一称号不仅承载着无上的权力，也悄然孕育了后来广泛分布的王姓之源。王姓的脉络纷繁复杂，但最为庞大且深远的一支，无疑源自姬姓，那是黄帝嫡脉所传承的血统，流淌在周朝的王室血脉之中。

姬姓王氏，多来自周朝。譬如，周文王的第十五子毕公高、周平王太子赤、王子成父、周灵王太子晋，以及周考王之弟揭，都是这一支脉的重要分支。其中，太子晋是太原王氏与琅琊王氏这两大王姓望族公认的始祖。

太子晋，人们也亲切地称他为王子晋、王子乔或是王乔，他是周灵王的儿子，也曾被认为是国君接班人。他出生在东周都城成周，也就是现在的洛阳市。

据说，太子晋不仅聪明绝顶，学问渊博，而且还特别正直，让人打心眼儿里佩服。有一次，北方的霸主晋平公派了个名叫叔誉的大臣来周朝进贡，顺便想跟太子晋切磋切磋学问。结果，两人一辩论起来，叔誉就被太子晋那过人的才智和犀利的口才给比下去了，输得心服口服。叔誉回去后，赶紧建议晋平公把之前侵占的周朝土地还回去，不然以后可能会有大麻烦。

可这时候，晋平公手下有位叫师旷的大臣，他听了叔誉的话却不以为然。师旷觉得自己也是个能言善辩的主儿，决定亲自出马，去会会这位传说中的太子晋，看看他到底有几斤几两。结果，可想而知，从天地万物、圣贤君臣，一直到立国之道、安民之策，最后师旷深为折服，并说："王子，汝将为天下宗乎？"这句话是在询问王子是否会成为统治天下的领袖或君主。回晋国后，师旷自然在晋平公面前对太子晋赞不绝口。

在周灵王统治的第二十二年，发生了严重的自然灾害，谷水和洛水洪水泛滥，威胁着王城的安全，情况十分危急。周灵王想要依靠人力去强行阻挡这两条大河的洪水，但这时候，太子晋却主张不要硬碰硬，而是应该顺应自然的规律，通过疏通河道、引导水流的方式来解除水患。然而，遗憾的是，灵王并没有接受太子晋的建议，反而因此剥夺了他的太子之位。

这个变故非但未损太子晋之英名，反使其形象更为神化。

《逸周书》记载太子晋能预知天命，《列仙传》则描绘其吹笙化凤，得神仙浮丘公引渡至嵩山之巅，三十余载后，预言于七月七日重返缑氏山。届时，太子晋果乘白鹤降临，挥手间飘然而去，留下无尽传说。

在河南偃师之缑氏山，矗立着一座非凡的石碑——升仙太子碑，此乃武则天女皇唯一亲笔之作。创作于公元699年，碑文长达2000多字，不仅刻画了太子晋升仙的奇幻旅程，更借古喻今，颂扬了武周朝代的辉煌，字里行间透露出对仙道长生不老的深切向往。

无论是官方编纂的史书，还是民间流传的佳作，皆将太子晋

奉为众多王姓族人的共同始祖，其后裔更是王姓中最为繁荣昌盛的一支。时至今日，王姓族人十有七八皆以太子晋为荣，视自己为其血脉的延续。

王姓名人

历史上王姓名人辈出：秦代有名将王翦；汉代有新朝皇帝王莽，和亲大使王昭君，思想家王充；魏晋有政治家王导，大书法家王羲之、王献之，医学家王叔和；唐朝有大诗人、大画家王维；五代有前蜀开国之君王建，闽王王审知；宋代有大政治家、文学家王安石，大学者王应麟；元代有农学家王祯；明代有哲学家王守仁；清代有思想家王夫之；近代有国学大师王国维等。

东晋时期，王姓中的琅琊王氏是顶级名门，如果没有王敦和王导兄弟俩，东晋能不能延续都是个问题。也只有王氏这样的名门，才能培养出王羲之、王献之这样的艺术家。

而明朝时期的王守仁，也是一位极具传奇色彩的人物。他在自己的流放地——贵州龙场的悟道经历，使他发生了脱胎换骨的变化。他开宗立派，创立心学，而且还在军事上展现出卓越的才能，成功平定叛乱。他的一生集立德、立功、立言于一身，对后世产生了深远的影响，至今仍然让人感叹不已。因曾筑室于会稽山阳明洞，自号阳明子，学者称之为"阳明先生"，亦称"王阳明"。

王阳明在龙场悟道：一段不平凡的内心旅程

在历史的长河中，有些时刻注定要被铭记。王阳明在龙场的悟道，就是这样一段值得被讲述的故事。龙场，位于贵州的深山之中，曾经是王阳明的流放地。而在这里，他经历了人生中的一次重大转变，使他从困顿到豁然开朗，从迷茫到坚定。

龙场驿为水西九驿中的首驿，乃贵州宣慰使奢香夫人于明洪武十七年

（1384）建，位于贵阳西北。王阳明来的时候，龙场驿已经设置了 100 多年。由于驿道往来的人少，当时驿站并没有得到朝廷的重视，所以，王阳明到达时，驿站已经破败荒凉，如果不是还有个龙场驿的牌子挂在那里，谁知道这是什么地儿，加上山中潮湿发霉，瘴气极大，根本无法居住。

没有办法的王阳明就在山上找了个小洞居住，那里阴暗潮湿，居住环境恶劣。直到当地居民和先生混熟之后，知道他是朝廷命官，才帮忙给他找了个较大的山洞居住，这就是著名的阳明洞。

贵州龙场这个地方，在当时就跟原始大森林差不多，生存条件极差，除了当地少数民族在这儿生活，就只有亡命徒、遭贬的官员和逃犯才来这儿，来往的人很少。因此龙场驿的事务非常少，王阳明也落得个清闲，在这里日日夜夜静坐，开始了自己的悟道之旅。

有一天，当他又一次陷入深深的沉思时，突然间恍然大悟。他明白了心即理，明白了知行合一的道理。那一刻，他感到自己仿佛与天地融为一体，与万物息息相关。他明白了人生的真谛，不是追求外在的荣华富贵，而是内心的平静与充实。

王阳明说："圣人之道，吾性自足，向之求理于事物者误也。"也就是"心"是万事万物的根本，世界上的一切都是心的产物，人做事要遵从自己的内心，最终这个思想发展成知行合一，这便是"龙场悟道"。

第十三章
李姓：母子逃亡"李"保命

唐代大诗人李白曾作诗自豪地说："我李百万叶，柯条布中州。"此喻恰如其分，将李姓之昌盛描绘得淋漓尽致。时至今日，这株古老的家族之树更是枝繁叶茂，蔚为壮观，跃居中华姓氏之林前列，其根系深植于中华大地，枝叶更是跨越重洋，触及世界的每一个角落。

据最新数据统计，当代李姓族人已逾1亿之众，排在中国姓氏第二位，占全国人口比例近7.41%，其影响力可见一斑。

老子作为李利贞的十一世孙，其身份在李姓历史中占据何等重要的地位？为何自唐代起，李姓族人普遍开始尊老子为先祖？

老子的出生与"指李树为姓"的传说，其真实性又该如何考证？

安史之乱，这场被史书记载为"人烟断绝，千里萧条"的浩劫，对当时李姓人口分布与数量产生了怎样的影响？在这场战争中，李姓族人是否也经历了前所未有的苦难与流离？

李姓起源

唐朝盛世之初，唐太宗李世民亲自推动编纂了《氏族志》，这部典籍不仅详尽地勾勒了李姓的辉煌家谱，还清晰地梳理了李氏家族的历史脉络，让李姓的根源变得清晰可辨。

众多历史文献，诸如李延寿撰写的《北史·序传》、林宝修撰的《元和姓纂》、欧阳修与宋祁联手撰写的《新唐书·宗室世系表》，以及邓名世的《古今姓氏书辩证》等，均不约而同地将李姓的起源指向了古老的嬴姓，并追溯其远祖至远古的颛顼帝。

今天的故事从颛顼帝的后代皋陶讲起。皋陶是尧帝时期的大法官，其职务名为"大理"。因为祖先的官职叫作"大理"，所以他的后代子孙们就干脆把这个官职名当作了自己的姓氏，也就是"理"姓。从夏朝、商朝到周朝，理氏家族一直担任着大理这个重要的官职。

到了商朝的最后一位君主纣王统治的时候，皋陶的后代里有个叫理徵的人，他性格非常正直，敢于说真话。他直接指出了纣王的种种残暴行为，希望纣王能改正。可惜的是，纣王非但没有听进去，反而因为理徵的直言不讳而大发雷霆，最终下令处死了他。

理徵的妻子契和氏，是河南淮阳人。当她得知丈夫遭遇不幸的消息，心里头那个急啊，什么也顾不上了，只想着保护幼子利贞，一路跌跌撞撞地往安全的地方跑。

他们先是逃到了河南西边，又饿又渴，眼看就要撑不住了。就在这紧要关头，他们发现废墟边上有几棵果树，上面挂着些果子，也就是咱们说的"木子"。这对母子就像是

抓到了救命稻草,靠着这些果子,总算是缓过劲来,保住了命。

后来契和氏带着小利贞,一路颠簸,总算是回到了娘家陈国那边,在离淮阳不远的河南鹿邑县找了个地方安顿下来。为了感谢那些"木子"果子的救命之恩,也为了不再让纣王找到他们,利贞灵机一动,就把"木"和"子"这两个字上下组合在一起,造了个新字——"李"。从此以后,他们就不再姓理了,改姓李,小利贞也就成了李家的老祖宗,名叫李利贞。

李姓名人

唐代皇室奉老子为始祖

老子李耳是李利贞的十一世孙。自商末到春秋时,其间数百年,李姓均生活在今河南鹿邑一带。早在汉代,应劭《风俗通·姓氏篇》就认为李姓始祖是老子李耳李伯阳:"李氏,李伯阳之后。"宋王应麟的《姓氏急就篇》也说:"老聃生而指李树,因以为姓。"为提高陇西李氏的地位,唐高祖李渊在登上帝位后的第三年,即尊封李姓中最为有名望的道家学派创始人老子为始祖,以老子庙为太庙。所以,从那时起,南北李姓都尊李耳为先祖,李耳日渐成为天下李姓的共祖。

《道德经》作为老子思想的璀璨结晶,被誉为中华文明的"万经之尊"。《道德经》倡导"道法自然"之真谛,力行"无为而治"之治世理念,同时,老子极力强调道德伦理的崇高地位,其深远影响跨越时空,对后世文化及思想产生了不可磨灭的作用。

于道教而言,老子被尊崇至"太上老君"的至高境界,这一尊号不仅彰显了他在道教信仰体系中的无上地位,更蕴含了世人对他无尽敬仰与尊崇的深厚情感。太上老君的形象常被表现为一位慈眉善目的老者,手持太极图。这一形象不仅是宇宙间和谐共生、阴阳平衡的哲学象征,也是老子智慧与慈悲精神的完美化身。

"老君台"之谜：日本 13 枚炮弹，一枚都没炸

围绕着太上老君，民间流传着诸多充满神秘色彩的逸闻趣事，其中河南鹿邑的老君台更是有一段令人啧啧称奇的往事。

老君台，坐落于老子故里鹿邑县城内，原名"拜仙台"或"升仙台"，顾名思义，乃是传说中老子得道成仙、飞升天界之处。此台始建于汉代，至唐代达到鼎盛，虽历经战乱洗礼，屡遭损毁，但得益于历朝历代的精心修缮，至今依然巍然屹立，诉说着千年的沧桑与传奇。台高 8.84 米，底面积 765 平方米，山门之下铺设着 32 级青石台阶，加之正殿前的 1 级，共计 33 级，恰好契合了老子升天"三十三重天"的神话传说，为这座古迹平添了几分神秘与庄严。

1938 年那个烽火连天的 6 月 1 日，一队日军侵扰至河南鹿邑县城，视线瞬间被城中那不起眼却古韵盎然的老君台吸引。台上古木葱郁，却因无高大建筑之姿，误被日军视为抗敌堡垒。日军遂下令炮击。匪夷所思的是，连续 13 枚炮弹呼啸而出，却奇迹般地未有一响，仿佛真有神灵庇佑，护佑着这片圣地。日军炮兵见状，无不惊愕失色，炮击戛然而止。他们仓皇撤退，口中喃喃自语："中国的老祖宗显灵了！"关于此事的缘由，众说纷纭：有传是老子的无上法力化解了炮火之威；亦有言是日本工匠心怀厌战情绪，暗中动了手脚，使炮弹成了哑弹。时至今日，这段历史依旧迷雾重重，成为一桩难以破解的奇案。

事后，当地民众在修缮老君台时，意外发现台身竟留有 12 枚炮弹的痕迹，其中 3 枚炮弹的落点尤为离奇，难以用常理解释：1 枚嵌于大殿横梁之上，1 枚静置于太上老君神像之前，还有 1 枚则巧妙卡在柏树枝丫之间。民众们小心翼翼地将这些哑弹取下，就地掩埋，以示敬畏。然而，据传仍有 1 枚炮弹隐匿未现，为这段传奇更添一抹神秘色彩。

李隆基：本有雄才大略，晚年却被架空

唐玄宗李隆基是唐代在位时间最长的一位皇帝，他是唐高宗李治和武则

天的孙子，唐睿宗李旦的第三子，历史上也称之为"唐明皇"。唐玄宗在位期间，唐朝达到了鼎盛时期，但也是在他当权时，大唐王朝走向了衰落。

自幼，李隆基便展现出非凡的才智与多样的才艺，书法造诣深厚，音律精通，骑射技艺亦是不凡，深得祖母武则天的宠爱。随着武则天时代的落幕，他携手姑姑太平公主，精心策划"唐隆政变"，成功铲除了韦后势力，稳固了政权。公元712年9月，其父李旦主动禅位，李隆基于长安太极宫庄严登基，正式开启了他的帝王生涯。随后，他果断处置太平公主，彻底掌握了国家的最高权力。

唐玄宗登基之初，真可谓是位勤勉治国、锐意进取的圣明君主。他慧眼识珠，广开才路，使得像姚崇、宋璟这样的忠良贤能，凭借他们的非凡才智和高尚品德，成为朝廷的顶梁柱，共同将国家治理得秩序井然，百姓安居乐业。特别是姚崇重返朝廷，担任宰相后，一口气提出了10条大刀阔斧的改革方案，从推行仁政、减少战事到防范外戚、宦官干政，每一条都切中时弊。唐玄宗对此全盘接受，展现了他改革的坚定意志和博大胸怀。

然而，唐玄宗晚年却渐渐沉迷于声色犬马之中，对杨贵妃的宠爱达到了极致，不惜一切代价满足她的奢华欲望，甚至动用国库资金修建了华清池，专供二人享乐。这一举动不仅让后宫的权力斗争愈演愈烈，更使得杨氏家族势力迅速膨胀，政治风气急转直下，变得乌烟瘴气。杨贵妃的兄长杨国忠，凭借着与皇家的亲密关系，一路扶摇直上，坐上了宰相的高位，其家族成员更是仗势欺人，结党营

"陛下，臣的肚子里装的，唯有对您的赤诚之心。"

私，严重败坏了朝廷的清廉风气。

而此时的唐玄宗，已经完全沉浸在温柔乡中，对国家大事置若罔闻，任由政治局势一步步走向失控，最终为"安史之乱"的爆发埋下了深深的隐患。

再来说说那位胡人将领安禄山。他在李林甫当权期间，凭借唐玄宗的青睐，一跃成为范阳、平卢、河东三镇的节度使，手握重兵近20万，在黄河以北地区拥有绝对的军政、民政大权，成为节度使中最为显赫的势力。他的崛起，无疑为后来的动荡局势埋下了又一颗定时炸弹。

安禄山虽身体肥硕，却以其机智和善于逢迎的特质深得李隆基的喜爱。有一次，李隆基调侃他的大肚子，他巧妙地回答说："陛下，臣的肚子里装的，唯有对您的赤诚之心。"这句话让李隆基大为高兴，甚至让杨贵妃收他为养子。

然而，安禄山的忠诚只是表面现象。他利用李隆基的信任，频繁出入长安，暗中观察到大唐内地武备的荒废。于是，他在范阳秘密制造兵器，储备粮草，为反叛唐朝做足了准备。尽管有臣子向李隆基报告安禄山的反叛意图，但李隆基并未相信。直到安禄山公然撤换了范阳的32名汉将，并拒绝李隆基的宣召，李隆基才开始对他产生怀疑，然而却未采取任何防范措施。

公元755年，这一年对于李隆基及整个唐朝而言，无疑是一个命运的分水岭。是年，安禄山悍然发动安史之乱，叛军势如破竹，席卷中原，直指唐朝的心脏——长安。面对这突如其来的灾难，唐玄宗李隆基被迫踏上了前往蜀地避难的仓皇之路。而在逃难的艰辛旅途中，军队内部竟又生变故，一场突如其来的兵变，直接导致了杨国忠和杨贵妃的身亡。

安史之乱遇难人数竟超过第一次世界大战两倍

尽管唐军最终成功平定了安史之乱，但这场内乱给鼎盛一时的大唐王朝带来了无法挽回的创伤。自此，大唐王朝开始逐渐走向衰落，辉煌不再。

或许，单纯的文字描述难以让我们感受到安史之乱所带来的灾难性后果。但如果我们将其与第一次世界大战相比较，便能更加具象地理解这场战乱的严重性。哈佛大学教授史蒂芬·平克的研究显示，安史之乱是历史上人口死亡比例最高的战争之一，其直接导致3600万人死亡，这个数字比第一次世界大战遇难人数的两倍还多。《旧唐书·郭子仪传》对安史之乱的记载是"人烟断绝，千里萧条"。虽然这只是史书上简简单单的8个字，但对于当时的百姓来说，却是无尽的绝望和极度的恐惧。

　　李姓族人作为当时社会的重要组成部分，也必然经历了前所未有的苦难与流离。在战乱中，为了躲避战乱和寻求生计，李姓家族的大量人口涌入巴蜀、江南等地，这些地区也因此成为李姓族人新的聚居地。同时，不同地区的李姓族人在迁徙的过程中相互融合，形成了更加复杂的血缘和文化关系。

第十四章
张姓：张姓始祖，始制弓矢

"张王李赵遍地刘"，张姓何以在中华姓氏中稳居前三？即便无帝王之裔，却能繁衍至如此庞大数量？

张姓，这一源自中原的古老姓氏，究竟是如何在没有皇室血脉的支撑下，实现了人口的爆炸式增长？河南、江苏、山东，这些地域如何成了张姓族人繁衍生息的沃土？

青阳之子挥，以弓箭之创举，不仅改写了古代人类的生存方式，更让张姓先祖获得了弓正之尊；留侯张良，这位西汉兴国的智囊，他的一生为何能成为张姓族人世代传颂的典范？张良如何在权谋与忠义之间游刃有余，最终功成身退，保全一世英名？

更为引人深思的是，张良作为"汉初三杰"中唯一的善终者，其命运轨迹对张姓后世有何启示？韩信之悲、萧何之困与张良之安，三者对比之下，张姓族人是否更加深谙进退之道，从而在历史长河中得以稳健前行？

下篇：我们的姓氏，原来还可以这么有趣

张姓起源

张姓，源自姬姓，其渊源可追溯至华夏始祖黄帝的第五子青阳（亦称"玄嚣"）。

"西北望，射天狼"，这句话出自苏东坡的《江城子·密州出猎》。弓射天狼，就是抵御侵略、平定乱臣贼子之意。传说中，天狼星和张姓始祖挥公有着密不可分的渊源。

根据绝大多数史籍、姓氏书和张氏谱牒记载，青阳之子挥公自幼聪明，喜欢研究天象和万物的规律。传说挥在夜观天象时发现，在西北方向有一颗大星，它的变化总是和兵灾联系在一起，它平时黄白而明，可颜色一变成红色，或星体产生棱角，或移动位置，人间就要发生流血的战事，就会发生大灾。因该星大而亮，又如此凶恶，挥就称它为"狼星"，又叫"天狼星"。在天狼星的东南方，又有由九星排成的一个星座，八颗星排成一个弧形，弧背指向天狼星，弧背前方有一星，如同一个弓矢，称"矢星"。当矢星指向天狼星时，天狼星就恢复如常，天下就太平；当矢星偏离天狼星时，天狼星就变色，天下就兵连祸结。挥公由此受到启发，制造出了木弓、竹箭，后来在协助颛顼帝平息共工叛乱中发挥了关键作用，将共工赶到西北部今宁夏境内歼灭，共工走投无路，撞不周山自杀。挥公因此被颛顼帝封于清河，主祀弧星，

终生为将，赐姓张。

可以说，青阳之子挥创造性地发明了弓箭，这一伟大贡献不仅极大地增强了古代人类的狩猎与自卫能力，也为其赢得了弓正（即掌管弓箭制作的官职）的崇高地位。

在远古那场惊心动魄的涿鹿之战里，黄帝与蚩尤展开了激烈的较量，一连九次交锋，黄帝都未能占得上风。就在这关头，智勇双全的挥站了出来，他提议用弓箭来装备部落，让战士们如虎添翼。黄帝采纳了这一建议，果然，在装备了弓箭之后，部落的战斗力大增，最终在一场决定性的战役中大获全胜。

从那以后，弓箭就成了炎黄联盟在征战中不可或缺的利器，被视为最尖端的战略武器，备受珍视。黄帝凭借此战登上了华夏部落联盟的盟主之位，而挥也因为他的杰出贡献——发明了弓箭，被赐予了崇高的荣誉，被封为弓正，掌管着军队的军事装备，同时还被赐予了张姓，成为张姓的始祖。

此外，黄帝还特意为挥划定了一片封地，名为"青阳"，这片土地大致就是现在的河北清河一带，清河就成了天下张姓的发源地。

因此，挥被后世尊为张姓的始祖，张姓亦由此而得。

这一历史渊源在诸多古籍中均有记载，如《世本》（秦嘉谟辑补本）便明确写道："张氏，黄帝第五子青阳生挥，为弓正，观弧星始制弓矢，主祀弧星，因姓张氏。"

进一步观察"张"字的构造，我们不难发现其字形中蕴含的深意。"张"字仿佛一张拉开的弓，弦紧而力蓄，生动展现了弓箭的形态与力量。这一独特的字形构造，也是对"张姓起源挥公说"及其与弓箭紧密相关之历史的一种巧妙诠释。

另有一种关于张姓起源的见解聚焦于河南濮阳，该地古称"帝丘之地"。此地历史悠久，人类活动遗迹可追溯至七八千年前，曾是黄帝部族与东夷部族交会的区域，亦是黄帝与蚩尤激战之所在。尤为引人注目的是，1987年在濮阳西水坡发掘的蚌砌龙、虎图案墓葬，经鉴定其年代距今约6400年，其中蚌壳龙更被考古界尊为"中华第一龙"，彰显了该地深厚的文化底蕴。

近年来，部分史学家对古文献进行深入研究，提出一个新颖的观点：鉴于濮阳丰富的上古文化遗存，这里极有可能是上古时期张姓始祖挥公诞生、成长、建功立业并受封得姓，乃至最终安息之地。因此，"张姓根在濮阳"的观点逐渐获得了一些专家与学者的认同，成为张姓起源研究中的又一重要流派。

张姓名人

张姓历史上英贤辈出，战国时期有魏国纵横家张仪，西汉有谋士张良、赵王张耳、历算家张苍、外交家张骞，东汉有科圣张衡、医圣张仲景、道教创始人张道陵，三国有名将张飞，唐代有宰相张九龄、大书法家张旭、名将张巡，北宋有理学家张载、画家张择端，明代有改革家张居正，清代有天下第一清官张伯行、洋务派首领张之洞，近现代有抗日名将张自忠、国画大师张大千等。

张氏家族无皇帝，为何人口那么多

刘、李、赵，是汉唐宋三个强盛王朝的国姓；王姓也算是半个国姓——魏晋时期，"王与马，共天下"。历史上这几大姓氏人口数量的增加，其政治影响力是重要因素，从而形成人口学上的马太效应。

以李姓为例，历史上先后出现过6个李姓政权，称帝者多达60多个。仅仅一个唐朝，就统治中国将近300年，家族兴旺发达，繁衍出众多支派。支庶既繁，子孙必众。

张姓则是个例外。虽然张姓历史上也出过皇帝，建立过前凉（十六国之一），但由于地处西北，疆域狭小，又逢战乱，存活时间很短，几乎没有什么影响力。

张姓人口数量大量增加的重要原因应该是，秦汉时期，张姓人才集中涌现，形成了名门望族、家族体系，使同姓人口大量增加。

秦汉时期，张姓已遍布关中、中原、齐鲁、燕代地区，并跨越长江，到达江南地区。他们称王封侯，开宗立派，成为各地显赫的家族。赵王张耳帮助刘邦成就西汉霸业，被封为王，据有燕代之地。张苍跟随刘邦反秦，多次立功，被刘邦器重，被封为北平侯，其子孙繁衍众多，分布全国。河南偃师张、河北定县张都是张苍的后裔。博望侯张骞打通西域，其子孙后代遍布于西北地区。

西汉兴国名臣留侯张良可以说是张姓历史上第一位记载详细的名人，他以其超凡的智谋，运筹帷幄之中，却能决胜千里之外，成为辅佐汉高祖刘邦推翻残暴秦朝、力克强盛楚国的关键人物，为西汉王朝的建立立下了汗马功劳。

张良还是一位心怀家国、义薄云天的豪杰。他舍弃万贯家财，不惜以身犯险，策划刺杀秦始皇，只为替故国韩国雪耻。其壮志豪情，足以震撼古今，令万夫敬仰。

更难能可贵的是，张良在功成名就之后，并未沉溺于权势与富贵之中，而是选择了忍辱负重、超然物外。他深知"飞鸟尽，良弓藏；狡兔死，走狗烹"的道理，因此在功业达成之际，毅然选择退隐江湖，保全了自己的名节与尊严，被后世誉为人文精神的典范，被尊称为"千古完人"。

"留侯张良，功成身退，保全名节"，这样寥寥一句话，分量有多重，你可能不知道。事实上，张良是"汉初三杰"中唯一得以善终的：韩信被杀，三族被灭；萧何被治罪下狱；只有张良安然度过一生。

被刘邦誉为至高无上的大功臣、大智者，张良在那个"飞鸟尽，良弓藏"的时代背景下，竟能安然享度晚年，实属奇迹。其奥秘何在？或许，从细微之处便能窥见一斑。

当刘邦慷慨分封功臣之时，张良面对"自择齐三万户"的丰厚奖赏，却出人意料地婉言谢绝，仅请求了"留"这一方小小土地，甘愿成为留侯。这一选择，背后蕴含了多重深意。

"留"不仅是地理上的坐标，更是张良与刘邦的初见之地。昔日初遇，两人仿佛久别重逢的知己，张良所论兵法，在刘邦那里迅速产生共鸣，并得以实践。这份知遇之恩，让张良深感自己找到了生命中的伯乐，从此誓死追随。因此，"留"地之选，彰显了张良对刘邦知遇之恩的永恒铭记。

再者，张良此举更彰显了他超凡脱俗的智慧与胸襟。他深知伴君如伴虎，功高震主乃是大忌，于是选择急流勇退，以退为进，既保全了自身，也维护了与刘邦之间的君臣和谐。

张良明白，在权力的游戏中，适时地收敛锋芒，比锋芒毕露来得更为明智。正是这份大智慧，让他在历史的洪流中，不仅留下了辉煌的战绩，更赢得了后世的敬仰与传颂。

所以，司马迁在《史记·留侯世家》中不惜笔墨，泼墨如水，洋洋洒洒写下近5000字记述张良的事迹。而《古今姓氏书辩证》和《元和姓纂》等古籍记载，唐代时，张姓有43个显赫的郡望，这些郡望大都声称是张良的后代。特别是《新唐书·宰相世系表》明确指出，清河张氏这一支，明确追溯到汉代的留侯张良，说他们是张良的裔孙司徒张歆的后代，这一支张氏后来从河内迁到了清河，并世代以张良为祖。

宋元明清时期，张姓家族繁衍很快，人口迅猛增长，分布更加广泛，全国各地出现了不少张姓望族。其中饶州德兴（今属江西）张氏、蜀郡成都张氏、易州定兴（今属河北）、湖南宁乡张氏是这一时期有名的望族。同时，也涌现出了无数的张姓名人。自近代以来，张姓的分布遍及海内外，已成为人口超过一亿的大姓。

第十五章
刘姓：皇帝专业户，刘姓称帝王者达 92 人

俗话说"张王李赵遍地刘"，这句话介绍了中国 5 个人口最多的姓氏。"刘天下，李半边""刘、李遍天下"，这两句俗语说明历史上刘姓长期是一个人口众多的大姓。

我国的汉族人口已逾 12 亿，其中刘姓占比高达 5.4%，总人数逼近 6500 万大关，稳居全国姓氏排行榜第四位。

追溯历史长河，刘姓家族究竟是如何孕育出多达 92 位帝王的？这些帝王又是如何分别建立起包括西汉、玄汉、东汉、蜀汉、前赵、刘宋、南汉、后汉、北汉等在内的众多王朝与政权的？他们的统治时间为何能跨越 650 余年，成为中国封建史上建朝较多、统治时间较长的姓氏之一？

更为引人深思的是，为何这些由刘姓帝王建立的王朝大多以"汉"为国号？这一选择背后，是否蕴含着推动刘氏家族繁荣昌盛的深远考量？同时，这些"汉"朝是否真的为汉民族的最终形成与发展奠定了坚实的基础？

时至今日，当我们谈及汉族、汉语、汉字等文化标识时，不禁要问：这些深深烙印在我们文化基因中的元素，其根源是否真的可以追溯至刘姓帝王及其所缔造的辉煌时代？这背后又隐藏着怎样的历史传承与文化脉络？

下篇：我们的姓氏，原来还可以这么有趣

刘姓起源

翻开今天的字典，"刘"这个字在其中的释义，除了作为姓使用，没有其他的含义了。不过，远在五六千年前，"刘"字本义是杀，后延伸至表示斧钺等利器。在东周青铜器铭文中，"刘"字为手执两刀解剖状。而它的繁体字，则是"劉"，由三个部分组成，分别是"卯""金""刀"。

每一个部分都与武器或金属工具紧密相关。"卯"或可理解为兵器的某种形态或构造特征，"金"则直接指向了金属材质，而"刀"更是武器的直接体现。这样的组合，不仅揭示了"劉"字与古代武器文化的深刻联系，也暗示了它所承载的部落图腾崇拜意义。

刘累被尊为天下刘姓的共祖

《通志·氏族略·同名异实》中，关于刘姓的起源虽列举了五支，但核心可归结为三大主要源流：祁姓、姬姓及外族改姓。

其中，祁姓刘氏作为最早且最具传奇色彩的一支，其起源可追溯至夏朝时期的刘累。刘累，作为帝尧的第十九代孙，其诞生伴随着一段神秘的传说。《潜夫论》《元和姓纂》及《新唐书》等古籍均有记载，他出生时双手掌中竟自然显现出"刘"与"累"二字的纹路，这一奇异景象被家人视为上天的启示，故而得名刘累。

刘累之所以名垂青史，跟他与龙的不解之缘有关。他早年师从豢龙氏董父，习得饲养与驾驭龙的神技。当夏朝第十四代君主孔甲在位时，天降祥龙于临颖之地，孔甲特命刘累前往，负责龙的养护，并让他暂代豕韦国君之职，这一使命持续了7年之久。

然而，命运多舛，一次意外中，一条雌龙不幸离世。面对这一突如其来的变故，刘累心生恐惧，担心孔甲怪罪，便急中生智，将龙肉精心烹制成佳肴献给孔甲。孔甲品尝后大为赞赏，却不知此中隐情，再次向刘累索求。

刘累知道纸包不住火，便于公元前1873年左右悄悄离开，跑到河南鲁山躲了起来，还改名叫"丘公"，后来又改回刘累，不忘根本。从那以后，刘累的后代就以"刘"为姓，开始了刘姓家族在中华大地上的繁荣发展。

说到刘姓，还有另一支重要的来源，那就是姬姓刘氏。这事儿得从春秋时的一个地方说起，这个地方叫"刘"或"留"，在今天的河南偃师南边。这个地方后来成了周平王给周匡王的小儿子刘康公的封地，于是就有了姬姓刘氏。虽然他们比祁姓刘氏晚一些，但因为是周王室的后代，地位非常显赫，连着五代都是公爵。不过，到了汉朝，姬姓刘氏的很多后代都觉得自己也是汉朝皇帝和大圣人尧的后人，慢慢就跟祁姓刘氏融到一起了。

再来说说刘姓的其他来源，那就是其他姓氏或者民族之人改姓刘。这从西汉以后就开始流行了。比如项羽的叔叔项伯，因为帮了刘邦的大忙，就被刘邦赐了刘姓，成了刘伯。还有匈奴人，因为归顺汉朝或者跟汉朝皇室结亲，也改成了刘姓，那时候有句话叫"胡人附刘，十胡九刘"。到了北魏时期，孝文帝改革，又让一些鲜卑族的姓氏改成了刘，刘姓家族就更壮大了。到了唐末五代，还有突厥的沙陀族也自称刘邦的后代，还建立了政权。

刘姓名人

刘姓王朝：姓刘的是"帝王专业户"

据统计，中国历史上刘姓称帝、称王者达92人。可以说，从西汉开国到现在2000多年，前半段时间里，刘姓人的主要工作就是当皇帝，是名副其实的"帝王专业户"。

刘姓先后建立西汉、玄汉、东汉、蜀汉、前赵、刘宋、南汉、后汉、北汉等王朝，这些都被正史承认。耶律阿保机建立的辽国，以及其后代建立的西辽、北辽、后辽，十六国时期赫连勃勃建立的胡夏政权等，并没有算在内。史料记载，辽王朝汉姓为刘，耶律阿保机的汉名叫刘亿。赫连勃勃是匈奴人，他的原名是刘勃勃。

此外，刘姓人建立的另外一部分政权，因为当时处于分裂格局、为时较短等，未被史学界承认。如，西晋末年，刘芒荡在马兰山称帝，建国号"汉"；隋末唐初，刘黑闼在洺州自称"汉东王"，建元天造等。

盛世皇帝汉文帝

说到刘姓名人，我们避不开汉朝这段历史，人们首先想到的可能是汉高祖刘邦、汉武帝刘彻。刘邦之所以备受推崇，是因为他建立了汉朝；汉武帝之所以备受推崇，是因为他善用武力。实际上，在汉高祖和汉武帝之间还存在着一段高光时刻，这便是"文景之治"。"文景之治"继承了汉高祖打下来的江山，并将其打理得井井有条；汉武帝之所以能名垂青史，也是因为"文景之治"打下的基础，从某种程度上来讲，汉武帝就是在吃"文景之治"留下的老本。

"文景之治"的开启者便是汉文帝刘恒。

刘恒是刘邦的第四个儿子，也是西汉的第五个皇帝。有些人，就像是老天爷偏爱的孩子，刘恒就是这样的幸运儿。

首先说说他的出生吧，据说刘邦只和薄姬有那么一回亲密接触，结果薄姬就怀上了孩子，这孩子就是刘恒。你说这不是幸运是什么？

再来说说他的皇位继承。因为薄姬在宫里地位不高，刘恒也就跟着不怎么受刘邦待见，自然没什么人注意他。这样一来，吕后那些人也就没把他放在眼里。可没想到，等到吕家人被除掉后，那些老臣子们开始找新皇帝，他们想起了远在代国、平时不怎么显眼的刘恒。就这样，刘恒意外地当上了皇帝，你说这是不是第二个大幸运？

可以说，刘恒是糊里糊涂成了大汉王朝的皇帝。

不过，他这个皇帝当得却一点也不糊涂，即位之初就做了两件轰轰烈烈的大事。

刘恒一登基，雷厉风行，头一件事就是起草一份诏书，宣布要减轻老百姓的徭役负担，还来了个大赦天下。这下子，老百姓们可乐坏了，纷纷拍手叫好，说是遇到了个好皇帝。

紧接着，他又把目光转向了南边的南越王赵佗。这赵佗有点想自立门户的意思。刘恒采取了高招，来了个赎买加怀柔的混合打法。他亲自提笔，给赵佗写了两封情深意长的信，信中既有威严的警告，也有温情的拉拢，然后派了能说会道的陆贾作为使者，把这信给赵佗送了过去。赵佗一看这信，觉得刘恒这皇帝够意思，于是二话不说，就决定去掉自己的帝号，重新归顺了汉朝。

刚一上台就搞定了两件大事，着实令朝野震动。

同时，汉文帝还"不拘一格降人才"，唯才是举。在他的时代，不论出身贵贱，只要有真才实学，都能得到重用。这不，就连那位曾经权倾一时的大将军周勃，也在这股新风下，羞赧地退居二线，让出了舞台。而就在这时，一位年仅20余岁的青年才俊贾谊，犹如一颗璀璨的新星，冉冉升起。他满腹经纶，学识渊博，更难得的是，他敢于直言不讳，针砭时弊，给朝廷吹来了一缕春风。

当然，汉文帝还是一位妇孺皆知的仁慈天子，他治国理政都比较人性化。在中国古代宣扬儒家思想及孝道的"二十四孝"中，就有两个典故与汉文帝刘恒有关，分别是"缇萦救父"和"亲尝汤药"，这些都是值得称颂的。

当年，有个读书人叫淳于意，曾经是一个清官，后来弃官从医。有一次病人病重不治，当事人不依不饶，告他庸医杀人，草菅人命，官府把他判成肉刑。去长安受刑前，淳于意痛骂因没有儿子而无人替自己申冤。小女儿缇萦刚刚9岁，二话没说跑到长安，跪在宫门外为父鸣冤。汉文帝听了大受感动，当场就废除了肉刑。这就是著名的典故"缇萦救父"。

如果说缇萦救父还不足以让汉文帝流传千古，那么"亲尝汤药"就让汉文帝流芳百世了。"仁孝临天下，巍巍冠百王。莫庭事贤母，汤药必亲尝。"这首诗中的主人公就是汉文帝和母亲薄太后。据《史记》记载，薄太后身体不好，重病瘫痪多年，刘恒在母亲榻前服侍，据说衣不解体、目不交睫。薄太后每服用一剂药，他都要先尝尝苦不苦、烫不烫，是否够火候，最后才亲自喂给母亲吃。

汉文帝宅心仁厚，体恤

百姓，爱惜民力，时刻考虑老百姓的生活安定，尽力减轻人民的负担。他奉行黄老"无为而治"的思想，减免田租税率，减轻徭役负担，开放国有土地资源，准许私人采矿，开发渔盐资源，推动经济发展和百姓小康。对匈奴，则采取克制忍让的态度，执行和亲政策，谋求和平环境。匈奴背约，骚扰边境，他听从晁错的建议，"募民实边"，以防守为主，并未大动干戈，过境征伐，因为他"恐烦百姓"。汉文帝的"无为而治"，给人民带来了安定，给国家带来了富强，为"文景之治"的出现打下了良好的政治、经济基础。

汉文帝在位23年，作风一直很俭朴。他曾想修一个露台，工匠预算要花费百斤黄金。他想到这相当于10个中产家庭的财产，就停止了此项小型工程。在私生活方面，王夫之称赞他"非纵欲偷乐之主"，这一点确实非常难得。

后世对汉文帝皆以赞颂为主，特别是司马迁，他在《史记》中对汉文帝的评价极高，将其仁政之举推向了历史的高峰。他赞颂汉文帝开放关梁，促进流通；废除连坐，彰显法治之宽仁；废除宫刑，释放宫人，体现了对生命的尊重与爱护。这些举措，皆是古代帝王难能可贵的，而汉文帝却一一践行，其明君之誉，实至名归。

纵观汉文帝刘恒的一生，都在践行仁政，这种韬光养晦的政策，给大汉筑牢了基础，同时也让黎民苍生得以喘息之机。客观来讲，汉文帝无愧于明君的称号。

第十六章
陈姓：后裔 8000 万，始祖葬"铁棺"

陈姓，作为中华民族源远流长的姓氏之一，其影响力跨越国界，在全球范围内拥有近 8000 万人口，占据了当今汉族人口的显著比例，约 4.61%，稳居中国姓氏排行榜第五位。在国内，陈姓的分布遍布大江南北，其广泛分布的奥秘何在？特别是为何在广东、福建、四川等地尤为密集？

陈胡公墓，那座位于河南省周口市淮阳区龙湖国家湿地公园的独特水下铁墓，究竟是如何形成的？是真正以铁铸造，还是如苏轼所言，仅为防水加固的铁锢？这一历史之谜，是否还隐藏着更多关于陈姓起源与传承的秘密？

陈元光及其 87 姓府兵后裔的迁徙历程，如何塑造了闽南乃至东南亚地区的文化版图？在新旧唐书未载其事迹的背景下，陈元光是如何从凡人晋升为神明，受到后世无尽敬仰的？

陈姓的辉煌，是偶然还是必然？其影响力为何能跨越国界，历久弥新？这一切的背后，究竟隐藏着怎样的故事与智慧，等待着我们去探寻与解读？

陈姓起源

关于陈姓起源，唐代林宝《元和姓纂》说："陈，妫姓，亦州名，本太昊之墟，书八卦之所，周武王封舜后胡公满于陈，后为楚所灭，以国为氏。"

陈姓源自上古时期的妫姓，是舜帝的后代。在很久很久以前，舜还没当天子的时候，尧帝把两个女儿嫁给了舜，他们一起生活在妫水边，所以舜的后代就姓了妫。到了西周，周武王打败了商朝，建立了周朝。舜的后代遏父和妫满帮了周武王大忙，特别是制造了很多武器，所以周武王把自己的大女儿嫁给了妫满，还封他为陈侯，让他建立了陈国，都城就在现在的河南淮阳。

妫满是个很厉害的人，他治国有方，陈国因此强大了很多年。他去世后，人们尊称他为"陈胡公"或者"胡公满"。从那以后，妫满的后代就以陈国为姓，开始姓陈了，而陈胡公也被看作是陈姓的老祖宗。

陈国在开始的时候是个很有影响力的国家，但后来因为内部出了问题，就慢慢变弱了。到了公元前479年，楚国把陈国给灭了，陈国的最后一个国君陈闵公也被杀了。但是，陈国的子孙并没有忘记自己的根，他们继续以陈为姓，传承了下来。

有趣的是，陈国强盛时，人们并不直接以"陈"为姓，陈姓的广泛传播是在陈国灭亡之后。现在，如果你去河南省周口市淮阳区的龙湖国家湿地公园，还能看到陈胡公的墓，那是一座很特别的水下铁墓。据说，这墓原本是在沼泽里的，后来有人捐钱填平了沼泽，建了陵园，让全世界的陈姓人都能来这里寻根。

明朝进士王良臣在诗中写道："巧铸铁棺藏水底，光留玉叶照人间。"

关于铁墓之说，是个值得推敲的问题。自古至今，帝王、诸侯陵墓，未发现有"铁冶铸"之墓，宋代苏轼在其《东坡志林·铁墓厄台》中是这样解释的："城壕水往啮其址，见有铁锢之。"也就是说，因为这里地势低洼，被水淹没了，所以用铁进行了加固。目前，"铁墓"别无分号，所以一提起来，人们就知道特指陈胡公之墓。

近年来，新加坡著名企业家陈永和捐资，填平了沼泽，修建了现在的陈胡公陵园。如今，这里成了世界各地陈姓人寻根问祖之地。

陈姓名人

福建等地的陈姓人，与河南固始县的陈姓人都供奉着共同的先祖——"开漳圣王"陈元光。位于固始县陈集乡的陈氏将军祠历经千年，香火不断。

"开漳圣王"陈元光

陈氏一族迁徙福建的足迹，最早可追溯至西晋末年。《闽书》记载，永嘉二年（308）之际，中原烽火连天，林、黄、陈、郑、詹、邱、何、胡等八大家族，踏入福建这片沃土，开启了南迁的序幕。然而，在历史长河中留下深刻烙印的，当属唐朝初期与中期，中原陈氏的两次南迁浪潮。

唐初之时，陈政、陈元光父子为平定闽地叛乱，挥师南下，不仅成功设立漳州郡，更以非凡的治理才能，引领一方安宁。《漳州府志》记载了陈元光将军的丰功伟绩：他亲率民众开垦荒地，建立屯田，广招流离失所之人，发展农耕，储备粮食，同时促进商贸繁荣，惠及工匠百业，使得漳州千里之地再无战祸之忧，百姓安居乐业。因此，陈元光被后世尊奉为"开漳圣王"，其子孙后裔更是繁衍昌盛，形成了影响深远的"开漳圣王派"，成为闽、粤及南洋各地陈姓族群的中流砥柱。

其实，不管是来自漳州地区的闽人，还是客家族群，有许多人信奉"开漳圣王"。奇怪的是，新旧唐书都没有记载陈元光的事迹，但他的事迹却在地方志与族谱中流传，没有被淹没。

陈政带着幼小的儿子陈元光初到岭南时，那里还是一片被认为很荒凉的地方，周围住着百越和畲族等少数民族。泉州和潮州虽然已有所发展，但两地间还有大片荒地没开发。陈元光向武则天建议设立漳州，武则天同意了。陈元光从中原带来1万多官兵和87个姓氏的家族，不仅建立了漳州，还设了龙溪、漳浦等好几个县，平定了周围36个山寨的叛乱。陈元光知道光靠武力不够，还要让百姓过上好日子。他引进了中原的好农具和种田方法，教大家怎么用水来浇地，让庄稼长得更好。他还让士兵们平时种地，有敌人时就去打仗，这样既能保护家园又能发展生产。

陈元光还带来了很多手艺人，教大家做陶瓷、织布、打铁，让漳州的手工业也发展了起来。他还鼓励大家做生意，让漳州变成了南方的一个重要市场，交通也越来越便利，九龙江等河流成了重要的水路。在陈元光的治理下，岭南不再是荒凉之地，而是变成了美丽富饶的地方，种满了鲜花、水果和稻米。后来，陈元光在打仗时受了伤，不幸去世。他的儿子陈珦接替了他，继续治理漳州，还创办了学校，鼓励大家学习，让漳州的文化也兴盛了起来。

经过陈政、陈元光、陈珦三代人的努力，漳州变得越来越好，就像唐代诗人说的那样："四季如春，花果飘香，粮食丰收。"直到唐朝末年，漳州在陈氏家族的治理下150多年都保持稳定和繁荣。

陈元光及87姓府兵的后裔在闽南地区落地生根，成为日后漳州、泉州、潮汕地区的主要人口成分。唐以后，开漳后裔不断向台湾、香港地区和东南亚等地区迁徙，落籍当地的同时，也带去了"开漳圣王"信仰文化。虽然新旧唐书不传陈元光事迹，但87姓后人的族谱与福建地方志，却让陈元光从凡人变成神明，接受后世的崇仰。

除了陈元光，近亿人口的陈氏家族，自然名人辈出，无论是文化艺术，还是科技教育领域，陈氏子弟都灿若繁星，无法一一枚举。且不去一一细数创立"九品中正制"的陈群、不畏艰难去天竺取经的玄奘法师陈祎、"念天地之悠悠、独怆然而泪下"的陈子昂等陈氏英杰，仅仅打开一部近代史，就能看到无数陈氏名人的踪迹。

如共产党的著名人物陈独秀、陈云、陈毅、陈赓，海外爱国人士陈嘉庚，都是陈氏分枝散叶的后人，他们或为中国反封建运动先驱，或为新中国独立革命中的领袖人物，均为新中国打破半封建半殖民地桎梏做出了毕生贡献和重大成绩。

第十七章
杨姓："杨"本意神木扶桑树，源于姬姓

杨姓历史悠久，在当今中国百家姓排行榜上位列第六，约占全国汉族人口的 3.08%，总人口约有 4500 万人。全国各省区中，以四川杨姓人口最多。

其背后是否隐藏着与《山海经》中神秘扶桑树相关的古老传说，使得"杨"氏得名于对太阳崇拜的氏族？弘农杨氏，昔日辉煌何以在东汉末年急转直下，最终走向没落？"鸡肋"一词，究竟如何成了压垮这一显赫家族的最后一根稻草？

更令人称奇的是，杨氏家族中竟孕育出了中国历史上首个全国性政权——隋朝的开创者，即隋文帝杨坚。他是否承袭了弘农杨氏的某种精神特质？除了政治舞台上的辉煌，杨氏家族在文学与艺术领域又有着怎样的璀璨成就？譬如，"唐初四杰"之一的杨炯，其边塞诗风独步诗坛；而学者杨士勋的学术贡献跨越时空，影响深远；进入五代乱世，书法家杨凝式以"装疯"避祸，同时又能在书法艺术上独树一帜，既传承前贤，又启迪后世。

及至宋代，杨氏家族的光芒依旧不减。诗人杨万里，这位创作了海量诗篇的诗宗，其"诚斋诗体"的独特魅力究竟何在，能让后世对其作品赞不绝口？杨氏家族的历史长河中，还藏着多少未解之谜与动人故事，等待着我们去探寻与发现？

下篇：我们的姓氏，原来还可以这么有趣

杨姓起源

杨这个姓氏光从字义上来看，就不一般。据说，"杨"的释义是高大的扶桑神木。"杨"字的繁体字，左边是"木"，右边是"昜"，"木"特指神木，"昜"则形象表达"日升汤谷"的意思。《山海经》一书中，《海外东经》里有这么一句话："汤谷上有扶桑，十日所浴，在黑齿北。居水中，有大木，九日居下枝，一日居上枝。"意思是黑齿国北面的汤谷中生长着一棵扶桑树，那里是十个太阳洗澡的地方。在水中有一棵大树，九个太阳位于下面的树枝，剩下的一个太阳位于上面的树枝。原始社会的人们，以为太阳是从海里升起来的，所以把汤谷当做是太阳升起的地方，汤谷里生长着高大的扶桑树，也就是传说中的神树。有一个氏族通过观察太阳在扶桑树东、西两侧的升落高度变化来计算时间，称为"扶桑纪历"。由此，这个氏族就被称为"杨"。

杨姓的起源可以追溯至春秋时期的周王室，本姓姬，因封邑于杨地（今山西省临汾市洪洞县西南），而称杨氏。族人后因政治避难，迁至关中华阴（今陕西省渭南市华阴县）。据《元和姓纂》《通志》《古今姓氏书辩证》等书所载，杨氏有"以国为氏"和"以邑为氏"两个来源，前者指的是以国名为姓，后者指的是以封地名为姓。

"以国为氏"之杨姓

古今绝大多数杨姓人的血统，可以一直追溯到中原各族的共同先祖黄帝。黄帝的曾孙帝喾，他的夫人名为姜嫄，有一日姜嫄外出游玩，踩到巨人的脚印而受孕，十月怀胎生下一子，这个孩子就是周人的始祖——弃。

帝舜治世之时，弃因为特别会种地，种出了好多好多五谷杂粮和蔬菜，为老百姓解决了吃饭的大问题。帝舜非常高兴，就把邰地赏给他，这块地在现在的陕西武功那边。因为弃的功劳太大了，后来大家都尊称他为"后稷"，还把他当成了农业的神仙。而且，他还是周朝人的老祖宗呢。

时间一晃就到了商朝的武丁时期，这时候的周族已经在商朝的西边变得很强大了，两边关系也越来越紧张。到了周武王的时候，他在孟津搞了个大聚会，邀请了800多个诸侯来，大家都觉得要变天了。果然，没过几年，周武王就在牧野打了场大仗，一下子就把商朝给灭了，建立了周朝。周朝一开始，就分了很多地给诸侯，其中姓姬的诸侯国就有53个，可见周朝是多么的强大。

说到这，咱们还得聊聊杨姓是怎么来的。在周朝快结束的时候，周宣王的小儿子尚父，被他的哥哥周幽王封到了杨地，就是现在山西洪洞那边，建了个杨国。不过，后来春秋时候战乱不断，杨国就被晋国给吞并了。但是，杨国的名字并没有消失，尚父的后代为了纪念自己的国家，就用"杨"这个字作为自己的姓，这就是杨姓最早的起源了。

"以邑为氏"之杨姓

关于杨姓的起源，还有一个有趣的说法，认为它跟古代几位重要人物紧密相连。话说周朝初期，叔虞被封到了唐地，他的后代中有个叫燮的成了晋侯，而燮的弟弟杼，在周康王六年，也就是公元前1015年，因为表现优异，被封为杨侯，掌管杨国这片土地。从此，杼就被看作是杨姓的老祖宗了。

所以，有些学者就认为，杨姓的真正起源，应该是从姬杼被封到杨地那会儿开始的。

除此之外，杨姓还有一个分支，他们是羊舌氏的后代，源自曲沃、襄汾（今属山西省临汾市）那一带。这样看来，杨姓的起源还真是多姿多彩呢！

杨姓名人

东汉大族弘农杨氏的兴与衰

东汉末年，天下风云变幻之际，袁绍背后的"汝南袁氏"名震四方，而与之并驾齐驱的，则是同样显赫的弘农杨氏。杨氏一族，初时默默无闻，却凭借人丁兴旺，在陕西华阴县东南繁衍生息，后逐步向外扩展，构建起了一个庞大的家族体系，史称"弘农杨氏"。

追溯弘农杨氏的根源，可至西汉初年，西楚霸王项羽乌江自刎后，其遗体被五位将领瓜分，其中郎中骑杨喜分得项羽遗体之一部分，此战功使他被封为赤泉侯，从而成为弘农杨氏家族的奠基人。值得注意的是，尽管杨喜身为"汉初军功受益阶层"的一员，却因归属于"秦人集团"，并未能深入刘邦势力核心，政治地位有限。

转机出现在杨喜的四世孙杨敞身上。杨敞，一位在汉昭帝时期崛起的政治新星，起初以霍光幕府司马的身份崭露头角，凭借卓越的才能与霍光的青睐，逐步晋升至大司农，并受封安平侯。在霍光废立皇帝的关键时刻，杨敞坚定地站在了霍光一边，不仅自己全力支持，还携妻司马氏共同盟誓，确保了霍光计划的顺利执行。此举不仅巩固了杨敞的政治地位，更为弘农杨氏日后的发展奠定了坚实的基础。

及至西汉末年，杨敞的卓越成就虽已让弘农杨氏初露锋芒，但真正将其推向名门世家之列的，则是杨震。杨震，一位才华横溢却淡泊名利的学者，年逾半百方步入仕途，以其清廉正直著称，被誉为"关西孔子"。在其教书生涯中，更有冠雀衔鱼之吉兆，预示着他将位至三公。果不其然，杨震后来历任荆州刺史、涿郡太守、司徒、太尉等职，实现了从学者到高官的华丽转身,也为弘农杨氏赢得了前所未有的荣耀与地位。

  一次,杨震路过昌邑,经他举荐的荆州茂才王密为昌邑令,夜里怀金十斤来送给他,他不接受。王密说:"暮夜,无人知道。"他斥责说:"天知、神知、我知、你知,怎么叫作无人知道?!"王密羞惭而退。他做高官后,全家人的生活都很俭朴,有人劝他置产业,他说:"让后代被人称作清白官吏的子孙,把这留给他们,不也是很丰厚的财富吗?"

  杨震的廉洁自律与高尚品德,不仅为家族树立了典范,也为后世子孙铺就了通往权力巅峰的道路。其子杨秉、孙杨赐乃至曾孙杨彪,相继担任东汉太尉,成就了"四世三公"的辉煌,将弘农杨氏推向了历史的高峰。

  然而,盛极必衰,弘农杨氏在东汉末年的辉煌之后,遭遇了前所未有的危机,其转折点与"鸡肋"之语紧密相连。这一事件的中心人物,乃是杨震的玄孙杨修,他因才华横溢却恃才傲物,不慎卷入了权力的漩涡之中。

  在曹操与刘备的汉中之战中,曹操面临困境,以"鸡肋"二字暗喻局势,意指汉中之地如同鸡肋,食之无味,弃之可惜,透露出撤军的意向。杨修虽聪慧过人,却未能洞察此中深意,擅自解读并泄露了曹操的意图,此举触怒了曹操,为其日后的悲剧埋下了伏笔。

  更为严重的是,杨修在曹操的家族内部斗争中站错了队,支持了曹植,而曹操最终选择了曹丕作为继承人。这一政治站队使得杨修在曹操心中的地位一落千丈，成为曹操清除异己的目标。因此，当杨修再次因违反禁令、结交诸侯等罪名被举报时，曹操毫不犹豫地利用"鸡肋"事件作为借口，将其处死。

杨修的陨落，不仅是个人命运的悲剧，也标志着弘农杨氏在曹操及其后世的政治版图中逐渐失势。这一事件不仅削弱了弘农杨氏的政治影响力，更让家族成员在朝野中失去了往日的荣耀与尊重，迎来了暂时的没落。然而，弘农杨氏的文化底蕴与家族精神并未因此消失，其后世子孙仍在历史的长河中继续书写着属于他们的传奇。

帝王将相光耀杨门——"圣人可汗"杨坚

杨氏建立的第一个全国性政权——隋，它的开国皇帝隋文帝杨坚也是弘农杨氏的后裔。

杨坚，作为一位常被低估的开国之君，他的影响力与贡献远超过人们的普遍认知。虽然隋王朝存在的时间只有38年，然而，杨坚是第一个真正取消封建制，彻底落实郡县制的帝王；是第一个创立文官制度，实行三省六部制的帝王；是第一个施行科举制的帝王。

虽然杨坚的名字常常被历史长河中的诸多波澜掩盖，除了他著名的"怕老婆"形象，他的伟大成就似乎鲜为人知。有些人甚至认为，杨坚的历史地位还不如其儿子隋炀帝杨广。但这样的观点显然是片面的。回顾历史，从东汉末年到隋朝初年，中国经历了长达300多年的动荡与分裂，这便是著名的魏晋南北朝时期。而杨坚，正是这一大分裂时代的终结者，所以即使我们说他的功绩与秦始皇的统一天下同样伟大都不过分。为此，美国学者迈克·哈特在《影响人类历史进程的100名人排行榜》一书中，把杨坚排在了第82位。

杨坚，出身豪门，他原本是北周皇室的外戚，当北周静帝宇文阐即位后，他逐渐掌控朝廷大权，并成功地平定了多次反对他的叛军。最终，杨坚接受了北周静帝的禅让，建立了隋朝。

隋文帝杨坚在治国理念上强调节俭，他大幅削减政府开支，并多次实施减税政策，以减轻百姓的经济负担。这些措施稳定了国家的经济发展，极大地促进了农业生产，使得隋朝逐渐步入了盛世。

在南北朝时期，北方的游牧民族突厥时常侵扰中原。在北周时期，杨坚一直采取和亲政策与突厥保持关系。然而，当他统一中国，建立隋朝后，杨坚果断地改变了策略，不再向突厥赠送礼物，这引起了突厥的不满和侵扰。面对突厥的南侵，杨坚果断派兵出击，将其击败，并大规模修建长城以增强防御。此外，杨坚还巧妙地挑拨和分化突厥势力，使其内部产生了分裂，分为东、西两部。这一策略导致突厥内部持续内乱，削弱了其对外扩张的能力。最终，东突厥向隋朝称臣，尊杨坚为"圣人莫缘可汗"，这标志着杨坚不仅是隋朝的皇帝，还为了突厥名义上的君主。

在历史长河中，杨姓家族的杰出人物在政治、军事、文化和科学等多个领域都留下了浓墨重彩的一笔。《新唐书·宰相世系》记载，唐代先后有杨姓宰相11人，虽然来自4个不同的家族，但他们均出自弘农杨氏。代表人物有属于杨震四子杨奉一支，后迁于永乐的杨国忠；属于杨震长子杨牧一支，后迁于扶风的杨炎；属于杨奉一支，后迁于原武的杨再思；还有世居虢州弘农（今河南灵宝）的杨嗣复。其中，唐德宗时期的宰相杨炎，他对于赋税制度的改革具有深远的影响。此外，杨国忠是杨玉环堂兄，而杨玉环之父杨玄琰在任蜀州司户参军时，全家已迁蜀州。曾任京兆尹的杨凭，其先人为唐代虢州弘农人，后迁于吴（今江苏苏州）。

除了政治家，杨氏家族还有诸多在文学和艺术上有着卓越成就的人物。例如，与王勃、卢照邻、骆宾王一同被誉为"唐初四杰"的诗人杨炯，以边塞征战诗受人重视，如《从军行》《战城南》《紫骝马》等。还有学者杨士勋，为唐代国子博士，他的学术造诣也颇受后人敬仰。进入五代时期，书法家杨凝式虽身处乱世，靠"装疯"屡次避开政乱，但继承了欧阳询、颜真卿的笔法,又启发了北宋书家,"宋四家"当中的苏轼、黄庭坚、米芾等都受其影响。他喜欢"题壁",是当时"街头涂鸦"的爱好者,北宋《宣和书谱》等典籍就记载"杨凝式喜题壁,居洛阳十几年,两百多寺院均有其壁书,风靡一时"。如无杨凝式墨迹的寺院,往往会先粉饰其壁,摆放好笔墨、酒肴,专门等杨凝式来题咏。到了宋代,杨氏家族依然保持着其璀璨的光芒。其中,诗人杨万里一生作诗2万多首,传世作品有4200首,被誉为一代诗宗。他的诗歌语言浅近明白、清新自然,后人亲切地称之为"诚斋体"。

第十八章
黄姓：始祖伯益为《山海经》的作者

黄姓在当今中国的分布极为广泛，人口在 2700 万左右，列我国人口最多之十大姓的第七位。我国大陆各省、自治区、直辖市及港澳台地区都有黄姓分布。

黄姓的传奇起源与广泛分布背后，是否隐藏着《山海经》作者伯益的身影？作为当今中国第七大姓，黄姓人口何以能遍布全国，其影响力究竟有多深远？为何在地图上能发现多达 369 个以"黄"字命名的地名，它们又如何映射出黄姓文化的广泛传播？

提到黄姓名人黄歇，即春申君，他在《芈月传》中的形象是否是真实的？影视剧中的浪漫情节与正史记载之间，究竟有着多大的差距？芈月与黄歇之间，是否真有过超越年龄与身份的深情厚谊？

再者，上海这座城市的得名与黄歇之间，又有着怎样的不解之缘？"黄浦江""申城""沪"等称谓，是如何与春申君的传奇故事紧密相连的？

黄姓起源

黄姓公认的老祖宗是谁？关于黄姓的来源，史书上主要有三种说法：一说黄姓为伯益之后，一说黄姓为陆终之后，一说黄姓为台骀之后。其实黄姓的起源最往上可以追溯到远古时代的古帝少昊，甚至可以追溯到轩辕黄帝。按照司马迁的《史记·秦本纪》记载，黄氏，为嬴姓十四氏之一，是远古时期伯益的后裔。伯益长子大廉为黄夷首领，在夏朝时建立古黄国，商朝时以国为氏。

皋陶，作为少昊的后裔，在虞舜的时代担任了大理的职位，负责处理重要的司法事务。而皋陶的儿子伯益，因其在协助禹治理洪水方面功勋卓越，被舜帝赐予了嬴姓，以示嘉奖。伯益不仅是大禹治水的得力助手，更是天地间奇异风物与山海奥秘的记录者。他将见到的和听说的珍禽异兽、奇花异草、山川湖海一一镌刻于竹简之上，最终汇聚成一部名垂青史的巨著——《山海经》。伯益的儿子大廉，因其父的功勋和自身的能力，被禹帝封于黄地，建立了黄国，其后代便在此地繁衍生息，并以黄为姓氏，世代相传。

历史上存在三个黄国，一个在今河南潢川，一个在今山西汾水下游一带，一个在今湖北钟祥。伯益后裔所建之黄国在河南潢川，自公元前21世纪夏代初年受封建国，历夏、商、周三个王朝，一直顽强地生存了1400余年，至公元前7世纪中叶才告终结。今河南省潢川县西北6公里的淮水之南、潢河西岸的隆古乡有黄国故城遗址。在黄国故城附近，1983年发掘出黄君孟夫妇墓，1988年发掘出黄季佗父墓。在黄国疆域内的罗山、光山、潢川等地都出土了不少珍贵的黄国文物，时代多为春秋早期。

今天大部分黄姓人都是潢川黄国后裔。在甲骨文中，发现了黄尹。黄尹就是伊尹，他是黄国人，助汤灭夏，成为商代初年的名臣。历史上著名的伊尹放太甲的故事，就出自黄尹。今河南虞城有伊尹墓，河南嵩县有伊尹祠，河南杞县有伊尹庙。

今天,"黄"字的一般意义是指黄色。但从"黄"字的古字形看,它有着其他含义。郭沫若先生认为,"黄"字像上古先民们身上经常佩戴的玉佩,它就是"璜"字的初文。"黄"字之所以成为"黄色"这个词语的代表符号,又成为黄姓宗族的血缘标志,出于从文字学"六书"中的所谓假借。黄姓的古代先民,是一个崇拜黄色事物的氏族,恰好他们又喜爱佩玉,于是,他们就以能反映本氏族特征的佩玉的图形符号来代表他们的氏族。就这样,原来是表示佩玉的"黄"字,被借来表示黄色,成为黄色的符号,也成为黄姓族人的标志。

黄姓名人

说起黄姓名人黄歇,大家肯定会联想到《芈月传》。在《芈月传》中,春申君黄歇与楚国公主芈月是青梅竹马的恋人,但是芈月随姐姐远嫁秦国后,两人就天各一方了。不过,影视剧作品和正史有时候差异很大。正史当中,芈月的儿子秦昭襄王比黄歇还大11岁,按此推理,芈月比黄歇至少大20多岁,应该不可能为恋人关系。

《芈月传》中的春申君黄歇一生到底有多么跌宕起伏

我们来看看正史中对黄歇的描述。话说在河南潢川的黄国灭亡之后,黄国后人黄歇仕于楚,他与魏国信陵君魏无忌、赵国平原君赵胜、齐国孟尝君田文并称为"战国四公子",曾任楚国左徒。由于楚考烈王无子,他就把自己已经怀孕的妻子献给楚王,后来生下一男,就是日后嗣立的楚幽王。但是史书总结春申君黄歇一生跌宕起伏,最后因为糊涂而丧命,这又是怎么回事呢?

这事儿得从楚国太子去秦国当人质讲起,这也是春申君黄歇这个平民能

下篇：我们的姓氏，原来还可以这么有趣

一跃成为楚王心腹大臣的转折点。那时候，战国乱得跟一锅粥似的，秦国老欺负楚国。楚顷襄王没办法，一边忙着组织军队防备秦国，一边还得派使者去秦国求和。

最后，楚顷襄王只能一狠心让太子熊完去秦国当人质。但他又怕儿子在秦国受委屈，就派了黄歇去秦国，陪着太子，还当他的老师。这一陪就是十年，黄歇和太子熊完感情好得跟亲兄弟似的。

后来，楚顷襄王病重了，熊完急着想回去看老爹。可秦昭襄王就是不放人，连秦国的大官范雎去说情都不管用。黄歇一看，这不行啊，得想办法。他就想了个大胆的主意，让太子偷偷跑回去，自己留在秦国打掩护。

黄歇把太子扮成车夫，趁乱混出了秦国。他自己呢，就对外说太子病了，见不了人。秦昭襄王知道后，气炸了，想杀黄歇。但想了想，又觉得熊完要是当上了楚王，肯定会为黄歇报仇，这对秦国不利。于是，秦昭襄王就放了黄歇一马。

黄歇回到楚国没多久，楚顷襄王就去世了，熊完顺利继位，就是楚考烈王。考烈王感激黄歇的救命之恩，给了他最大的官当，还封了一大片地给他，尊称他为"春申君"。

不过，春申君也有烦心事。考烈王一直没儿子，国家没继承人，这可急坏了大家。有个门客李园看黄歇着急，就想把自己的妹妹送给楚王，但又看黄歇对他妹妹有意思，就顺水推舟把妹妹送给了黄歇。这妹妹成了黄歇的小妾，还怀了孕。

在谋士的怂恿下，黄歇为保楚国社稷，冒险将李氏献于楚王，以续其香火。

楚王对黄歇送来的李氏宠爱不已，不久后李氏生下了一个儿子，楚王高兴得不得了，立马就把这孩子立为太子，还大大奖赏了李氏和她哥哥李园。这样一来，李园摇身一变成了国舅爷，权势一天比一天大。

可春申君哪里想得到，李园这家伙心里已经打起了算盘，他背地里养了一群刺客，就等着找机会对春申君下手呢。

转眼到了公元前238年，楚考烈王的身体也撑不住了，病得越来越重。这时候，春申君身边有个叫朱英的谋士，他私下里找到春申君，一脸严肃地说："大人啊，您可得小心了，李园那小子现在势力大得很，他又是个心狠手辣的主儿，万一他趁大王病重，对您不利可怎么办？"朱英这是在给春申君提个醒，让他防着李园一手呢。

当时，朱英说："您虽为相，实则掌楚。楚王若逝，您有望代政称王，此谓'无妄之福'。但李园对您不满，蓄养刺客已久，一旦楚王离世，李园可能抢先入宫夺权并杀您，此谓'无妄之祸'。我愿为您除去李园，助您避祸，此谓'无妄之人'。"春申君不以为意，认为李园不会如此，朱英恐祸及己身，遂逃离楚国。

不幸的是，正如朱英所预测的那样，之后不久，楚考烈王驾崩，李园迅速入宫并在棘门设下重重埋伏。当春申君毫无防备地进入棘门时，李园培养的刺客突然从两侧发动袭击，将春申君刺杀，随后残忍地割下他的头颅，抛掷于棘门之外。值得一提的是，李园的妹妹曾受春申君之恩而怀有身孕，后来入宫所生的儿子竟被立为新的楚王，即楚幽王，这也算是这段悲剧中一段不寻常的后续。

这件事也由此产生了一个"无妄之灾"的成语，流传至今。如果当初黄歇安心地做着他的大官，没有听信谗言进献李氏，也就不会有后面李园的反扑了。无端为自己招来灾害，也实在可怜。

不过，值得欣慰的是，黄歇一共有13个儿子，子孙众多，散处各地。其中，长子黄尚一支隐居江夏县黄鹤乡，形成后来的江夏黄氏；一支隐居河南阳夏，形成阳夏黄氏；黄歇的后代也有好几支定居在了苏州一带。上海这座繁华都市的诸多命名，也与春申君黄歇有着千丝万缕的联系。比如，黄浦江，过去叫"黄歇浦"；上海今天简称"申""沪"；上海还有一个雅称叫"申城"，全是因为他。

文莱皇室竟源自中国福建黄氏家族

元末明初，天下大乱时，福建人黄森屏为躲避战乱，带着整个家族和好友、邻居等数千人，乘船到达了婆罗洲（今加里曼丹岛），结果一去就没再回中国。因为他特别能干，大家推选他做了那里华人的领头人。更没想到的是，后来他竟然还当上了婆罗国的国王——苏丹。黄森屏去世后，葬在了文莱，他的后代也一直在文莱生活，家族非常有名望。

特别有意思的是，黄森屏有个女儿，在明朝洪武八年，也就是 1375 年的时候，嫁给了文莱的第二任国王阿合曼。阿合曼去世后，黄森屏的女儿就接过了国王的位子，自己当上了国王。从那以后，文莱的国王位置就按照女性这一边的血缘关系来传了。到现在，文莱的国王已经是黄森屏的第 20 多代女性直系后代了，而且文莱皇室都把黄森屏当作他们的老祖宗呢。

到了 20 世纪初，文莱在模仿西方国家设计自己的国旗时，特地在旗面上增添了两道斜杠。这两道杠寓意深远，是为了纪念文莱开国的两位重要亲王。其中一道斜杠，就是专门用来纪念黄森屏这位传奇人物的。

第十九章
周姓：唐玄宗时期，姬姓为何改为周

周姓是中国大姓之一，总人口 2540 多万，占全国人口的 2.12%，依人口数量排序，为中国第九大姓，广泛分布于全国各地。早期，周姓族人主要分布在河南、山西等地。魏晋南北朝时期，北方地区政局动荡、战乱不断，周姓族人逐渐南迁至江苏、福建等地。唐宋时期，周姓族人在中国大多数地区都有分布。明代初年，山西洪洞大槐树的人口大迁移，周姓族人是主要的迁民，分迁至云南、四川、贵州等地。

谈及周姓起源，尽管有说法认为其可追溯到黄帝时代的周昌、周任，但主流观点仍将其归于周朝姬姓之后。那么，姬姓与周姓的确切分化时间点是什么呢？是周公旦次子、周平王少子，还是周赧王后代所开创？

再者，当我们谈及周姓，怎能不忆及那些在历史长河中熠熠生辉的人物？周瑜在赤壁之战中的智勇双全，是否也在某种程度上，映射了周姓族人对于智慧与勇气的追求与颂扬？而那句"遥想公瑾当年"，是否不仅是对个人英雄的缅怀，也暗含了对周姓文化的一种传承与致敬？

至于鲁迅与周敦颐，这两位看似跨越时空的伟人，他们之间是否真的存在着血脉相连的关系？鲁迅那锋利如剑的笔触与深邃的思想，是否受到了周敦颐理学思想的潜移默化？这一切，都将在我们探索周姓的篇章中，逐一揭开其神秘的面纱。

周姓起源

说起周姓，难免会让人想起历史上的周朝。但史籍中出现的周姓人，比周朝还早，其历史可以上溯至远古黄帝时代。《河图运录法》云："黄帝将有周昌，后以为氏。"《逸周书》云："商太史有周任。"但因周昌、周任均无世系可考，所以，唐宋时期，谱牒学家皆将周姓的起源下延至周朝，认为周姓源于姬姓，是黄帝的后裔。有这样的一种说法，即"姬姓于前，周姓于后"。

那么，姬姓究竟何时衍生出了周姓？历史文献中，对此有三种主流解释：

其一，源自周公旦的后裔。周公姬旦，作为周朝的重要辅臣，其次子一脉不仅继承了"周公"的尊称，更在后世中逐渐演变出周姓。东周时期，周公旦的爵位传至周公黑肩，他虽因政变失败而遭遇不幸，但其后裔仍保有尊贵的地位，并最终改姓为周，延续着家族的荣耀。

其二，与周平王之子姬烈紧密相连。据唐代李贤及南朝宋范晔的文献记载，周嘉等人被追溯为周平王之后裔，尤其是姬烈被封于汝南后，其后代在当地繁衍生息，逐渐以周为姓，成为周姓的一个重要分支。这一说法虽未直接提及姬烈即为周姓始祖，但后世普遍认同周氏与周平王之子有着深厚的渊源。

其三，关乎周朝的末代君主周赧王。公元前256年，周朝覆灭，周赧王被贬为庶民。他年事已高，估计这位70多岁的老人不会由姬姓改为周姓，而应该是他的儿子们根据百姓称其为"周家"，因而改为周姓。

其实，说起周姓与姬姓的渊源，不得不提到唐玄宗李隆基。唐玄宗李隆基执政的时候，不少姬姓族人，因为"姬"与"基"谐音，要避李隆基名字的音讳，而把姓改为了"周"。后来，有一部分改姓的族人，等到风声过去，又悄悄把"周"改回了"姬"。但另一部分，就将错就错，将周姓沿用至今了。

周姓名人

说起周这个姓氏，虽然它的根可以追溯到周朝，但真正广泛流传起来，是在秦朝灭了东周之后。到了秦汉那会儿，周姓迎来了它的第一个快速发展期，其中沛郡和汝南这两个地方的周氏家族特别有名。

沛郡的周家人，是周朝最后一位国王周赧王的后代。在秦朝快灭亡的时候，他们跟着刘邦一起反抗秦朝，为汉朝的建立出了大力气。像周勃、周亚夫这些大将军，还有周緤、周苛、周昌这些厉害的官员，都是沛郡周家的骄傲。他们家族里还有8个人被封了侯爵！不过，到了西汉快结束的时候，沛郡周家因为主要是靠打仗出名的，慢慢地就没那么风光了。

而汝南的周家人呢，是周平王的后代，走的是文化路线。从东汉开始，汝南周家就出了好多好多厉害的人物，比如周嘉、周畅、周燮、周磐、周防、周举、周飙等，都是响当当的人物。到了两晋、南北朝的时候，汝南周家还是一样地繁荣兴盛。

说到三国时期，咱们不得不提吴国的大将军周瑜。在《三国志》这本书里，陈寿就说周瑜长得高大帅气，而且还是个非常厉害的战略家。

"曲有误，周郎顾。"陈寿在《三国志》的《周瑜传》中，用了这样一个诗意的表述。周瑜这一个"有姿貌"的传奇，跨越了千年的风尘，依旧能让人心生涟漪，脸红心跳。

唐代隐士李端想象了一个场景：

> 鸣筝金粟柱，素手玉房前。
> 欲得周郎顾，时时误拂弦。

江南水乡，一位温婉如水的少女轻抚古琴，指尖跳跃间，有意无意地让旋律偶尔偏离了既定的韵律，只为换取与他目光交汇的刹那温柔。抛除其身材高大威武、样貌俊美不提，周瑜的军事能力极为突出，他最为突出的成就便是在赤壁之战，以少胜多大破曹操军队。此战之后，形成了魏、蜀、吴三国鼎立的局面。

北宋时期著名词人苏轼的《念奴娇·赤壁怀古》便是以赤壁之战为主题的词作。

"遥想公瑾当年，小乔初嫁了，雄姿英发。羽扇纶巾，谈笑间，樯橹灰飞烟灭。"这两句话说的就是周瑜在赤壁之战中的英姿。

东风骤起，烈焰狂舞，江面之上，一列列战船在火海中摇曳，灰飞烟灭。5万吴蜀联军，在这片被战火染红的江域上，以少胜多，将曹操麾下的20余万北军，彻底击溃于滔滔江水之畔，书写了中国历史上一段璀璨辉煌的以弱胜强之篇章。

此役之后，曹操南下统一天下的宏图大计，一朝破灭。而那位运筹帷幄之中，决胜千里之外的将领，也因此一战成名，威震四方。

从宋代之后，全国各地都有了周姓人的足迹。随着经济重心的南移，周姓的发展重心到了南方，特别是江苏、浙江等地，至今仍是周姓人口密集的地区。在唐代宗年间，汝南周氏的一支迁徙到了湖南道县。到了宋代，这支周姓人因出了一位著名的思想家周敦颐而突然繁盛起来。周敦颐的后裔不断迁徙，形成新的望族，据称成族者有15余处，江浙一带的周姓人很多都是周敦颐的后代。

❀ "出淤泥而不染"，这个说法最早出自哪里

"水陆草木之花，可爱者甚蕃。晋陶渊明独爱菊。自李唐来，世人甚爱

牡丹。予独爱莲之出淤泥而不染，濯青涟而不妖，中通外直，不蔓不枝，香远益清，亭亭净植，可远观而不可亵玩焉。予谓菊，花之隐逸者也；牡丹，花之富贵也；莲，花之君子也。噫！菊之爱，陶后鲜有闻。莲之爱，同予者何人？牡丹之爱，宜乎众矣！"

周敦颐的这一篇《爱莲说》不长，全文字数为119字，加上题目3字，总共122字。《爱莲说》虽短，却字字珠玑，寓意深远，最终成为一篇千古名文，并被收录在今天的中学语文课本里。

周敦颐，并不是一位文学大家，甚至不能算作是文学家，他是宋朝理学思想的开山鼻祖，其学术著作有《周元公集》《太极图说》《通书》等名著，其中《太极图说》继承了儒家和道家的部分思想，用图形推演，提出了宇宙生成论体系。他为人正直，襟怀淡泊，不与世俗同流合污，致使他在仕途上举步维艰。相传，周敦颐在南安任司理参军时，为了一个误判的死囚犯人，和他的上司据理力争，最后竟以辞官来对抗上司。由此可见，周敦颐是文如其人。然而，也只有这种洁身自好之人，不屈服于世俗之人，才能写下这流传千古的《爱莲说》。

不过，周敦颐在周姓几千年的发展史中担任的角色，并不只是先辈名人。他的出现，让周姓有了重要的发展脉络。

❀ 鲁迅是不是周敦颐的后代

1900年时，19岁的周树人写下一首诗，题为《莲蓬人》："芰裳荇带处仙乡，风定犹闻碧玉香。鹭影不来秋瑟瑟，苇花伴宿露瀼瀼。扫除腻粉呈风骨，褪却红衣学淡妆。好向濂溪称净植，莫随残叶堕寒塘。"

诗中的"濂溪"即周敦颐，是绍兴周氏家族的先祖。不少人根据绍兴当地的族谱、宗谱考证认为，周树人是周敦颐的32世孙；"净植"即莲荷，指代周敦颐的代表作《爱莲说》。这既是在赞美周氏先祖的清廉品格，同时也是在激励自己，让生命呈现出傲然独立的风骨。

周氏一族人才辈出。照此看来，他们也许都继承了相似的优秀基因。

第二十章

吴姓：始祖泰伯三让王位，天下称贤

吴姓为中国大姓之一，人口近 2500 万，占全国总人口的 2.05%，是中国第十大姓，广泛分布于全国各地，以广东、江苏、安徽、四川、福建、浙江、江西、贵州、湖北、湖南、广西等省区为多。在国外主要分布在朝鲜、缅甸、越南、新加坡、菲律宾、印度尼西亚、澳大利亚、加拿大、美国等地区，人口在 7000 万左右。

关于这个姓氏，你是否听说过那段"泰伯三让天下"的佳话？它如同"孔融让梨"的故事一般，在历史的长河中闪烁着谦让美德的光芒。试想，除了孩童间简单的梨之谦让，竟还有一位先贤，能如此大度地将整个国家拱手相让，这样的壮举，又能震撼人心到何种程度？

吴姓，这个承载着无数传奇与荣耀的姓氏，它孕育出的不仅仅是文人士大夫，更有哪些在历史洪流中挺身而出的武将英豪，如吴起、吴汉、吴玠、吴璘等。他们的英勇与智慧，是否也曾让你心生敬意？

你可曾知晓，在吴姓的庞大族系中，竟有一脉跨越重洋，融入了异国皇室的血脉，这又是怎样一段跨越时空的奇妙缘分？吴姓人丁兴旺，不仅在国内根深叶茂，更在世界的各个角落绽放光彩，其海外分布之广、人数之多，是否也让你对这一姓氏的全球化传播感到惊叹？

综上所述，吴姓的辉煌与传奇，是否激发了你的无限遐想？它背后的故事，你又了解多少呢？

吴姓起源

吴姓源自姬姓,系以国为氏。关于吴姓的起源,有这么一个典故:"泰伯三让天下"。相信大家都听过"孔融让梨"的故事,这个故事教育小孩,无论是对待兄弟还是朋友,都要懂得谦让。但是大家是否知道在我国历史上有这么一个人,后人尊称其为"泰伯",他把一个国家让给了弟弟,我们称之为"泰伯三让天下"。

3000多年前,陕西岐山一带有一周族部落,首领被称为"周太王"。周太王生有长子泰伯,次子仲雍和小儿子季历。季历的儿子昌聪明早慧,深受周太王宠爱。周太王想传位于昌,但根据当时的传统,应传位于长子,太王因此郁郁寡欢。泰伯明白父亲的意思,父亲觉得"季历贤",希望有贤能的子孙继承他的事业,于是就干脆避让,托词采药与二弟仲雍一路向东来至荆蛮。泰伯的品德高尚,让荆蛮地区的上千户人家都心服口服,纷纷跟随他。于是,泰伯就在美丽的太湖边上建立了一个新的国家,叫"句吴",还在现在无锡的梅里(大家都叫它"梅村乡")建了一座城,将其作为这个新建

国家的都城。泰伯到江东后,不仅带来了中原的先进文化,还和仲雍一起,不怕苦不怕累,努力开创新天地。没几年,那里的人们就过上了好日子,句吴国也在东南站稳了脚跟,为后来吴国的强大打下了好基础。

后来,泰伯在江南时,他的父亲周太王去世了。他和仲雍赶紧回去奔丧。这时,季历和好多大臣都劝泰伯当国王,可泰伯坚决不同意,办完丧事就回了江南。就这样,王位传给了季历。季历当了国王后,把国家治理得很好,还扩大了地盘,但这让商朝的人很嫉妒,最后暗地里害死了他。泰伯听到消息后,又赶回岐山奔丧。大臣们又劝他当国王,但他还是摇头拒绝了,办完丧事就马上回了江南。最后,王位传给了被大家称为"圣子昌"的姬昌。

这样一来,后来就有了大名鼎鼎的周文王和他儿子周武王。商朝垮台后,周朝建立了起来,周武王为了纪念泰伯,就封了他的第三代孙子周章为侯,还把国号改成了吴。可到了春秋时期,吴国又被越国给灭了。吴国的王族子孙们心里那个恨啊,但他们没忘本,就用国家名字"吴"来当自己的姓。

现在翻开那些讲姓氏的书,多半会说吴姓主要是从姬姓来的,是泰伯和仲雍的后代,因为他们用国名当了姓。吴家的家谱也是这样写的。所以,泰伯就被大家尊为了吴姓的老祖宗,也就是得姓始祖啦!

对于"泰伯三让天下"的这个典故,孔子在《论语》中是这么评价的:"泰伯可谓至德也矣。三以天下让,民无得而称焉。""民无得而称焉",这句话的意思是,百姓不知用什么话来称颂他们。以史为鉴,如果说伯乐相马"举贤"是世人口中的大德,那么"让贤""让天下"就是古往今来备受赞颂的至德。"天下"都可让,那世间大大小小的事,勿可比之矣。

隋唐时期,吴氏的郡望有濮阳郡、渤海郡、陈留郡、吴兴郡、汝南郡、长沙郡、武昌郡等7个。由此可见,吴氏分布已相当广泛。吴氏徙居福建始于唐初。及至元朝,吴氏家族的足迹更是跨越海峡,触及台湾。元至元二十八年(1291),元朝重臣、礼部员外郎吴光斗,肩负使命,率六千勇士扬帆远航,首开吴氏入台先河,成为吴姓在台湾的先驱者。明朝末年以来,福建、广东沿海一带的吴氏族人,为求生计与发展,纷纷踏上前往澎湖、台北等地的征途。他们以勤劳与智慧，在异乡开辟出一片片新天地。

明朝万历年间，福建云霄县的吴登高，毅然决然地踏上了前往台北的旅程，成为又一位勇敢探索的先驱。此后，越来越多福建、广东沿海的吴氏族人前往澎湖、台北、高雄等地。他们或经商，或务农，或求学，为当地的经济、社会发展贡献了自己的力量。

发展至现代，吴姓已经成为台湾人口中较多的姓氏。

吴姓名人

吴姓名人辈出，有骁勇善战的良将武士，如战国著名的军事家、政治家吴起，东汉大司马吴汉，南宋抗金名将吴玠、吴璘，明朝开国名将吴良，晚清保卫台湾、抗击日本的吴汤兴、吴彭年等。有名冠古今的忠臣良相，如东汉贤臣吴祐、东晋清官吴隐之、唐代良吏吴兢、北宋名臣吴遵路、南宋名相吴潜等。有学问渊贯的鸿儒名宿，如宋元之际的理学家草庐先生吴澄，明代大儒吴与弼、名扬日本的哲学家吴廷翰、金石名家吴大澂、桐城名儒吴汝纶、《西游记》的作者吴承恩，清代小说家吴沃尧、诗人吴梅村等。还有许多科技界的精英，如明末温湿病学家吴有性，清代植物学家吴其濬、算学家吴嘉善、薄贴专家吴尚先等。

海外也有不少吴姓名人。吴姓在秦汉之前，活动范围集中在东南沿海一带。唐宋时期，吴姓开始大规模外迁。他们最早到达的海外地区是越南、日本、朝鲜等地。吴国灭亡之后，一部分吴国人随越人南迁至越南，建立吴朝，越南的第一位皇帝姓吴，后期南越的最后一位总统也姓吴。

另外，据传，吴氏有一支演变成为日本皇室。

日本《新撰姓氏录》记载："松野，吴王夫差之后也，此吴人来我之始祖也。"近年来，日本有一些人来到无锡寻根，从姓氏上看，他们与泰伯没有任何联系，但他们都声称是泰伯、仲雍的后代。

第二十一章
孙姓：古来循吏第一人，孙姓始祖孙叔敖

《百家姓》的开篇八姓"赵钱孙李，周吴郑王"，朗朗上口，妇孺皆知。作为顺序排行第三的孙姓，现在在中国人口超过1800万，大约占全国总人口的1.38%，目前是中国第十二大姓，广泛分布于全国乃至世界各地，国内主要集中于分布于山东、河南、江苏、河北等省。

本章我们聚焦以下问题：孙武与孙膑这两位军事奇才之间究竟有何不解之缘？据《史记》所载，孙膑正是春秋时期伟大军事家孙武的直系后裔，确切地说，是孙武的第五代孙。这一血脉传承，无疑为孙氏家族在军事领域的卓越贡献增添了浓墨重彩的一笔。

再看三国时期，江东孙氏家族的辉煌又是如何映照了孙姓的荣耀？孙坚、孙策、孙权父子，不仅在乱世中割据一方，更建立起吴国。

此外，魏晋时期的孙登，作为一位隐士高人，其深厚的玄学造诣更是吸引了"竹林七贤"中的阮籍与嵇康等名士前来求教。这不仅是孙氏家族文化底蕴的展现，也是其在思想领域影响力的体现。

孙姓家族不仅人才济济，且跨越多个历史时期，在军事、政治、文化等多个领域都留下了不可磨灭的印记，不禁让人发问：孙氏家族何以能如此繁荣昌盛，代代皆有英才出？

孙姓起源

孙姓，三国期间东吴的国姓，是一个典型的多民族、多源流姓氏。

据史书记载，孙姓最早可追溯到3000多年前的周文王，春秋时期卫国的孙乙是姬姓孙氏的得姓始祖。

关于孙姓的起源，主要有四种说法。

第一种说法是，它可能来自子姓。商朝末年，纣王有个特别正直的叔叔叫比干，因为老是说真话劝纣王，结果被杀了。比干的子孙们为了避祸，就改了姓。其中一些人因为觉得自己是王族后代，就改成了"王孙氏"。后来，这个称呼慢慢简化，有的就成了孙氏，有的成了王氏，一直传到现在。

第二种说法是源自姬姓。这得从春秋时期的卫武公说起，他是周公姬的后代，因为打了胜仗被封为公爵。卫武公有个儿子叫惠孙，特别有名。惠孙的孙子为了纪念爷爷，就用爷爷的名字"孙"作为自己的姓氏。这一支姬姓孙氏，历史超过2700年，是孙姓里非常重要的一个分支。

第三种说法是，其起源和楚国有关，来自芈姓，是孙叔敖的后代。孙叔敖是楚王的亲戚，因为一些原因隐居了。但后来他又被楚王请出来当大官，职位是令尹，就像后来的丞相一样。他为国家做了好多好事，是个非常了不起的人物。

司马迁的《史记》中，有一个板块叫《循吏列传》，专写贤牧良臣，孙叔敖便是这个板块第一个人物。其中是这样描述他的："为楚相，施教导民，上下和合，世俗盛美，政缓禁止，吏无奸邪，盗贼不起。"孙叔敖乃是响当当的治世良臣。

在西汉学者刘向的《新序》里，则描绘了这位楚相与众不同的童年："叔敖为婴儿之时，出游，见两头蛇，杀而埋之。归而泣。其母问其故，叔敖对曰：'吾闻见两头之蛇者必死。向者吾见之，恐去母而死也。'其母曰：'蛇

今安在？'曰：'恐他人又见，杀而埋之矣。'其母曰：'吾闻有阴德者，天报之以福，汝不死也。'"

这个故事中的"两头蛇之说"极为可能为戏说，但从中能看出孙叔敖在很小的时候就有一种担当精神，而正是这种精神，使得孙叔敖能够在做楚国令尹时，时时为百姓和国家着想，终成一代"循吏"。

孙叔敖，这位历史上的水利奇才，不仅是个有智慧的宰相，还是农业生产的守护神。

他深知水利对农业的重要性，于是亲自操刀，在期思（今河南淮滨东南）和雩娄（今河南商城）掀起了水利建设的高潮。他动员了数十万民众，在安徽寿县南边筑起了一道壮观的灌溉系统——芍陂。这不仅仅是一条渠，更是农田的生命线，灌溉了百万余亩良田，让楚国的粮仓满满当当，经济也跟着腾飞。

芍陂的名声，甚至能与都江堰、郑国渠等齐名，成为古代水利工程的"四大明星"之一，连国际上的水利专家都慕名而来，赞不绝口。

孙叔敖不仅治水有方，治军也是一把好手。他深知强兵才能兴国，于是大力整顿军队，让楚军的战斗力飙升。公元前597年，楚、晋两国在邲地（今河南荥阳北）展开了一场大战。孙叔敖亲自挂帅，指挥若定，打得晋军落花流水，一战成名，让楚国坐上了中原霸主的宝座。

当然，英雄也有暮年。孙叔敖临终前，把儿子叫到身边，语重心长地说："你爹我一生清廉，楚王多次要赏我土地，我都拒绝了。我死后，如果楚王给你封地，你也要拒绝，实在推不掉，就去寝丘（今安徽临泉）吧。那里地薄人稀，别人看不上，你们却能安安稳稳地过日子。"不久后，孙叔敖离世，楚王果然要赐地给孙家，他儿子牢记父训，选择了寝丘。这片土地，从此成了孙家世代的栖息地。

孙叔敖的后人为了纪念这位伟大的先祖，便以寝丘为氏，又因为"寝"与"孙"古音相近，最终定姓为孙。于是，孙姓的一支便在这淮水之滨、寝丘之地扎下了根。他们的故事，也如同那古老的芍陂渠水，流淌不息，滋养着后世的每一寸土地和人心。

第四种说法是，孙姓出自妫姓，为胡公满之后。西周初期，帝舜的后代妫满因为功绩卓越，被周天子封到了陈地（今河南淮阳一带），建立了陈国。因为他去世后被赐了个"胡"的谥号，所以大家都叫他"胡公满"，或者"陈胡公"。胡公满的后代们一代代传承王位，到了第十代桓公那会儿，陈国内部开始不太平了。

桓公去世后，没想到他的弟弟佗竟然杀了桓公的儿子免，自己坐上了国君的位置，成了陈厉公。这下子，太子免的两个弟弟可不干了，他们心里憋着股劲儿要为兄长报仇。机会终于来了，趁着陈厉公去蔡国访问的时候，他们联手把陈厉公给杀了。之后，这两兄弟轮流坐上了国君的宝座，这就是后来的陈庄公和陈宣公。

陈厉公虽然死了，但他还有个儿子叫陈完，这家伙可聪明了，他一看这架势，知道自己留在陈国可能会遭殃，于是脚底抹油，跑到了齐国避难。到了齐国后，因为"陈"和"田"这两个字古时候的发音挺像的，陈完就干脆改姓了田，大家也都叫他"田完"。

田完这个人，虽然出身贵族，但一点架子都没有，还特别有道德。齐桓公一看，这小伙子不错，就想让他当个大官。可田完心里明白，自己是外来的和尚，不能一来就抢人家的饭碗，于是就婉拒了齐桓公的好意，选择了一个管理工匠的小官来当。

时间一晃，好几代人都过去了。田完的四世孙田无宇，那可是个能人，做到了上大夫的高位；再到了五世孙田书，这家伙更是个狠角色，在齐国攻打莒国的战斗中表现突出，立了大功。齐景公一高兴，就把乐安（今山东博兴，一说惠民）这块地方赏给田书，还特意赐了他一个姓——孙。从此以后，田书的后代就以孙为姓了。

孙姓名人

兵家两圣：孙武与孙膑

孙姓家族是一个名人辈出的家族。关于孙武和孙膑，这两位春秋战国时期的杰出军事家，都以撰写兵法而闻名，因此常让人误以为他们是同一人。然而，深入探究历史资料，我们可以发现他们的出生时间相差超过了一个世纪。因此，尽管他们同姓孙，但实际上是两位不同的历史人物。

提及孙武，人们通常尊称其为"孙子"，他原本是齐国人，后来前往吴国，在伍子胥的推荐下为吴国效力，得到吴王阖闾的赏识和重用。孙武与伍子胥共同为吴王出谋划策，助力吴王建立一代霸业。除了这一成就，孙武最为人所称道的便是其著作《孙子兵法》。此书凝结了他一生的军事智慧，共十三章，其军事思想和用兵策略被后世广泛借鉴，并被誉为"兵家圣典"。

再说孙膑，据推算，他的生活年代大致在战国初期，确切年份已无从考证。由于他曾被庞涓陷害，遭受了膑刑（即砍去膝盖骨的刑罚），人们便以"孙膑"这个名字来称呼他，而他的原名已无从查证。

孙膑和庞涓实际上是师出同门的师兄弟，年轻时一同在鬼谷子门下学习兵法。然而，庞涓早于孙膑出山，并在魏国获得了一定的地位和成就。当魏国邀请孙膑出山时，庞涓因担心孙膑的才华会威胁到自己的地位，便设计陷害孙膑，导致他遭受了膑刑的残酷惩罚。与同门师兄弟庞涓反目并遭遇不幸后，孙膑选择暗中投奔齐国，为齐王效力。

孙膑在齐国初露锋芒就是大家耳熟能详的"田忌赛马"。孙膑献计，让田忌用下等马对阵齐威王的上等马，用中等马对下等马，最后用上等马对中等马。田忌采用了孙膑的战术，让齐威王输得心服口服。

这次赛马虽然只是孙膑使用的一点小伎俩，但也让他走进了田忌和齐威王的视野。在后来的交谈中，他更是得到了齐威王和田忌的认可，被任命为齐国军师，协助田忌训练齐国士兵，使得多年因内乱而日渐衰落的齐军满血复活。

在战场上，孙膑与庞涓再次相遇，二人各自以军师身份对阵。凭借超凡的用兵策略，孙膑将魏军打得溃不成军，庞涓最终在马陵战役中丧命。随后，孙膑在跟随田忌逃亡至楚国时，专心撰写了兵书《孙膑兵

法》，这部作品成为中国古代兵书的瑰宝。

那么，问题来了：孙武和孙膑之间究竟有何关联呢？

《史记·孙武吴起列传》记载，孙膑的祖上是孙武，但具体其父是谁则未详述。然而，后世通过历史考证，确认了孙膑实为孙武的后裔，更具体地说，他是孙武的第五代孙。这一发现令人惊叹，孙氏家族果真是人才辈出，而且都以军事才能著称。

三国时吴国的孙坚和孙策、孙权父子在江东称霸一方，建立吴国。孙权继承父兄基业，励精图治，在军事、政治、经济各方面都取得极大成功，连足智多谋的曹操也曾发出"生子当如孙仲谋"的感叹。魏晋之际的著名隐士孙登精通玄理，"竹林七贤"里的阮籍和嵇康曾先后向其请教玄学问题。

到了唐朝，出了个神医孙思邈，他写的《千金要方》和《千金翼方》是医学界的宝典，大家都尊称他为"药王"。

明清时候，有个光学仪器大师孙云球，他自己鼓捣出了察微镜、夜明镜等好几十种光学宝贝，还是中国最早自己造望远镜的人呢！

近代就更不用说了，孙中山先生是民主革命的领路人，他创立了同盟会，提出了三民主义，为中国的未来描绘了一幅新蓝图。

虽说孙姓的起源纷繁复杂，但是每一支孙姓中，都出现过十分著名的人物，对后世影响深远。

第二十二章
朱姓：朱姓前身为"邾"，朱人来自红蜘蛛

朱姓是中国大姓之一，在当今中国100大姓中排名第14位，人口约1700万，占全国总人口的1.28%，广泛分布于全国各地，尤其以江苏、安徽、河南、浙江、山东、广东、湖南、湖北、四川、江西等地为多。

本章我们聚焦以下问题：一个原本代表蜘蛛的"邾"字，如何演变成了今日人口众多的朱姓？为何朱姓的前身"邾"字中的耳朵旁会消失不见？这个"邾"字究竟蕴含了何种深意？是否暗示着朱姓与远古蜘蛛崇拜的深厚渊源？

再论及朱姓名人，朱元璋的名字无疑是其中最为耀眼的星辰。这位出身贫寒、家世无光的平民之子，是如何在缺乏资金、文化有限的情况下，一步步逆袭成为明朝的开国皇帝的？他的故事，是否正是对"王侯将相宁有种乎"最生动的诠释？朱元璋的一生，是从乞丐到皇帝的传奇之旅，他是如何在苦难中磨砺意志，最终成就一番霸业的？这背后，又隐藏着多少不为人知的艰辛与智慧？

朱姓起源

据传，朱姓本姓邾。那么这个"邾"字的耳朵旁是怎么去掉的呢？"邾"字是什么含义？邾姓又是怎么来的？邾氏的根源又在哪里？这些问题的答案可能会让人们吓一大跳：朱姓的前身——邾姓的"邾"字，竟然是指一种大蜘蛛。在甲骨文和西周、春秋战国时期的铜器铭文中，邾"字都是蜘蛛的形状。所以有一种说法是朱姓的起源与远古时期崇拜蜘蛛的氏族有关。

黄帝的后裔颛顼一脉绵延不绝，其玄孙陆终育有六子，其中五子安得大禹亲赐曹姓，荣耀加身。时至西周武王，安之后裔曹侠受封于邾国，疆土横跨今山东临沂费县、邹城、滕州、济宁金乡等地，都城屹立于曲阜之东南的陬村，其后裔感念故国，遂以邾为姓，世代传承。然世事变迁，公元前614年，邾文公迁都绎地，即今山东邹县东南的纪王城。而至战国中叶，邾国不幸为楚国所并，贵族四散，心中不忘故土，遂去"阝"旁，改姓为朱。曹侠，亦即朱侠，由此成为朱姓一族的太始祖，正如《元和姓纂》所载："朱，颛顼之后，周封曹侠于邾，为楚所灭，子孙去邑以为氏。"

有这么一段鲜为人知的秘辛：在邾国兴起之前，山东半岛上已有一个以蜘蛛为图腾的古老部落繁衍生息。邾国建立后，曹侠不仅接纳了这一图腾，更将蜘蛛的旺盛生命力与繁殖能力视为部落昌盛的象征。故而有说法认为，"朱"之名，或源自当地特有的红蜘蛛，古称"鼋"。其形象深入族人之心，遂成朱人，后加"虫"旁成"蛛"，以示尊崇。

朱姓的"朱"，源于一种心为红色的树——赤心木。古书《说文解字》载："朱，赤心木，松柏属。"随着时间推移，"朱"渐成红色的代称，源自其树心之红，寓意深远。

古籍里头提到的第一位朱姓人物，是伏羲和神农那时候的古天子朱襄氏。《辞源》这本书把朱襄氏跟炎帝画了等号。朱襄氏，那可是上古的"古帝",跟三皇齐名的大人物。

据说,朱襄氏可了不得,他发明了五弦瑟,还懂天文地理,调和阴阳,教大伙儿种庄稼,是中原农业的老祖宗;更厉害的是,他还创造了"六书",是古汉语构字法的祖师爷之一。

那时候,还有个名叫"朱襄氏"的部落,他们把赤心木当宝贝,画成图腾,慢慢就形成了最早的朱氏家族。书上说,朱襄氏的首都就建在朱这个地方,有时候也叫"株"。《后汉书》里头还提到,古时候陈国那地方,就是现在河南淮阳附近,那里有个地方叫"株邑",可能就是朱襄氏的老家。而且,淮阳东北的柘城县,还有座朱襄氏墓,传说是朱襄氏的安息之地,非常久远。

朱姓名人

朱姓自立姓以来,世有贤达,英才辈出。朱姓帝王有后梁太祖朱温,唐中期叛唐自立为帝的朱泚,明朝开国皇帝朱元璋,颇有成就的明成祖朱棣,无力回天的亡国之君朱由检等。

从放牛娃到大明王朝的开创者,他是怎么做到的

说到朱姓名人,首先让人想到的就是以平民身份逆袭成帝王的明朝开国皇帝朱元璋。话说朱元璋,一没家世背景,祖宗八代都是农民;二没起始资金,连一天三餐都成问题;三没文化,没有上过几天学。他却从乞丐做到了皇帝。可以说他一生始于苦难,却终于帝位。

最初的朱元璋只是一名没有田地的贫农,后来投身皇觉寺当和尚度日。再后来为了能活下去,他只好当乞丐,25 岁以前,最大的资产就是一个讨饭的碗。

按照正常人的人生轨迹,朱元璋这辈子也就这样了,谁知道 25 岁以后,

下篇：我们的姓氏，原来还可以这么有趣

朱元璋的人生仿佛开了挂一样。从社会最底层到开创新的王朝，只用了 15 年，而曹操光统一北方就用了 17 年。

翻遍史书，都没有任何一个开国皇帝，会有如此大的人生变化。在整个元末期间，起义军的数量多达十几支。而朱元璋率领的红巾军，也只能算中流。即使到了后期发展壮大，还有一个陈友谅虎视眈眈。

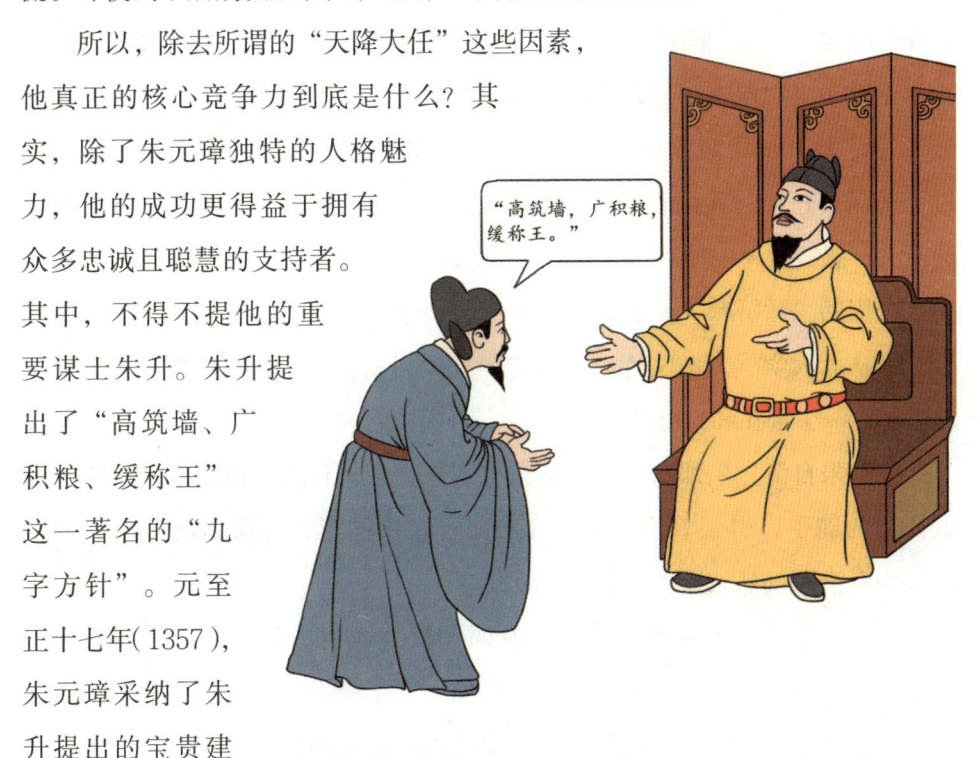

所以，除去所谓的"天降大任"这些因素，他真正的核心竞争力到底是什么？其实，除了朱元璋独特的人格魅力，他的成功更得益于拥有众多忠诚且聪慧的支持者。其中，不得不提他的重要谋士朱升。朱升提出了"高筑墙、广积粮、缓称王"这一著名的"九字方针"。元至正十七年（1357），朱元璋采纳了朱升提出的宝贵建议，将其作为建立大明王朝的核心行动纲领。为了进一步增强自己的智囊团，他在应天设立了礼贤馆，广泛招揽地主阶级的知识分子，借助他们的政治智慧与谋略来夺取天下。他的这一"知识分子政策"为自己的统一天下之路提供了助力。

"高筑墙，广积粮，缓称王。"

经过精的心策划与筹备，朱元璋成功建立了一支实力强大的军队。随后，他决心逐鹿中原，与天下英雄一决高下。在关键的鄱阳湖之役中，朱元璋击败了陈友谅，从而控制了长江中下游的广阔地区。

终于，在 1368 年正月，朱元璋在应天（今南京）登基称帝，定国号为大明，年号洪武，朱元璋也成为后来著名的明太祖。仅仅数月后，即1368年7月，明军攻陷了大都，宣告了元朝的灭亡。

朱自清：宁愿饿死也不吃美国救济粮

"燕子去了，有再来的时候；杨柳枯了，有再青的时候；桃花谢了，有再开的时候。但是，聪明的，你告诉我，我们的日子为什么一去不复返呢？"

无论是小学课本，还是中学课本，我们都能在其中找到朱自清的作品。透过《背影》，我们读懂父爱；透过《匆匆》，我们感悟时光的流逝；透过《荷塘月色》，我们看到了诗人的寂寞。郁达夫曾这样评价他："朱自清的散文，能够贮满一种诗意。"毛泽东则说："朱自清一身重病，宁可饿死，不领美国的'救济粮'，我们应当写朱自清颂，他表现了我们民族的英雄气概。"从北大学子到散文诗人，从清华教授到民主战士，这位备受赞誉的民国大师，一生都在和自己战斗。

细品朱自清先生那跌宕起伏的人生轨迹，不禁让人感慨：人的性情，恰似命运的舵手，引领着各自的生命航向。在中国近代那段风起云涌的岁月里，朱自清不仅是见证者，也是亲历者。

抗日战争的风暴席卷全国，民众对国民党政府的信任如风中残烛，渐行渐灭。朱自清先生挺身而出，以笔代枪，字字铿锵，撰写出一篇篇直指反动政府、激励民众坚持抗战的檄文。他矢志不渝地传播着民主之光、独立之志、解放之愿，成为那个时代的一股清流。

然而，正是这份坚持与勇气，让他成为国民党政府眼中的"眼中钉"，他的名字赫然出现在暗杀的黑名单之上。当友人将这一消息悄然告知时，妻子陈竹隐满心忧虑，苦口婆心地劝他行事需更加小心谨慎。但朱自清先生却如磐石般坚定，不为所动。他深知自己的使命与信念，毅然决然地跟随学校南迁，投身于爱国民主运动的滚滚洪流之中，引领着学生们勇往直前。

在李公朴、闻一多等先烈的追悼会上，作为被国民党列为暗杀目标的朱自清，不仅出席了大会，还发表了慷慨激昂的演说，他的言辞深深打动了在场的每一个人，让人不禁潸然泪下。

1948年，国内革命战争进入了最为艰难的阶段，而朱自清依旧以满腔的热血投身于反内战的斗争中。但此时，他的身体已经不堪重负，50岁的他看起来已是风烛残年，生命之火似乎即将熄灭。尽管医生和妻子都劝他好好休息，不要过度操劳，但朱自清深知自己的时日无多，依然选择忘我地工作。

那年，国民党政府强推法币政策，物价犹如脱缰野马，飙升不止，百姓生活得苦不堪言，挣扎于水深火热之中。为了拉拢那些在社会上有影响力的知识分子，政府抛出了一个看似诱人的"橄榄枝"——凭特制配给证，能以极低的价格购得美国"援助"的面粉。

面对这突如其来的"糖衣炮弹"，朱自清先生展现出了令人钦佩的骨气与坚持，他毫不犹豫地拒绝了这份来自国民党政府的"好意"。尽管家中尚有八个嗷嗷待哺的稚子，需他肩扛重担；尽管他自己已饱受胃病折磨，身体每况愈下，几乎到了无法忽视的地步，但他毅然决然地选择了拒绝。

胃穿孔的剧痛如潮水般汹涌而来，将朱自清先生卷入了无尽的黑暗与昏迷之中。然而，在生命之火即将熄灭的最后一刻，他仍念念不忘自己的信念与坚持，向妻子留下了一段掷地有声的遗言："我曾在那拒绝协议书上郑重签字，表明我决不食那美援面粉之心志。你们亦当如此，不能让外国人轻看了我们中国人的骨气与尊严！"

1948年8月12日，年仅50岁的朱自清，在病痛与贫困的折磨下，于北京黯然离世。他离世时，身体瘦弱得不足40公斤，他的妻子整理遗物时，在他的钱包中发现了整齐叠放着的6万元法币。因国民党政府经济崩溃，这钱在当时连一张烧饼都买不到。清华园第一次为一名教师去世降下半旗志哀，梅贻琦校长致辞时，更是悲恸得说不出话。

明朝16位皇帝，为何只有十三陵

明朝自朱元璋在应天称帝以来，传到明思宗朱由检，一共历经了16位皇帝，277年的历史。但是今天北京著名景点明十三陵却只埋藏了13位皇帝，这又是为什么呢？

明朝的第一任皇帝——明太祖朱元璋，并未葬入明十三陵。原因在于：明朝初期定都于应天府，因此，朱元璋驾崩后，便安葬在了南京的紫金山上，即明孝陵。这座陵墓如今已成为全国知名的旅游景点，也是南京的文化象征之一。

而建文帝朱允炆，作为开国皇帝朱元璋之孙，承继了因父亲早逝而遗留下的皇位，却不幸遭遇了叔辈们因削藩而起的强烈反弹，最终引发了燕王朱棣的叛乱风暴。历经4年的靖难烽火，朱允炆的下落成谜，其陵寝之事亦随之湮没于历史尘埃之中。

朱棣，这位从叛乱中崛起的帝王，登基后自称为明成祖，并决定将国都北迁，定都北京，以彰显其雄图伟业。他的陵墓坐落于北京市昌平区的天寿山之巅，长陵巍峨，成为明十三陵辉煌篇章的序章。此后的明朝皇帝，多遵循此例，将陵寝选址于天寿山。直至明朝末年，共计13位帝王安息于此，共铸了明十三陵的壮丽景观。

然而，在这庄严的皇家陵寝序列中，明代宗朱祁钰却是个独特的存在。他的命运多舛，生前虽曾登基为帝，但晚年却遭兄长朱祁镇复辟，被废黜后更被贬为郕王，如此境遇，自然无缘葬入皇陵。他最初被以亲王规格安葬于北京市海淀区玉泉山，其陵墓低调而孤寂。然而，历史总有转机，当明宪宗即位后，念及亲情，为朱祁钰恢复了皇帝尊号，昔日的代宗王陵也随之升格，扩展为皇家陵园，即今日所见的景泰陵。

第二十三章
胡姓：周武王姬发的女婿胡公满为陈、胡两姓共祖

胡姓是中国大姓之一，人口超过 1600 万，约占全国总人口的 1.16%，按人口数量排列居第 15 位。在唐宋之际，胡姓已经在长江流域地区形成了优势。清朝时期，胡姓族人进入台湾。

作为中国大姓之一，胡姓何以在历史的风云变幻中屹立不倒，成为全国第十五大姓氏？胡姓的源头，可追溯到那位被周武王赐封的陈国国君胡公满。而在这漫长的历史征途中，胡姓名人辈出。从明代的胡大海、胡惟庸到清代的胡雪岩、胡林翼，他们各自在政坛、商界留下了怎样的传奇故事？

值得一提的是，红顶商人胡雪岩，这位从徽州走出的商业巨擘，他的成功与陨落为何如此令人唏嘘？在他生命的最后一刻，为何会留下"胡李不通婚"的遗言？这背后，是否隐藏着一段未了的恩怨情仇，或是暗含着对后世子孙的某种警示与期许？

让我们一同翻开胡姓的辉煌篇章，探寻那些隐藏在历史尘埃中的秘密，感受胡姓族人的智慧与勇气。

胡姓起源

在古籍《左传》和《元和姓纂》中，我们找到了胡姓起源的线索。原来，胡姓的始祖是一位了不起的人物——胡公满，他生活在3000多年前的周朝，被周武王赐予了陈国的封地。胡公满，本名妫满，他的谥号是"胡公"，因为他后来成了陈国的国君，所以人们也称他为"陈胡公"。而胡这个姓氏，就是他的子孙根据他的谥号取的。

说到胡公满，就不得不提他的父亲遏父，或者叫阏父。他可是舜帝的第32代传人，非常了不起。在周朝初期，遏父担任了一个非常重要的官职——陶正，专门负责陶器的制作和管理。他手艺高超，管理有方，制作出的陶器既美观又实用，深受人们的喜爱。周武王看到他的才华和贡献，不仅奖励了他，还把自己的大女儿大姬嫁给了他的儿子妫满，并且把陈国这块宝地封给了妫满，让他做那里的国君。

《左传》和《史记》这些史书都记录了这段历史。《左传》里说，遏父因为制作陶器有功，加上他是圣贤舜帝的后代，所以周武王特别看重他，把自己的女儿嫁给了他的儿

子,还把陈国封给了他们,以此来表示对他们的尊重和信任。《史记》里也有类似的记载,说周武王灭了商朝后,特意去寻找舜帝的后代,找到了妫满,就把他封在了陈国,让他继续祭祀舜帝。

胡公满继承了他父亲制陶的技艺,并且发扬光大。他创办了官窑,专门制作精美的黑陶。这些黑陶成了周朝上层社会的奢侈品,只有身份尊贵的人才能享用。在河南淮阳的一个龙山文化古城遗址里,考古学家们发现了陶窑的旧址,还出土了很多黑陶文物。这些文物被专家们称为"中华文明原始文化的瑰宝",轰动海内外。

人们通常会把"胡"字说成"古月胡"。有一种胡氏家谱说,妫满得封时,他的妻子大姬在十口井里都见到了月亮。所以就有了"古月胡"这一说法。

"胡"字象征长寿

关于胡姓的传奇,还有更多鲜为人知的故事。据传,妫满活了50多岁,甚至更久。在那个医学尚不发达的年代,这样的寿命已属难得,因此他被尊称为"胡公",而"胡公满"的谥号,实则是对他长寿的颂扬。在《说文解字》中,"胡"被解释为成年牛颔下那块松弛下垂的肉,象征着岁月的累积与成熟,如同《诗经》中描绘的老狼,胡须拖地,步履蹒跚,皆是岁月留下的痕迹。

但胡姓的渊源并非仅此一端。历史记载中,胡姓还有一个重要来源——以国为姓。春秋时期,有一个名为"归胡国"的小国,坐落在今天的安徽阜阳附近,它是西周初期分封给归姓贵族的领地。归姓的源头可追溯至尧舜时期的后夔,他们的部落原本居住在河南商丘,后因种种原因迁徙四方。其中一部分人在中原建立了归胡国,而另一部分则继续南迁,在汝阴一带建立了纷胡国。这两个国家虽名不同,却共饮颍河水,有着不解之缘。

然而,好景不长,春秋末年,归胡国与纷胡国相继被强大的楚国吞并。国家的覆灭,却意外地催生了一个新的姓氏——胡。归胡、纷胡的国王及贵族后裔，为了纪念故国，纷纷以国名为姓，从此，胡姓的家族中又增添了一支新的血脉。值得一提的是，"归"与"妫"二字在古代读音相近，常被通用，因此，这支以国为姓的胡氏，实则也是陈胡公妫满的后裔。

综上所述，无论是因谥得姓，还是以国为氏，胡姓的根源都深深扎在河南的土壤之中。妫满作为胡姓的始祖，其智慧与贡献，至今仍被后人铭记与传颂。

祖先妫满，葬于淮阳龙湖中

> 传闻铁墓柳湖中，满目烟光失旧踪。
> 千载暗留悬磐石，一泓冷浸若堂封。

在淮阳龙湖的东南角，南坛湖畔边，隐藏着一座古老的墓陈胡公墓，人们更亲切地称之为"胡公铁墓"。这座墓的主人，便是胡姓的始祖——陈胡公妫满。他去世后，遵循着周朝独特的墓葬习俗，即"墓而不坟"，意味着地面不立坟丘，而是将墓室巧妙地建在龙湖那被誉为"龙脉汇聚""星辰指引"的深水之中。

关于这座墓，流传着这样一句赞美："巧铸铁棺藏水底，光留玉叶照人间。"这是明朝的一位进士王良臣，对胡公墓墓室的精巧设计与不朽精神的由衷赞叹。到了清朝顺治年间，《陈州府志》中也明确记载："世传其墓用铁铸成，在濠内，今人谓西北角台下。"这便是"陈胡公铁墓"这一俗称的由来。

想象一下，千年时光流转，湖面波光粼粼，烟雾缭绕间，胡公的铁墓静静地躺在龙湖深处，仿佛一位智者，默默守护着这片土地，也见证着世事的沧桑巨变。而那铁棺之下，不仅埋葬着一位古代圣贤的遗骨，更承载着胡氏家族无尽的荣耀与记忆。

胡姓名人

胡家自古以来星光熠熠，人才济济。

东汉时期的胡广，字伯始，是个官场老将，历经六朝，从地方官一路做到三公高位。即便朝局动荡，他也能稳坐钓鱼台，但也因此被贴上"中庸"的标签，民间流传着"万事不理问伯始，天下中庸有胡公"的俗语。到了北魏，有位胡太后，来自安定临泾，她在孝明帝时期临朝掌权，做决策时雷厉风行，展现了女性不凡的政治智慧。

唐代诗坛，胡曾以《咏史诗》闻名。他用通俗易懂、明快流畅的笔触，评述历史人物与故事，这些诗作常被后世讲史小说引用，流传甚广。

宋辽金元时期，胡氏家族迎来了空前的繁荣。江西的一支胡姓迁往安徽；而江苏晋陵的胡家更是代代出英才，如胡宿及其后代，均为朝廷重臣。浙江宁海的胡三省，是《资治通鉴》的权威注解者；安徽绩溪的胡仔，著有《苕溪渔隐丛话》；江苏如皋的胡瑗，是教育界的泰斗；福建崇安的胡定国，则是理学与教育界的双料大家。还有江西吉安的胡铨，他勇于上书请求处斩奸臣秦桧，其刚直之声震撼朝野。此外，胡姓人在河南、山东、河北等地也广泛分布，繁衍生息。

进入明清，胡姓人的足迹遍布更广。明代有胡大海、胡惟庸、胡宗宪等名震一时的人物；清代则涌现了胡雪岩这样的商业巨擘，以及胡震亨、胡应麟等文化名人，胡林翼等军政重臣，还有南洋华侨企业家胡文虎。

胡姓人移居台湾的故事，最早可追溯到17世纪初，胡靖作为郑成功的部将，从福建渡海到台湾，开启了胡家在台湾的屯垦新篇章。随后，越来越多的胡姓人从福建、广东等地迁入台湾，他们在台湾南部扎根，为当地发展贡献力量。特别是清代，胡姓人不仅开垦土地，还建设村落、学校，成为台湾社会不可或缺的一部分。

值得一提的是，自清代以来，不少胡姓人士还远赴海外，寻求新的发展机遇。他们的足迹遍布东南亚、欧洲、美洲和非洲,为胡姓家族在世界范围内的繁荣昌盛奠定了坚实基础。

❀ 红顶商人胡雪岩临终遗言:胡李不通婚

清道光三年(1823)出生于安徽的胡雪岩,是晚清著名的红顶商人、徽商代表人物。

胡雪岩依靠自己的双手和经商头脑获取了自己从商的第一桶金之后,没过多久又入朝为官,最后一步一步积累财富,成了晚清的首富。纵观胡雪岩的从商经历,可谓传奇。

他以生丝为主要商品,从杭州、上海等地收购,然后运往北京、天津等地销售,赚取巨额利润。然而,胡雪岩并不满足于此,他深知在封建社会,商人的地位虽低,但若能与官府建立联系,便能更好地保护自己的利益。于是,他决定踏入政坛,利用自己的财富和智慧,为自己争取更大的舞台。

那时,正值太平天国风起云涌,南京沦陷,苏浙地区一片混乱。朝廷派出了左宗棠这位铁腕将军,领兵镇压。左宗棠虽英勇善战,但军需物资却成了他的一大难题。为了筹集军费,他不得不依赖外债和海关税收的抵押,这让他在民间声誉受损,也让他倍感压力。

就在这紧要关头,胡雪岩主动找到了左宗棠。他站在左宗棠面前,目光坚定地说:"左大人,我愿倾尽所有,为大军提供所需物资,助您早日成功!"左宗棠闻言,心中大为感动,他紧紧握住胡雪岩的手,感慨道:"胡兄此举,实乃雪中送炭!你我二人,定能共创辉煌!"

从此,胡雪岩与左宗棠结下了不解之缘。胡雪岩利用自己的商业网络,为左宗棠筹集了大量军需物资,而左宗棠则利用自己的政治影响力,为胡雪岩的生意保驾护航。两人的合作日益紧密,共同经历了无数风风雨雨,也见证了彼此的辉煌与低谷。

然而,好景不长。随着清朝政治局势的日益复杂,同为晚清重臣的李鸿章与左宗棠之间的政见分歧日益加剧。李鸿章主张加强海防力量以抵御外敌入侵，而左宗棠则坚持认为塞防同样重要，不能忽视。两人各执一词，互不相让。而国库空虚的现实更是让两人之间的矛盾愈发激化。

而李鸿章意识到，左宗棠之所以能够百战百胜，就是因为他的背后有胡雪岩这个"钱袋子"，于是便提出了"倒左先倒胡"的口号。在李鸿章的暗中运作之下，慈禧太后下发谕旨，将胡雪岩革职查办，并且查封他的所有资产。所以，成为晚清政治斗争牺牲品的胡雪岩晚年过得十分拮据。清光绪十一年（1885），胡雪岩在无尽的苦闷与不甘中走完了他传奇的一生。临终前，他拉着家人的手，语重心长地说："我这一生虽风光无限，但终究还是成了政治斗争的牺牲品。我死后，你们定要记住一句话'胡李不通婚'。"胡雪岩认为，正是李鸿章利用政府的权力，使自己落到了无比凄凉的地步，所以叮嘱子孙后代"胡李永不通婚"。

据说这种现象在胡雪岩的老家——安徽绩溪一带一直保留着，也不知道是真是假？

胡雪岩的故事就这样落幕了，但他留给后人的却是一个又一个深刻的教训和一段段令人回味无穷的传奇经历。

第二十四章
林姓：商朝名臣比干的后代为何姓林

林姓是中国人口较多的姓氏之一，为当今中国第十六大姓，人口超过1500万，占汉族人口的1.13%。其广泛分布于全国各地，其中福建、广东、台湾、浙江、广西、四川等地林姓人口较多。福建省林姓人口约472万，占全省总人口14.8%，林是福建省第一大姓。同时，林姓是台湾的第二大姓，有"陈林半天下"之说。林姓在台湾主要分布在台北、台南两地。

当我们追溯林姓的源头，一个跨越千年的故事悄然浮现：商朝末年，风云变幻，忠臣比干的名字至今仍让人肃然起敬。然而，你可曾想过，这位名臣的后代，为何会舍弃显赫的姬姓，转而以"林"为姓？是命运的安排，还是历史的巧合？这背后，是怎样的惊心动魄？是商朝覆灭的动荡，还是武王恩泽的庇佑？

从元世祖的加封"天妃"，到澎湖天妃宫的庄严矗立；从清朝康熙皇帝的敕封"天上圣母"，再到天后宫的香火鼎盛，妈祖的信仰穿越了时空的界限，深深植根于民间。妈祖的传奇与林姓家族之间，又有着怎样的不解之缘？是家族的荣耀滋养了这位女神的传奇，还是妈祖的信仰为林姓家族增添了更多的光辉？这一切的疑问，我们都将在本章中一一探讨。

林姓起源

"林"字由两个"木"字组成,是会意字,表示树木丛生。有树,有木,林有了繁茂之感。以林为姓,像极了林木枝叶茂盛的样子,郁郁葱葱,焕发着蓬勃生机。

可惜,林姓的得姓始祖林坚,出生和生活在林间的时候,是没有任何愉悦感的,有的只是恐惧和慌乱。林坚的父亲是商朝贵族比干。《路史》记载:"殷比干子避难长林之山,因氏焉。"《元和姓纂》也说:"林,殷太丁之子比干之后。比干为纣所灭,其子坚逃难长林之山,遂姓林氏。"比干,是商帝太子丁的儿子,商纣王的叔父。纣王荒淫无道,"傲然酒池肉林之间",长兄微子多次劝谏,却没有任何效果,无奈之下,愤然出走。纣王叔父箕子极力劝谏,却被纣王关了起来。面对拒谏饰非、群臣不附、国势日下的现状,比干认为:"见君主有过错而不去劝谏,是不忠;怕死不敢说,是不勇。国君有过错就要劝谏,国君不听劝谏,自己就去死,这是对君主最忠的表现。"于是,他冒着被杀头的危险,连续3天进宫劝说纣王,希望他能改过自新。纣王非但不领会比干的良苦用心,反而恼羞成怒,下令如若有人敢再犯颜直谏,一律斩首。可比干把自己的生死置之度外,继续劝说纣王。纣王暴跳如雷,喝问比干道:"朕已下令,有言朕者,一律斩首。难道你不怕死吗?"比干凛然答道:"我的举动尽合大义,何惧死耳!"纣王大怒,说:"朕听说圣人之心有七窍,你以圣人自居,那就让朕看看你的心是否有七窍!"说罢便让人当庭剖开比干的胸取心,一代名臣就这样惨死在暴君手下。

比干被杀的噩耗传到家中,身怀六甲的夫人陈氏知道纣王一定会来追杀,便连夜出逃,在牧野(今河南淇县西南)郊外树林的石室中隐藏,直到平安地将孩子生下。母亲不敢让他随父姓,便为他取名坚,字长恩。此后不久,纣王被周武王杀掉,商朝灭亡,比干夫人及遗腹子坚都作为商朝名臣之后得到了武王的礼遇。武王认为坚生于树林之中，特赐姓为林。由此可见，林姓起源于河南，始祖是比干之子林坚。

林姓起源还有第二种说法，即林姓出自姬姓，为周平王之后。《通志·氏族略》记载："林氏，姬姓，周平王庶子林开之后。"据《元和姓纂》记载，周人的祖先后稷是黄帝之曾孙帝喾的儿子，姓姬。传说后稷的母亲姜嫄，是帝喾的原配皇后，有一次她到野外出游，见到了巨人的足迹而心生喜悦，就踩踏这些足迹，而后身动如怀孕一般，不久就生下了一个男孩。这孩子就是后来的后稷。后稷长大后出任尧的农官，教民稼穑，被后人尊为"神农"，赐姓姬，成为周族的先祖。

周族人一路搬家，到了古公亶父这一代，在陕西岐山县的周原安了家，开始自称"周国"。那时候，他们是商朝的臣子。可后来，公元前771年，犬戎这帮家伙把周幽王给杀了，西周就这么完了。

第二年，申侯等人把周幽王的儿子宜臼推上了王位，这就是周平王。周平王在秦国的帮助下，把都城从原来的地方搬到了洛邑，也就是现在的河南洛阳。这时候的周朝，也称"东周"。

周平王有个儿子，名叫开，字林。后来，开的子孙们为了纪念他，就把他的字"林"当作了自己的姓。因为周平王是在洛阳建的都城，所以这一支的林姓人家，他们的根就在河南。

林姓名人

晋朝名臣、将军林禄，是殷商比干第46代孙。东晋初年，林禄被封为黄门侍郎，奉命出守今福建省福州一带。他携带家族南迁，平反叛乱，鼓励农桑，提倡儒学，他是把林姓从北方带到南方的第一人，被尊为林姓的开闽始祖。他的后代就居住在福州晋安，繁衍生息，逐渐演化为"晋安世系"，也称"闽林晋安世系"。

晋安林氏传至林茂一代，由晋安迁居莆田北螺村。至唐开元间，逐渐形成阙下林、九牧林和游洋林。其中，最有名气的就是九牧林，其繁衍之广、人才之多，堪称中华姓氏一大望族。九牧林的开派始祖是林披，曾为唐天宝间太子詹事，这一职务为古代二品官员，主要掌管太子宫中事务。

林披生九子：苇、藻、著、荐、晔、蕴、蒙、迈、蔇，这兄弟九人都出类拔萃，官居州刺史，因此就有了"唐九牧林"的称号。

从民女到"女神"，封号长达64字的传奇女子林默娘

值得一提的是，林披的第六子林蕴，官至礼部员外郎，他的七世孙女林默，就是我们熟悉的海神妈祖。"你可知Macao，不是我真姓？我离开你太久了，母亲！……"1999年，澳门回归前夕，这首歌火遍了全国。那时候，好多北方的朋友才恍然大悟，"Macao"原来跟"妈祖"是同一个意思。在南方，妈祖是大海的保护神，好多人信她，香火旺得不得了，都传了好几千年。

说起妈祖，她可不简单，传说她能呼风唤雨，救苦救难，简直就是活菩萨下凡。朝廷也特别看重她，给了她好多封号，加起来有64个字那么长，厉害吧！她是国家正式祭祀的唯一"女神"，而且其庙宇遍布海内外，全球一共有5000多座。

相传宋朝建隆年间，福建省莆田县湄洲岛上，有个小姑娘名叫林默。林默从诞生到满月，从未啼哭过，父亲就为她取名"默"，昵称"默娘"。她

生性聪明伶俐，淳朴善良，从小随家人过海上生活，练就了一身好本领。她精通水性，熟悉港湾礁石地形，掌握潮水风浪情况。每遇海上有风暴险情，她就单身驾小舟勇闯海面，引导遇险的船只到安稳的地带避难，等风平浪静后，又引导船只回到原来的航线，长年累月保护来往船只的安全。因此，渔民对她都十分感激和尊敬。加上她精通草药，能为百姓治病，为人孝敬父母，和睦邻里，故人称她为"神姑"。不料在一次搭渡前往县城时，风云突变，大风大浪打翻渡船。她配合大道公，和海水搏斗，将乘客救起。查点以后，她发现尚少一人，于是不顾自己已经精疲力尽，又扑通一声，再跳下海寻找。谁知游呀游，找呀找，一浪盖过一浪，一个旋涡卷过一个旋涡，最后，她一去不回了。大家从天黑找到天亮，再也找不到这位可敬的湄洲姑娘了。

为了感激她、纪念她，人们就为她建祠塑像，称她为"通灵圣女"。宋宣和年间，皇帝敕封她为"护航妈祖海神"，莆田人称她为"湄洲妈"。从此以后，海上每只船上都有一尊妈祖神像雕塑，或一个妈祖牌位，连世界各国的海轮，凡有中国海员的，也都供奉妈祖以表纪念。象征着船上有妈祖护航，寄托顺风平安的希望。

元世祖时期，妈祖被尊崇地加封为"天妃"。朝廷特别下令建造天妃宫，其中澎湖的天妃宫便是这一时期的杰作。及至清朝康熙年间，妈祖的封号进一步升级为"天上圣母"。随之，原有的天妃宫也更名为"天后宫"，彰显其至高无上的地位。清咸丰七年（1857），文宗皇帝更是以长达64字的封号——"护国庇民妙灵昭应宏仁普济福佑群生诚感咸孚显神赞顺垂慈笃祜安澜利运泽覃海宇恬波宣惠道流衍庆靖洋锡祉恩周德溥卫漕保泰振武绥疆天后之神"来加封妈祖。作为国家祭祀体系中独一无二的女性神灵，妈祖所承载的精神力量由此可见一斑。

300多年前，莆田一带的先民们追随郑成功将军东征台湾，他们不仅带去了英勇与决心，还特意将湄洲岛的妈祖神像一同护送至彼岸。传说中，在鹿耳门海战中，妈祖显灵，使得潮水异常高涨，助力郑军战船顺利入港，大败敌军，成功收复台湾。这一神迹让人们对妈祖的信仰更加坚定，次年即在鹿耳门及港北线尾岛大兴土木，建造了第一座官方认证的圣母庙。

此后，湄洲的和尚树璧，从妈祖的故乡朝天阁恭请妈祖神像及香火渡海至台湾。在北港登陆后，深受当地闽南移民的敬仰与挽留，于是就地建庙供奉，命名为"朝天宫"，此庙也被台湾民众视为妈祖信仰的正统之源。随着时间的推移，妈祖的庙宇在台湾各地如雨后春笋般涌现，无论是天妃宫还是天后宫，每逢农历三月二十三妈祖诞辰之际，都会举行盛大的谒祖进香活动。

第二十五章
何姓：何韩本一家，
何姓始祖韩厥救"赵氏孤儿"

何姓在当今中国大陆按人口多少排列的中华姓氏中列第17位，约占全国人口的1.07%，总人口在1400万人左右。四川是何姓人口第一大省，四川的何姓人口占据了全国何姓总人口的18%。全国形成了以长江为分水岭，长江以北少何姓、长江以南多何姓的局面。

当我们探寻何姓的源头，是否曾好奇，何姓为何与另一显赫大姓——韩，有着千丝万缕的联系？何与韩，是否真如民间传说的那样，"本是同根生"？

想象一下，在春秋战国的烽火连天中，是谁，以非凡的智勇，不仅拯救了一个即将覆灭的家族，更在历史的长卷上留下了浓墨重彩的一笔？韩厥，这位被后世尊为何姓始祖的英雄，他究竟是如何在"赵氏孤儿"的传奇故事中，以一己之力扭转乾坤？又如何在不经意间，为两个姓氏的交融播下了种子？

再问，韩国贵族韩瑊在秦始皇的严密追查下，又是如何凭借一句"这就是我的姓氏"，以水的寒冷隐喻自身的姓氏，巧妙地躲过了灭顶之灾，让韩姓的智慧与机敏跃然纸上，又为韩姓后人改姓何奠定历史基础？

这一切，是否仅仅是巧合？还是冥冥之中，自有天定？当我们翻开这一章"何韩本一家，何姓始祖韩厥救'赵氏孤儿'"的故事，是否能在字里行间，解开何姓与韩姓之间那段不为人知的渊源？

何姓起源

人们常说,"何韩本是同姓,天下何韩是一家"。《元和姓纂》载:"周成王弟唐叔虞,裔孙韩王安,为秦所灭,子孙分散,江淮间音,以韩为何,遂为何氏。"

何姓始祖韩厥救"赵氏孤儿"积阴德而参与三家分晋

不论是民间传说还是史书记载,都告诉大家:在探索何姓的根源前,咱们得先从韩姓说起。

韩姓的族人们都认为韩武子是他们的老祖宗。这事儿得从西周那时候讲起,大概是公元前1100年左右,周朝灭了商朝,然后就开始大封诸侯国,其中周成王的弟弟就被封到了韩这个地方。

后来,到了周宣王的时候,韩国因为一些原因搬到了韩亭,就是现在山西芮城那一带。但是,韩国因为国家小、实力弱,就被另一个诸侯国晋国给灭了。韩国没了,但是韩国的百姓还在,他们为了纪念自己的国家,就开始用"韩"这个字作为自己的姓氏,一代一代地传了下来。

再后来,晋国出了一个叫韩武子的人,他因为帮助晋武公立了大功,所以又被封回了韩国的老地盘——韩原。这样,韩武子就成了韩姓的得姓始祖。他的后代里还有一个特别厉害的人,叫韩厥,后来做到了晋国的正卿。

不过,在韩厥之前,韩家在春秋时期其实并不怎么出名,没什么特别大的功绩被史书记录下来。

所以,史书上说韩氏"事微国小,春秋无语"。

晋景公继位初期,君权旁落,权臣屠岸贾控制着朝政,晋国的赵氏忠臣是屠岸贾的心腹大患。在公元前597年,也就是晋景公三年的时候,屠岸贾率军在一个名为"下宫"的地方突袭赵氏家族,导致了赵朔、赵同、赵括、赵婴齐等赵氏家族的300多人惨遭杀害。屠岸贾企图彻底灭绝赵氏家族，这件事被称为"下宫之难"。

赵朔的妻子，即庄姬，是晋景公的姑母。当时，她怀有赵朔的遗腹子，为了保全孩子的性命，她逃到了晋景公的宫中藏起来。不久后，庄姬生下一名男婴，取名为赵武，这个孩子在文学作品中通常被称为"赵氏孤儿"。

屠岸贾得知这一消息后，立即派遣亲兵前往宫中搜查。在危机中，庄姬决定将婴儿托付给程婴和公孙杵臼，她自己则选择了自刎，以死明志。

公孙杵臼在协助程婴和赵氏孤儿逃离的过程中，不幸被屠岸贾的亲兵杀死。而程婴和赵氏孤儿则在韩厥将军的暗中保护下，再次逃脱了屠岸贾的追捕。

屠岸贾愤怒不已，他威胁韩厥将军，如果在三日内不能抓捕到赵氏孤儿，他将对全城新出生的男婴进行搜捕，并全部杀死。面对这样的威胁，程婴做出了一个艰难的决定——他将自己的亲生儿子与赵氏孤儿进行调换，牺牲了自己的孩子，从而保全了赵氏孤儿的生命。

20年后的公元前577年，即晋厉公四年，赵武长大成人，入朝担任了司寇的职务。他利用自己的权力和智慧，将屠岸贾以欺君叛乱之罪绳之以法，为赵氏家族和所有因他而死的无辜者讨回了公道。

对此，太史公评论，韩厥让赵氏孤儿赵武继承了赵氏的爵位，因而成全了程婴和公孙杵臼的大义，这是天下少有的阴德。其后，韩厥被提拔为执政大夫兼中军元帅，成为晋国一人之下、万人之上的正卿。随之，韩姓在晋国的势力越来越大，100多年后，功勋平平的韩氏也和魏氏、赵氏一样，参与三家分晋，并做诸侯十几代之久。

公元前453年，韩、赵、魏三家分晋。公元前403年，韩厥的七世孙韩虔（韩景侯）时，周天子正式承认三家为诸侯。战国时期，韩国为七雄之一，但实力较弱。公元前230年，秦灭韩，俘韩王安，尽取其地，置颍川郡（郡治阳翟）。韩国灭亡后，国人以韩为氏。

韩国灭亡后，公子王孙们或躲避仇杀战乱，或耻于亡国之辱，流散外逃。由于当时交通等条件落后，韩国人大多流落到了与韩国邻近的江淮各地（当时的陈、楚境内）。由于这一带"韩"和"何"的发音十分接近，又根据读音把"韩"误写成了"何"，于是，这些原本姓韩的人就变成了何姓人。

韩瑊指"河"为氏，始有何氏

当今学派关于何姓始祖的说法并不一致。不少何姓氏族认同何瑊为始祖，并记录在族谱内。其实，何瑊又称为"韩瑊"。在韩国的末期，韩王安时期的贵族中，有一位名叫韩瑊的公族大夫，他与韩非一同执掌国家政务，共同为韩国的繁荣而努力。然而，随着秦国的强大，韩国最终难逃被灭的命运。韩王安被俘，国家破碎，韩瑊与他的妻子流落到安徽庐江，从此操舟为业，开始了他们颠沛流离的生活。

不久，秦始皇在博浪沙出游时遭遇袭击，为了彻底消除隐患，他下令秦

"这就是我的姓氏。"

吏秘密调查各地居民的姓氏，企图找到可能存在的反秦势力。一天，一名秦吏登上韩瑊的船只，询问他的姓氏。正值寒冬，韩瑊便指着冰冷的江水戏称："这就是我的姓氏。"他巧妙地用寒水来隐喻自己的韩姓，但秦吏并未察觉其中的深意，误以为他姓"河"。因此，韩瑊得以安然无恙。

事后，韩瑊得知秦吏的真实目的，心中惊恐不已。他深感庆幸，认为是上天保佑使他们家幸免于难。他感叹地说："这是何等的幸运啊！若非天意，我们恐怕已经遭受不测。这一切都要归功于'河'字，从此我们就以它的同音字'何'为姓吧。"于是，韩瑊决定在庐江定居，开始了他的新生活。他勤奋耕作，刻苦读书，逐渐使家境变得殷实起来。他的后代子孙在中原地区繁衍生息，并逐渐扩散到全国各地，形成了一支庞大的何氏家族。

何姓名人

何氏在得姓后不久，居住在今安徽阜阳的何瑊之弟何庶生了5个儿子。这5个儿子中，老大何成特别厉害，17岁就被大家推荐为贤良。他先是在汉景帝时期当上了江都王的助手，到了汉武帝时，又成了管理国家粮食的官员——治粟都尉。因为他在陕西咸阳西北的扶风平陵有封地，所以全家就搬到那里去住了。

何成的孙子何比干是个文武双全的人，还跟晁错学《尚书》。他不仅学问好，品行也好，还懂法律。《何氏家传》这本书里就夸他"经明行修，兼通法律"。但在汉武帝时，他因为和一个叫张汤的酷吏意见不合，就被调到河南汝阳当都尉去了。不过，何比干的后代非常兴旺，人丁很多。

河南的何家人也不少，比如汉灵帝的皇后何氏，她就是南阳宛县人。她的哥哥何进先是当郎中，后来一路升官，最后成了大将军，还被封为慎侯，权力可大了。还有河南淮阳的何熙，也是个大官，做到了大司农。

再来说说四川的何姓名人。西汉的时候，四川北部的郫县也有很出名的何姓之人。特别是何武家族，在西汉宣帝时期就已经很有名了。到了东汉，郫县又出现了一个新的何家，非常出名，乃经学世家。其中，何英的学问可大了，什么经书都懂。何英的孙子何汶也是个大学问家，知识非常丰富。

隋唐时，何姓族人开始向福建迁移。唐高宗年间，何嗣韩从光州固始跟随陈元光将军到福建，后来就在那里定居了。唐僖宗时期，又有固始的何家人跟随王潮、王审知兄弟进入福建，他们得到官职和土地。之后，庐江一带的何氏家族也多次迁到福建，再从福建扩展到广东、浙江的沿海地区。

特别的是，从唐朝末年到五代时期，庐江的何旦和他的后代分别迁移到了广东的梅州、潮州和福建的汀州。同时，还有一些何姓分支去了浙江、贵州和云南。

此外，唐朝晚期，四川三台有位聪明、温柔的何姓女子被选入皇宫。她先是服侍寿王李晔，后来李晔成了皇帝，就封她为皇后，这也是唐朝的最后一位皇后，后人都称她为"何皇后"。

帮助郑成功收复台湾的幕后英雄也姓何

宋元时期，何姓人几乎已经遍及全国各地。明清时期，开始向港澳台及海外拓展。据何姓谱牒记载，何姓人迁居台湾大概始于明朝末年的何斌家族。民族英雄郑成功从荷兰殖民者手里收复台湾的故事，可谓家喻户晓、尽人皆知。但是鲜有人知的是，郑成功收复台湾是源于何斌的建议。

这个何斌是什么人呢？让我们来简单了解一下。何斌，福建南安人。他曾经跟随过郑成功的父亲郑芝龙，后来因为一些原因到了台湾。

当时，台湾已经被荷兰殖民者占据，他们也需要一些人帮助管理此地。何斌为人精明，皈依了荷兰人所信的宗教，且学会了荷兰语，因此他得到了荷兰人的信任和重用，被任命为通事。他不仅负责为荷兰人在台湾征税，也负责协调荷兰人和郑成功的关系。

事实上，何斌这次来见郑成功属于秘密出逃。

当时，何斌已陷入财务困境，而这一困境的背后原因竟与郑成功有着紧密的关联。虽然何斌表面上听从荷兰人的指令，但他暗中实则为郑成功效劳。

清顺治十二年（1655）七月，郑成功要求驻台荷兰人发布禁止与马尼拉西班牙人贸易的公告，但荷兰人却选择无视并封锁了这一消息，这一行为引起了郑成功的极大不满。因此，在顺治十三年六月，郑成功决定全面禁止与荷兰人的贸易往来。

起初，荷兰人对此并未给予足够的重视，但随着郑成功的禁令逐渐被严格执行，荷兰人开始感到焦虑。为了缓解这一贸易危机，他们派遣了与郑家有着深厚关系的何斌与郑成功进行谈判。在荷兰人向郑成功支付了一定数量的军事物资作为赔偿后，郑成功最终解除了对荷兰人的贸易禁令。何斌因成功为荷兰人化解危机而赢得了他们的信任。

然而，荷兰人并不知情的是，在这次谈判中，何斌与郑成功私下达成了一个协议：何斌将协助郑成功在台湾的台南地区收税。据资料记载，郑成功每年向何斌支付1.8万两白银作为报酬。

何斌回到台湾后，秘密地为郑成功执行收税任务，直到一年多后才被荷兰人发现。这一行为激怒了荷兰殖民者，他们对何斌实施了严厉的处罚，包括高额的罚款，这最终导致了他的破产。

面对在台湾无法继续立足的困境，何斌开始秘密搜集台湾的各种信息，如荷兰人的兵力部署和台湾海路航道等

资料。在收集到足够的信息后,他假借邀请荷兰殖民者头目和当地酋长参加宴会的名义,趁他们酒醉之际,悄悄登上了自己事先准备好的船只。何斌到了厦门,当即叩见郑成功,献上了关于台湾的海图以及荷兰人的兵力部署等相关情况,并且力谏郑成功进军台湾。何斌说:"台湾沃野千里,是鱼米之乡,拿下之后休养生息,进可攻,退可守。"何斌向郑成功表示,台湾的人民在荷兰的统治下饱受苦难,若郑成功能挥军直指,台湾便可轻易收入囊中。

郑成功听后,仔细端详这张海图,喜出望外。因为郑成功正为收复台湾苦思冥想,尤其是为鹿耳门港道险要,荷兰炮台坚固难攻而苦恼。而今,有了这份地图的指引,又有何斌领航,大军完全可以避开荷兰人的炮台而进入内海。

清顺治十八年(1661)四月初一,何斌引导郑成功的船队,趁着涨潮在鹿耳门登岛成功,迫使荷兰侵略者签字投降。何斌曾为荷兰人做翻译,帮助郑成功收复台湾后,成了郑成功的重要幕僚,其后裔也因此在台湾定居下来,并世代繁衍。

第二十六章
郑姓：烽火戏诸侯唯一出兵救驾的诸侯

郑姓源自姬姓，与周同宗，均为黄帝之后。郑姓是当今较常见的姓氏之一，人口1200余万，约占全国总人口的0.93%，按人口多少排序，为中国第二十一大姓。

当我们揭开郑姓的帷幕，不禁要问：为何郑姓能与周王室同宗，共溯黄帝之源，历经千年而不衰？

又是谁，在周幽王昏庸无道之际，预见到未来的动荡，以非凡的远见卓识，为郑国寻得了一片繁衍生息的乐土？那"虢郐寄孥"的壮举，是否预示着郑氏家族不屈不挠、勇于开拓的精神？而当我们的目光转向闽地，那片在战乱中成为避风港的乐土，为何郑氏族人能在此生根发芽，留下"固始溯源"的印记？

更令人惊叹的是，郑成功如何成为抗荷复台的民族英雄，更在海上丝绸之路的商海中乘风破浪，积累了雄厚经济基础？这背后，是怎样的商业智慧与军事才能的完美融合？

让我们一起走进郑姓的辉煌篇章，探寻那些隐藏在历史尘埃中的秘密，感受那份跨越时空的家族荣耀与不朽传奇。

下篇：我们的姓氏，原来还可以这么有趣

🌱 郑姓起源

让我们把时间回溯到遥远的西周。一日，周宣王心情大好，决定给自己的异母弟弟伯友一份大礼——他把棫林（也就是现在的陕西华县东边）这片富饶之地封给了伯友，还赐了个响亮的国号：郑。伯友就这样成了郑国的第一任国君，人称"郑桓公"。

没想到，到了西周末年，周幽王迷上了褒姒，整天不务正业，搞得人心惶惶。郑桓公看在眼里，急在心里，心想："这天下怕是要乱啊！"于是，他去找太史伯讨主意。太史伯捋了捋胡子，说："东边成周那边，地肥人美，交通便利，小国林立，正是避难的好地方。"

郑桓公一听，眼睛一亮，立马行动起来。他先是送礼送得那些小国国君心花怒放，同意让他把家眷和财产暂时安置在他们的地盘上，这就是有名的"虢郐寄孥"，也叫"桓公寄孥"。虢国在今天的河南荥阳东北，郐国则在河南新密东南，这一安排，让郑家人在乱世中有了个安稳的窝。

郑桓公这招高明，不仅保住了自家，还一步步蚕食了那些小国的地盘。他去世后，儿子掘突继位，这就是郑武公。郑武公趁着护送周平王东迁洛邑的机会，大展拳脚，接连灭了虢、郐两国，还把周边几个小国也收归囊中，建立了新的郑国，就在今天的河南新郑。

郑武公那是真有本事，郑国在他的治理下，成了东周初期数一数二的大国。他儿子郑庄公更是个狠角色，不光军队强大，还总想着往外扩张，连卫、宋、陈这些小国都不放过。他还在周朝当大官，结果权力太大，引起了周平王的不满。为了平衡，周平王让虢公也来插一脚，这下可好，周、郑两家为了信任问题，居然交换了儿子做人质，史称"周郑交质"，这事儿听起来就挺尴尬的。

到了周桓王上台，对郑庄公那是更加不待见，直接撤了他的职，还亲自带着诸侯联军去打郑国，结果被郑国的祝聃一箭射中了肩膀。这场仗打得，周天子的面子算是丢尽了。

郑庄公去世后，郑国内部就开始乱套了，君位争来抢去，国力也就一天不如一天了。终于，公元前375年，韩国趁虚而入，灭了郑国，郑康公也成了阶下囚。而那些郑国的后人，为了纪念自己的国家，纷纷改姓为郑，从此，郑姓便流传了下来。

郑姓名人

郑成功，咱们都知道他是位了不起的民族英雄。他赶走了霸占台湾的荷兰人，不仅收复了台湾，还用心开发，为台湾后来的繁荣昌盛打下了坚实的基础。台湾的老百姓特别感激他，尊称他为"开台圣王"，专门建庙来纪念他，台南中西区那座郑氏家庙，是台湾最早为郑成功建的庙。

这座庙的正殿的名字很讲究，叫"昭格堂"，庙里的对联也很有意思，开头都是"昭"和"格"字。对联写着："昭烈显宗坊，疆开毗舍；格诚兴祖庙，派衍荥阳。"这不仅仅是在夸郑成功在台湾的丰功伟绩，还提到了郑家的根在中原，特别是荥阳那个地方，就在现在的郑州市惠济区古荥镇。

说起来，荥阳这片土地在古时候可不得了，出了好多有名的姓氏和家族，其中郑家是最耀眼的。从西汉开始，郑家就慢慢发达起来。到了东汉末年，郑浑、郑袤、郑默这些人都成了大官，郑家就成了名门望族。后来，郑家的人越来越有出息，当官的像接力赛一样，一代接一代，名声也越来越响亮。

到了北魏时期，荥阳郑家跟范阳卢家、清河崔家、太原王家一起被称为"四大贵族"。那时候，孝文帝还娶了这四个家族的女子当妃子。唐朝时，荥阳郑家达到了最辉煌的时候。据统计，在唐朝，郑家出了9个宰相、6个状元、8个驸马、22个进士、32个朝廷大官，家里当官的人多得数不清，当时对郑氏有这么种说法：上殿"半朝郑"，下殿"满床笏"。

关于石井郑氏家族的来源，崇祯十三年（1640）郑芝龙所作《石井本宗族谱序》曰："我郑自唐光启间入闽，或于三山、于莆、于漳、于潮，是不一处。独我五郎公隐石与二、三懿亲若许、若伍者，茑萝相附、意味投合，遂于杨子山下石井家焉。今武荣山邱垅具在，则隐石公之所自来也。"

上述文献明确说明郑成功家族是唐代光启年间由光州固始入闽的。

西晋末年，与闽地"千家灯火读书夜，万里桑麻商旅途"的升平景象相比，中原则是战乱不断。为了躲避战乱，福州及闽东一带便成了不少中原人徙居的首选目标，闽地人口得以迅速增长。在移居闽地的中原人口中，固始籍人口的数量是相当大的。其中，自然有不少郑氏族人。迁居福建的郑氏后人不忘祖地固始，除了在家谱中记述先祖入闽的事实，还在家族祠堂里体现固始元素，比如：云霄县有个郑家祠堂，对联写着"固始溯源，自是衣冠济济；高塘分派，企看瓜瓞绵绵"；还有安溪县的一个郑家祠堂，对联是"源溯光州固始瞻北斗，流芳奕世梅菊傲山前"。这些都说明了他们的根在光州固始。

从中原移居闽地的郑氏族人，经过1000多年的发展，如今已经扩展至广东、台湾、海南，并漂洋过海，远徙泰国、马来西亚、菲律宾、印度尼西亚、新加坡，甚至欧洲、美洲、澳洲等地。在闽台及东南亚地区，郑氏还是当地人口最多的姓氏之一，因有"陈林半天下，黄郑排满街"之说。

通过上述梳理可以看出，郑成功的先祖无论是西晋末年"八姓入闽"时移居福建，还是随闽国开创者、固始人王审知兄弟入闽，其家族都和中原地区有着密切的渊源关系。

郑成功收复台湾的经济基础

郑成功之所以能打败荷兰人，收复台湾，背后有一个强大的支柱，那就是他出色的海上贸易能力。他不仅是位英勇的将领，还是位精明的海商领袖。郑成功继承了家族在东南沿海的贸易网络，把这生意做得风生水起，每年赚的钱多得惊人，换算成现在，大概有5亿元人民币那么多！

清顺治八年（1651），郑成功刚站稳脚跟，就发现军队伙食成了大问题。他脑筋一转，决定跟日本搞好关系，从那儿买物资，还跟交趾、暹罗、吕宋这些地方做起了买卖，特别是铜和铅这些对军队特别有用的东西。他设立了一个叫作"五商"的官方商人团队，这些人分头行动，有的在京城、苏杭、山东这些地方进货，有的则负责把货卖到日本、琉球，还有东南亚各国。

这"五商"其实是个庞大的组织，分为山和海两路，总共十个部门，管理得井井有条。山路的五商负责从内陆，特别是杭州那边搜罗好东西运到厦门；海路的五商则从厦门出发，把中国的宝贝卖到世界各地。听说郑家最厉害的时候，海路五商每家都有十几艘大船，那场面，壮观得很！

总的来说，郑成功靠着这五商十行，建立起了一套完整的对外贸

易制度，包括商人、采购、库房、贷款、租赁等。这些制度不仅帮助郑成功的军队筹集资金，还让他能在远离大陆的岛屿上长期作战。而且，这个贸易组织除了做生意，还负责收集情报和策反等军事任务。这五商十行就是他情报网的重要部分。

总之，那个时候，郑成功在东南亚国际贸易中占据绝对垄断地位，他的船队远达日本、菲律宾、越南、柬埔寨、泰国、马来西亚、印度尼西亚，贸易额占当时全国对外贸易额的60%以上。据学者估计，郑成功对日本贸易的利润，平均每年约达141万两白银；对东南亚贸易的全部利润额，平均每年在93万到128万两白银之间。两项相加，平均每年234万至269万两白银。如果按1两白银的购买力相当于现在人民币200元计算，则利润额为每年5亿元人民币左右，其数目十分惊人。

郑成功，这位海上霸主，不仅用武力掌控着东南亚的海域，还制定了海上的新秩序。他通过海上贸易赚得盆满钵满，这些钱又成了他强大军队的后盾。郑氏海军的船只装备了从西方学来的大炮和先进武器，比如投掷式火药瓶，战斗力爆表。他们之所以能这么厉害，多亏了跟日本、葡萄牙、西班牙、荷兰这些国家的交流，学到了不少航海和打仗的高招。这样一来，荷兰人想在亚洲继续扩张？门儿都没有！郑成功成了东亚海洋世界的老大。

但郑成功的高明之处，还在于他懂得用经济手段来对付敌人。在动手打荷兰人之前，他已经悄悄地用经济封锁把荷兰人在台湾的买卖给整垮了。

清顺治十三年（1656），郑成功使出了他的大招——经济封锁。他给台湾的那些汉人商人们下了最后通牒：给你们100天时间，只能运台湾的土特产出去，像胡椒、丁香这些外国货，一律不准带，违者严惩不贷！这话一出，荷兰人的贸易体系立马就晃悠了。

没过多久，郑成功就抓了个典型，一艘偷偷带胡椒的船被他截了，船长直接被砍了头，船员们的右手也被剁了。这一狠辣的手段，吓得其他商人纷纷逃离台湾，生怕下一个轮到自己。

接着，郑成功又放话给台湾的汉人和他的手下们，说回来大陆才安全。

荷兰人想拦着这消息，但郑成功的使者早就在澎湖把话传开了。于是，台湾的汉人们开始疯狂抛售手里的外国货，不跟荷兰人玩了，结果东西便宜得跟白送似的，商船也一艘艘地往大陆撤。

这下子，荷兰东印度公司可惨了。没了中国商船的帮忙，台湾的东西运不出去，荷兰人的生意链直接断了。台湾的鹿皮、鹿肉，还有农民们的米和糖，都卖不出去，价格暴跌。很多汉人商人一看没赚头了，干脆收拾东西走人。郑成功的这一招经济封锁，直接把荷兰人在台湾的日子给整得苦不堪言。

面对贸易困境，台湾的一些汉人商家实在扛不住了，只好向郑成功低头，求他开恩，让贸易重新活起来。荷兰那边一看，也急了，派了个叫何斌的通事当特使，跑到厦门跟郑成功谈了两轮。经过一番周折，停了一年的贸易禁令终于松绑了。

可没想到，这何斌后来却惹上了大麻烦。一年半后，有人揭发他私下跟郑成功勾勾搭搭，帮着在台湾收税。这下可好，何斌被抓起来，审了一通，不光丢了通事的饭碗和待遇，连在汉人集体里的长老地位和市民身份都给剥夺了。

被关起来的何斌也没闲着，他偷偷派人去探了探台南鹿耳门那片水道，还画了张详细的台湾地图。后来，他瞅准机会逃出了台湾，直奔厦门找郑成功去了。到了那儿，他大谈特谈台湾的富饶和潜力，力劝郑成功出兵拿下台湾。

郑成功的这一系列操作，真是高招连连。他用经济封锁把荷兰人在台湾的贸易整得半死不活，为后来的军事行动铺好了路。这不仅仅显示了他过人的战略头脑，更体现了他收复台湾、保卫国家领土的坚定决心。

第二十七章
谢姓：从远古炎帝后裔到申伯封邑

谢姓是中国大姓之一，总人口大约有1010万，占全国总人口的0.76%，在当代中国姓氏中，依人口数量排在第23位。

在探寻谢姓历史时，你是否曾想过，是炎帝姜姓部落的哪一脉智慧之光，汇聚成了谢姓这条璀璨的星河？为何申伯的封赏，能开启谢氏家族的序章，让"申伯封而谢氏出"成为千古佳话？谢安那盘未完的棋局背后，究竟隐藏着多少对时局的精准洞察，让他能在战局胶着之际，以一句风轻云淡的"小儿辈大破贼"，展现超凡的自信与从容？

谢姓的迁徙轨迹，为何能跨越千山万水，从中原的沃土到岭南的烟雨，从福建的峻岭到台湾的碧波，每一次迁徙都预示着怎样的历史使命与文化交融？

那些随郑成功远渡重洋的谢氏先驱，面对茫茫大海与未知的未来，心中是否怀揣着对故土的深深眷恋与对新世界的无限憧憬？这一切，都等待着我们去一一探索。

谢姓起源

在学界，很多专家和谢家的后代都认同谢姓是炎帝的后代，这个说法能追溯到西周末年。根据《诗经》里的记载，那时候的周宣王让自己的舅舅申伯从西边迁到河南南阳，建了个南申国。但我们得明白，申伯不是真姓申，申是他的爵位，他本姓姜，根正苗红的炎帝子孙。

想当年，西周厉王在位时，申伯因为有个当皇后的姐姐，所以在朝廷里是个重要人物。但周厉王脾气不好，老搞暴政，结果诸侯们不干了，联合起来把他赶下台。那时候朝廷没了主心骨，幸好有周定公和召穆公两位联手撑着，才勉强维持了十几年。

周厉王去世后，申伯站了出来，联合大家伙儿，把周厉王的儿子姬靖推上了王位，就是后来的周宣王。周宣王年纪小，申伯就担起了舅舅的责任，帮他治国。那时候国内乱糟糟的，外面还有少数民族闹事，申伯是又打仗又治国，忙得不可开交，为周宣王后来中兴周朝立了大功。

到了公元前823年，楚国越来越强大，老是欺负周朝。周宣王为了防着楚国，就决定把申伯这个得力助手派到谢邑（现在的河南南阳一带）去，让他管着原来古谢国的地方，以加强周王朝在南方的防御力量。

公元前688年，楚文王带着大军攻打申国，没多久，申国就被灭了。申国没了以后，申国的子民们为了纪念自己的国家，就决定用"申"这个字来当自己的姓氏，于是就有了申氏。而那些原本住在申国都城谢邑（也有人叫它"申城"）里的申伯的后代，他们有的选择用自己住的地方谢邑来当姓氏，于是也就有了谢氏。这样一来，谢氏这个姓氏就和申国、谢邑这些地方有了不解之缘。

这就是谢姓和申伯、周朝之间的一段重要历史。

《崧高》诗篇用64句259字绘声绘色地详述了申伯封谢的目的、意义和周宣王为其送行的全部过程，同时也展现了申伯当时的显赫地位和历史功绩，而这首长诗也就成了中华谢氏文化的历史源头：

亹亹申伯，王缵之事。于邑于谢，南国是式。
王命召伯，定申伯之宅。登是南邦，世执其功。
王命申伯，式是南邦。因是谢人，以作尔庸。
王命召伯，彻申伯土田。王命傅御，迁其私人。
……

还有种说法是，谢姓起源于黄帝的后代任姓。据说黄帝有 25 个儿子，其中 14 个得到了姓氏，共 12 个姓，任姓就是其中之一。《世本》和《国语》里都提到了这事儿。宋朝人邓名世在书里说，黄帝后代中的任姓分出十族，谢姓就是其中之一。他们建立的谢国在河南唐河、南阳，但夏、商时期不太起眼，到西周晚期被灭了，后代就用"谢"当了姓氏，这是最早的谢姓人。

另外，咱们前面说的姜姓申伯的后代，有些住在谢邑，他们用自己的地方名"谢邑"当姓氏，这样又产生了一批谢姓人，这是第二批。

简单来说，谢姓有两支，一支是黄帝后裔的任姓谢国后代，另一支是姜姓申伯的后裔。

谢姓名人

"旧时王谢堂前燕，飞入寻常百姓家。"唐代刘禹锡的这两句诗，道出了谢姓曾经的鼎盛。

在中国历史上，谢氏最兴盛的时期是三国至南朝的 360 多年间；尤其是东晋时，与王氏长期把持政权，并称望族，因此，"王谢"成为高门世族的代称。谢姓历史名人也大都出在这一时期，而且几乎都是阳夏人。仅东晋至南朝的 270 余年间，彪炳于史册的谢姓人物就有约 60 位，其中既有杰出的政治家、军事家，又有著名的文学家和艺术家。

谢安如何打赢淝水之战

咱们先聊聊淝水之战那位幕后功臣谢安。这场仗，那可是古代打仗里头以少胜多的经典案例之一。公元 383 年，前秦的雄主苻坚，把各族兄弟都拉来，凑了百万大军，浩浩荡荡往南冲，目标直指灭了东晋。可东晋，手里头就八万人马，怎么办呢？

大战前夕，谢安的侄子谢玄急得直打转，跑来问叔叔怎么办。谢安就回了句："放心，朝廷心里有数。"谢玄还是不放心，又托张玄去打听。

张玄到达时，谢安却邀请他一起下围棋，并以一幢房子为赌注。张玄本在棋艺上稍胜谢安一等，但此刻因心系战事，心神不宁，竟败下阵来。谢安赢了房子，跟没事人一样，转手就送人了，接着玩他的，直到夜深人静才悄悄布置作战计划。具体是如何部署的，史书上没有记载，咱也不知道。

随后，便发生了《世说新语》中记载的名场面：捷报穿越烽火连天的战场，轻轻落在宰相谢安的案旁。彼时，他正沉浸于棋局之中，面对这决定性的胜利消息，他神色自若，直至旁人好奇相询，方淡然吐露："小儿辈大破贼。"言简意赅间，尽显对战局胜券在握的自信。

然而，谢玄心中是否真能如止水般平静？《晋书》中的一笔，悄然揭开了这位智者不为人知的心绪：棋局结束，谢安回屋，过门槛时磕断了木屐，他愣是没察觉。这细节，说明他心里头，国家大事的分量，重得能压弯人的脊梁啊！

正如《孙子兵法》所云："多算胜，少算不胜，而况于无算乎？"谢安，这位东晋风雨飘摇之际的舵手,面对千钧一发的国家存亡时刻,他的每一步都凝聚着深思熟虑与对未来的深邃洞察。他的沉稳,并非无动于衷的冷漠,而是胸有成竹后的从容不迫。

我们先从以下几个方面分析淝水之战中东晋的局势,以及谢安的作用。

首先,说说谢安在东晋的威望。谢安这人,简直就是"低调的奢华"。他年轻时不想当官,可朝廷和那些大臣们愣是追着求他出山,这就是"东山再起"的由来。后来,他一出手,名声就噌噌往上涨,成了东晋的"明星"人物。

再聊聊他和皇家的关系。那时候,东晋的皇帝孝武帝还年幼,但后宫有位褚蒜子太后,那可是谢家的亲戚,厉害着呢!她三度掌权,40年来在政坛呼风唤雨,还扶过6个皇帝上位。有她在,谢安做事如鱼得水,两人配合得非常默契。

接下来,说说淝水之战前的那些事儿。这场仗,不是突然冒出来的,东晋和前秦早就杠上了。前秦虽然人多势众,但战斗力嘛,也就那么回事儿。反观东晋,特别是谢玄带的那支北府兵,简直是战斗力爆棚,训练有素,士气冲天。

就在淝水之战前一年,北府兵和前秦军在淮南地区干了一架,谢玄带着北府兵连赢四场!这场胜利,不仅让东晋军士气大振,也给淝水之战的胜利埋下了伏笔。

所以,当淝水之战的号角吹响时,谢玄和他的北府兵已经摩拳擦掌,准备大干一场了。谢安呢,自然是运筹帷幄之中,决胜千里之外,为这

场战役的胜利立下了汗马功劳。

另据《资治通鉴》记载，两军在淝水对峙的最后阶段，苻坚本想趁着晋军渡河时发起攻击，但部队刚一动，方阵就乱套了，导致秦军大溃败，苻融坠马被杀，苻坚自己还中了一箭。

确实，历史记载中的淝水之战充满了未解之谜。秦军作为久经沙场的劲旅，突然间的崩溃确实不合常理，尤其是将领的意外伤亡，更添了几分诡异。这让人不禁猜测，是否谢安背后有着一套高明的策略，比如暗中策反、安插间谍制造混乱，甚至直接派遣刺客针对关键人物。这些手段若真存在，无疑是"小儿辈"能以少胜多的关键。

淝水之战的胜利，不仅让谢家名扬四海，更在朝中成就了四公并立的辉煌。这一时期，谢氏家族在文学艺术上的贡献也是璀璨夺目，音乐家、文学家层出不穷，特别是谢灵运与谢朓，一个开创山水诗派，被誉为"大谢"，一个则以清俊诗风著称，世称"小谢"，共同在中国文学史上留下了浓墨重彩的一笔。同时，谢姓的郡望、堂号也在这个时期逐渐形成，成为家族文化的重要组成部分。

随着时间的流逝，谢氏家族的影响力逐渐扩展到全国乃至海外。

到了清代，谢氏不仅遍布中原及南方各省，而且还发展至北部及东北的一些省、区。谢氏自大陆徙居台湾，最早者均是福建漳州、泉州人，是明末郑芝龙设寨于笨港时到台湾垦荒的。此后，谢贤、谢岩随郑成功入台。清朝政府收复台湾后，谢氏入台者络绎不绝，有文献记载的谢氏入台及在台的活动即有近20起。近现代，谢氏入台人数更多。移居台湾的谢氏，多数是南宋诗人谢枋得的后裔。

谢氏徙居海外，最早者是南宋时的谢升卿，他改姓名为陈日照迁往安南，后创建了越南陈朝。其次是明代谢文彬等人，分别到暹罗（今泰国）、吕宋（今菲律宾）。清朝至现代，有更多的谢姓人走出国门，漂洋过海，到其他国家和地区谋生求发展，现主要分布于泰国、新加坡、马来西亚、印度尼西亚、菲律宾、朝鲜、韩国、日本、越南、法国、英国等国家。

第二十八章
韩姓：韩国为何能成为
三家分晋中的一员

韩姓历史悠久，为中华著名姓氏，在当代百家大姓中排名第 27 位，约占全国总人口的 0.68%，有近 1000 万人。当深入探索韩姓，我们不禁要思考以下几个问题：

"韩"字，古意井垣，是否预示着韩姓与中华文明初启时那口滋养万物的水井有着不解之缘？韩姓的源头，是源自春秋战国时期那场惊心动魄的三家分晋，还是更早之前，西周初年的某个隐秘角落？河南，这片古老而肥沃的土地，为何成了韩姓人最为集中的家园？

韩武子，这位被无数韩姓族人奉为始祖的英雄，他的传奇人生，是如何在历史的洪流中书写下浓墨重彩的一笔的？他究竟是与曲沃桓叔血脉相连，还是韩国遗民中的杰出代表？

更令人称奇的是，韩姓家族中，还孕育出了一位法家宗师韩非子。在那个烽火连天的战国末年，他是如何以非凡的智慧，洞察国家兴衰的法治之道的？与韩信的悲壮命运相比，韩非子是否也在用自己的方式，诠释着另一种生存哲学与智慧？

韩姓起源

韩姓的"韩"字，古时写作"韓"，《说文解字》解释为井垣之意，即水井周围栏圈或土筑围栏。看来，"韩"字可能与中国文明开端时期出现的水井有关。韩姓的源头，大体上可分为以下两个部分。

黄帝之孙韩流是水井的发明者

在古老的典籍《世本》里，我们得知黄帝迎娶了西陵氏美丽的姑娘嫘祖，他们共同迎来了青阳和昌意两个儿子。昌意，后来又有了一个了不起的儿子颛顼，他可是五帝中的一位！不过，《山海经》里又给我们讲了一个不同的故事，说昌意曾被派到若水那个地方，在那里，他有了韩流这个儿子。韩流长大后，娶了淖子族的姑娘阿女为妻，他们的孩子就是颛顼。在那个传说纷飞的年代，人名往往就是氏族的名字，所以韩流氏族很可能是从昌意氏族中分离出来的。后来，这个氏族里有人开始以"韩"为姓，他们就成了最早的韩姓人家。

韩流，作为黄帝的孙子，他生活的时代大约是5000年前的龙山文化时期。在那时候的河南汤阴白营等地方，考古学家们发现了古老的水井，那些水井的建造方式特别巧妙，井壁是用"井"字形的圆木棍一层层叠起来的，就像搭积木一样，而且木棍之间还用榫卯结构紧紧扣在一起，非常稳固。有趣的是，"韩"这个字，在古代写作"韓"，它看起来跟那时候的水井结构还真有点像呢！所以，有人猜测韩流氏族可能是因为发明了这种先进的水井技术，才被大家叫作"韩流"的。而"韩"字的本意就是井的围栏，这也进一步证明了这一点。

因此，韩流的后代们就自豪地以"韩"为姓，这不仅仅是一个简单的姓氏，更是他们作为水井发明者的荣耀的象征。而黄帝的都城就在现在的河南新郑，所以基本可以确认，源自韩流的这支韩姓，它的根就深深地扎在了河南这片土地上。

姬姓之韩

公元前11世纪中叶，周朝的铁骑踏平了商朝，开启了新的纪元。周成王姬诵，这位年轻的君主，在周公旦的辅佐下，实施了一场宏大的分封大典，以巩固周室的基业。姬诵的一位亲弟弟被赐予了韩地（今山西河津东北），作为他新的王国。从此，这片土地上便有了韩姓的足迹。

至周宣王时，韩国的子民们为了更肥沃的土地与更广阔的天地，决定南迁，最终定居于韩亭（今山西芮城一带）。然而，命运多舛，韩国因势单力薄，在西周与春秋交替的动荡中，不幸被强大的晋国吞噬。韩国的子民们，为了纪念故国，纷纷以韩为姓，这便是姬姓之韩的由来。

与此同时，在周朝的另一片土地上，也上演着一段故事。周成王姬诵，以一段"剪桐封弟"的佳话，将刚被征服的唐国（今山西曲沃东南）赠予了他的弟弟叔虞，叔虞因此被尊称为"唐叔虞"。在这片新领地上，唐叔虞勤勉治国，为后来晋国的崛起奠定了基石。

唐叔虞离世后，其子姬燮（亦称"姬燮父"）继位，他有着更远大的志向，决定将国都迁至晋水之畔，并改国号为晋，一个新的强国——晋国，就此诞生。

时光荏苒，晋国传至第九代国君晋穆侯。他膝下有两子，姬仇与姬成师，皆是嫡出，姬仇被立为太子，而姬成师则被封为曲沃桓叔，封地位于曲沃（今山西闻喜东北）。

曲沃桓叔，这位年近花甲却雄心勃勃的老者，以其高尚的品德与卓越的才能，吸引了无数贤士的投奔。在他的精心治理下，曲沃迅速崛起，成为晋国境内与都城翼城并驾齐驱的政治、经济、文化中心，其实力之强，甚至隐隐有超越都城之势。

每当夜深人静，曲沃桓叔站在城头，望着远方翼城的灯火，心中不禁涌起一股难以言喻的渴望："成为晋国国君，那将是何等的荣耀与责任！"这个念头，如同野火燎原，在他心中越烧越旺，一场关于权力与荣耀的较量，悄然拉开序幕。

桓叔广开才路，贤能之士纷至沓来，其势力如同春日之竹，节节攀升。待其子曲沃庄伯接掌大权，更是雄心勃勃，一举袭杀了昭侯之子孝侯平。晋国内部动荡不安，最终晋人拥立孝侯之子郄为国君，以求稳定。然而，鄂侯的统治亦是短暂，其子哀侯光匆匆继位，晋国似乎陷入了无尽的权力漩涡之中。

公元前709年，曲沃武公以雷霆万钧之势挥师翼城，不仅俘虏了晋哀侯，更将晋国的命运牢牢掌握在自己手中。晋人无奈，只得再次拥立哀侯之子为君，史称"小子侯"，但这份脆弱的和平并未持续太久。公元前705年，曲沃武公命麾下猛将韩万，终结了小子侯的统治，晋国再次陷入无主的混乱。

岁月流转，公元前678年，曲沃武公终于完成了他的霸业，他亲手终结了晋侯缗的统治，将晋国彻底纳入自己的版图。为了巩固这一胜利，他不惜以稀世珍宝贿赂周僖王。周僖王被其诚意打动，正式册封曲沃武公为晋国国君。从此，他便是后世所称的"晋武公"，开启了晋国新的辉煌篇章。

当曲沃武公的铁骑踏破翼城的宁静，俘虏晋哀侯的那一刻，韩万以其卓越的战功，赢得了晋武公的赏识。作为对韩万忠诚与勇武的最高奖赏，晋武公将韩国故地韩原（一说在今山西芮城，一说在陕西韩城西南）赐予他，作为他的采邑。从此，韩万便以"韩武子"的称号，在晋国政坛上崭露头角。

岁月悠悠，从韩武子开始，韩氏家族在晋国的舞台上连续十一代担任大夫之职，他们的职位之尊、权势之盛，在当时的诸侯国中堪称罕见。

然而，历史的洪流总是滚滚向前，公元前403年，韩、赵、魏三家联手，将晋国一分为三，开启了战国时代的新篇章。在这场权力的游戏中，韩国不仅站稳了脚跟，更逐渐发展成为战国七雄之一，其势力范围不断扩张，威震四方。

对于韩姓族人而言，韩武子不仅是他们荣耀的先祖，更是他们精神的灯塔。每当提及韩武子，族人们总会满怀敬意地讲述那段传奇故事，仿佛亲眼见证了那位英勇将领的辉煌时刻。

当然，关于韩武子的身世，史书上还流传着另一种说法。有人认为，西周初年所封的韩国虽为晋国所灭，但其后裔并未放弃，他们默默地在原居地发展，直到韩武子的出现。这位被视为韩国人裔孙的韩武子，同样因功被封于韩国故地韩原，与曲沃桓叔并无直接关联。

不过，不论哪一种说法，韩万，这位出自姬姓诸侯国的杰出人物，最终成了韩姓一族的受姓始祖。

韩姓名人

韩姓名人辈出。二十四史中，韩姓单独列传的名人有220位。《中国人名大辞典》收录了韩姓历代名人342位。

法家宗师韩非子：经典故事，流传千年

战国末年，新郑城（今河南新郑）的一户显赫贵族府邸中，诞生了一位名叫韩非的少年。他自小便与众不同，那双闪烁着智慧光芒的眼睛仿佛能洞察世间万物的本质，而他那颗求知的心，更是对书籍有着无尽的渴望。尽管命运赋予了他口吃的挑战，但这并未能阻挡他成为一位思想巨人的步伐。

当时，韩国作为战国七雄中最弱小的存在，时刻面临着被吞并的危机。在这样的背景下，韩非深刻意识到，国家的兴衰与法治的健全息息相关。他立志要通过自己的努力，为韩国的未来寻找一条出路。

大约在公元前255年至前247年间，韩非与李斯，两位志同道合的青

年，一同踏入了儒家大师荀子的学府，拜入其门下研习"帝王之术"。在那里，韩非展现出了他对法家思想的独到见解和深厚造诣，逐渐成为荀子门下的佼佼者。

韩非深知，唯有变法图强，韩国才能在这乱世中立足。于是，他多次向韩王进言，力陈法家主张，希望韩王能采纳他的建议，实行变法。然而，遗憾的是，他的忠言并未被韩王采纳，反而被视为异端邪说。无奈之下，韩非只好退而求其次，将满腔热血倾注于笔端，著书立说。

后来，韩非的著作如《孤愤》《五蠹》等流传至秦国，秦始皇读后，对韩非的才识和见解大为赞赏，他感叹道："若我能与此人相见并共游，即使死去也无所遗憾。"为了得到韩非这位人才，秦始皇不惜动用兵力威逼韩国，最终韩王只得派遣韩非出使秦国。

然而，韩非的命运并未因此改变。在秦国，他不久便遭到了同窗李斯的陷害，身陷囹圄。在绝望中，韩非选择了服毒自尽。尽管如此，他的政治主张和法家思想还是对秦始皇产生了深远的影响，并最终为秦始皇所采纳和实践。韩非思想主要保留在10万余字的《韩非子》一书中，成了流传千年的法家智慧。

《韩非子》：伯乐教相马

伯乐对不喜欢的人就教他鉴别千里马，对喜欢的人就教他鉴别普通的马。"因为千里马难得一见，获利很慢；普通的马天天买卖，获利很快。"

韩非结语：旷世良材千年难求，真正承担国家、社会责任的骨干，多只是平凡中的贤

"因为千里马难得一见，获利很慢；普通的马天天买卖，获利很快。"

人。能有效运用这些中坚分子，即是最善治的人主。

《韩非子》：勇气的来源

鳝鱼的外貌好像蛇一样，蚕的形状像毛毛虫一样。人看见蛇就又惊又怕，妇人看见毛毛虫就寒毛直立。可是渔夫见到鳝鱼，却高兴得一把抓住；农家养蚕，妇女用手抓蚕，也毫不惧怕。

韩非结语：只要是利之所在，人们就浑然忘却自己的嫌恶、害怕，而勇往直前。

用兵如神的韩信为何最终惨死

在秦岭那浩瀚无垠的怀抱中，一条古老而蜿蜒的栈道，如同巨龙般缠绕在山腰之间，静静地诉说着过往的辉煌与沧桑。

韩信，那位被后世誉为"兵仙"的传奇人物，此刻正立于栈道的起点，身着战甲，英姿勃发。他的眼神中闪烁着智慧与决心，仿佛能洞察千里之外的战局。刚被刘邦授予大将军之职的他，心中涌动着复兴汉室、一统天下的熊熊烈火。

"将军，我们真的要修复这条废弃已久的栈道吗？"一旁的副将疑惑地问道，他深知此路之难，更担心项羽会因此加强防备。

韩信微微一笑，眼中闪过一丝狡黠："正是要让项羽看到我们的意图，他才会落入我们的陷阱。"

于是，一场声势浩大的修缮工程在栈道上拉开了序幕。士兵们挥汗如雨，石块与木材的碰撞声、士兵们的号子声交织在一起，回荡在山谷之间。这一消息不胫而走，很快便传到了项羽的营中。

"韩信果然要取道栈道而来，传令下去，加强栈道沿线的防守，务必让他有来无回！"项羽自信满满地下达了命令，却不知自己已落入韩信精心布置的局中。

事实上，韩信的智谋远非如此简单。在修缮栈道的幌子下，他秘密调集了一支精锐之师。这支部队如同幽灵般穿梭于秦岭的密林深处，避开了一切可能的耳目。

"弟兄们，我们走的这条路虽险，却是通往胜利的唯一捷径。记住，我们的目标是陈仓，是关中！"韩信在出征前对将士们慷慨激昂地说道，他的声音在密林中回荡，激励着每一个人的心。

夜幕降临，月光如水，韩信的部队在密林中悄无声息地前进。他们凭借着对地形的熟悉和顽强的意志，克服了重重困难。终于在一个清晨，当第一缕阳光穿透云层，照耀在陈仓城头时，他们也悄然抵达了目的地。

韩信站在一处隐蔽的高地，远眺着陈仓城，嘴角勾起了一抹自信的微笑。他知道，这一刻，历史的车轮已经开始转动，而他，正是那个推动它向前的人。

此时，陈仓的守军还沉浸在韩信将要从栈道进攻的假象中，毫无防备。韩信一声令下，汉军如猛虎下山般冲向陈仓城，守军惊慌失措，四散奔逃。韩信率领的汉军势如破竹，一举攻破了陈仓城。

当项羽得知陈仓失守的消息时，为时已晚。韩信已经利用陈仓的胜利，迅速扩张势力范围，巩固了汉军在关中的地位。"明修栈道，暗度陈仓"，从此，韩信的名字威震天下，成为一代名将。在中国历史上，韩信可以算得上是古代军事史上教科书一般的怪物，留下了"韩信将兵，多多益善"这样的成语典故。

说起来也真是让人唏嘘,韩信这位曾经叱咤风云的大将军,最后竟然落得个被宫女用竹竿捅死的下场,实在是太惨了。人们后来琢磨,韩信之所以会有这样的结局,主要是因为他虽然是个打仗的天才,但在政治上却是个"小白"。

韩信心里头最大的愿望,就是能统率千军万马,在战场上大展拳脚,他还梦想着有朝一日能被封王,拥有自己的领地。可问题就出在这儿了,刘邦想要的是一个权力高度集中的中央政府,什么都得他说了算。这样一来,韩信的梦想和刘邦的想法就撞车了,两人根本就不是一条道上的。

所以,从韩信帮助刘邦打败项羽的那一刻起,他的命运就已经注定了。刘邦怎么可能放心让一个满脑子只想着封王的大将军继续活下去呢?这样看来,韩信的悲剧,从某种程度上说,是他自己那没边儿的野心和不懂政治的结果。

第二十九章
冯姓：周文王之子毕公高为冯姓始祖

《百家姓》中，冯姓排名第九。在《元和姓纂》中，冯姓在全部1233个姓氏中，排名第一。当今，冯姓总人口将近1000万人，约占全国总人口的0.64%。我们不禁要问，冯姓的辉煌何以穿越时空，璀璨至今？

是谁以智慧与勇气，在历史长河中绘就冯姓的辉煌画卷？是冯简子的深谋远虑，照亮了冯氏一族的初章？还是周文王姬昌后裔的血脉，赋予了冯姓不凡的根与魂？

战国烽烟中，冯谖何以仅凭一"买义"之举，便能在历史的长河中激起层层涟漪？其背后究竟隐藏着怎样深邃的治国哲学与民本情怀？而北魏的天空下，冯太后又是如何以一介罪臣之女，逆袭成为千古一后，用她的铁腕与柔情，平息内乱，稳固江山，更在权力的巅峰书写下女性独有的传奇？她与献文帝之间的权力交织，又揭示了怎样惊心动魄的斗争与人性抉择？

东汉的冯异将军，在刀光剑影的战场上，他不仅是勇猛的战士，更是士兵心中的灯塔。他有着何等的谦逊与自律，才能赢得"大树将军"的美誉？

"冯"这一姓氏背后，究竟还隐藏着多少不为人知的英雄故事与深邃智慧？让我们带着这些疑问，掀开历史的帷幔，一同走进冯姓的辉煌篇章，探寻那些被岁月尘封，却依旧熠熠生辉的荣耀与传奇。

冯姓起源

冯姓起源主要有两种说法，一种说法是来自郑国冯简子，另一种说法直指周文王姬昌的后裔毕公高。

郑国简子，以地为姓

冯姓最早可追溯到周朝末期，当时的冯邑，是郑国的大夫冯简子的封地，他的后代以封邑名为氏，就是冯氏。

冯简子，这位活跃在春秋时期的郑国大人物，我们可以在《左传》和《汉书》里找到他的故事。他是郑简公（公元前565年到公元前530年在位）时期的一位重要人物，也是当时郑国丞相子产的左膀右臂。

那时候的郑国，国力有点下滑，日子不太好过。但冯简子没有放弃，他和公孙挥、子太叔这些能干的大臣一起，帮着子产在国内搞改革，制定公平的法律，鼓励大家努力生产，让老百姓过上了安稳的好日子。在外交方面，冯简子更是大展身手。他知道郑国夹在大国晋国和楚国之间，日子不好过，就琢磨着怎么联合晋国来对抗楚国，让郑国能在夹缝中求生存。他就像个外交高手，在晋、楚两国之间灵活周旋，为郑国争取到了一个相对和平的发展环境。

《左传》里还讲了个小故事，说每当郑国有重要的外交任务时，子产就会先找子羽打听各国的情况，再让他写些外交辞令。然后，子产和裨谌会跑到野外去，一边散步一边讨论这些辞令行不行得通。最后，他们会把讨论的结果交给冯简子来定夺。冯简子在外交上的决策力，那可是"一锤定音"，大家都非常信服他。就这样，在子产和冯简子等人的共同努力下，郑国慢慢恢复了往日的繁荣，老百姓的日子也越过越好了。冯简子的智慧和贡献，真是让人佩服不已啊！

为了表彰简子在内政、外交方面的功绩，郑简公命人在敖鄠山（即邙山）南麓、官路北侧，四周有护城河，面积约1平方公里的冯城（今河南荥阳西）建了一座双楼对峙的华丽府宅，并将其赏赐给他；还将有家奴百户、良田千亩的冯城封给他作为食邑。简子受封冯城后，遂以食邑为姓，人称"冯简子"。这是中国历史上第一支冯姓人。

当然，关于冯姓的起源，还有另一种说法。据古籍《元和姓纂》与《广韵》所述，冯姓源自周文王姬昌的显赫家族，其根可深溯至文王的第十五子毕公高。毕公高，这位西周时期的重量级人物，与周公并肩，一个辅佐成王，一个则助力康王。

当年，成王临终忧虑幼子姬钊难以独撑大局，特命召公与毕公携手诸侯，共辅新君。在毕公等贤臣的辅佐下，康王继承了文王、武王的遗志，治国有方，使得天下太平，甚至到了无需动用刑罚的地步。毕公高，这位功勋卓著的智者，最终安然离世于康王时代。

岁月流转，毕公高的后代以封国为姓，但世事无常，至春秋年间，他们失去了封爵，融入了平民之中。这些后裔有的继续在中原繁衍生息，有的则远走他乡，流落到了夷狄之地。其中，毕万是冯姓历史上的一位关键人物。他虽为毕公之后，却因缘际会，流落到了晋国，并成为晋献公的得力助手。

在一次随晋献公征讨魏地的战役中，毕万以护卫之职立下赫赫战功，被晋献公赐予魏地作为封赏，并晋升为大夫之职。当时，晋国的占卜大师郭偃预言："毕万之后，必将繁荣昌盛。"果然，毕万的子孙不负众望，不仅世代高官厚禄，更在后来分得了晋国的疆土，还衍生出了魏姓与冯姓两大姓氏。

换句话说，冯姓和魏姓是同出一脉的，冯姓大约是在春秋战国时期就已经出现的姓氏。

冯姓名人

在冯姓家族中，历代名人辈出，他们在各自的领域里取得了辉煌的成就，为冯姓增添了无尽的荣耀。

焚券市义
倚树让功

这一副对联上联说战国时齐国游士冯谖为孟尝君"买义"的故事。下联说东汉"大树将军"冯异的故事。

冯谖烧借据，孟尝君高枕无忧

冯谖是战国时期齐国的一位著名谋士，他的故事在《战国策》中记载得颇为生动有趣。冯谖初到齐国时穷困潦倒，求助于孟尝君，甘愿做食客。孟尝君问他有什么本事，他回答说"没什么大的本事"，孟尝君却笑着接纳了他。手下人误会孟尝君轻视他，只给他粗茶淡饭。

某天，冯谖弹剑高歌，声震屋宇。孟尝君好奇一问，冯谖借机吐露心声，展现才华。孟尝君大悦，开始重用他。冯谖虽索取不少，但回报更多，比如替孟尝君收租，树立威望；在孟尝君受齐王猜忌时，巧妙游说，使其重振雄风。特别是"买义"一事，更是被传为佳话。

一日，孟尝君因薛邑的债务问题头疼不已，便张贴文告，寻求能人前往收

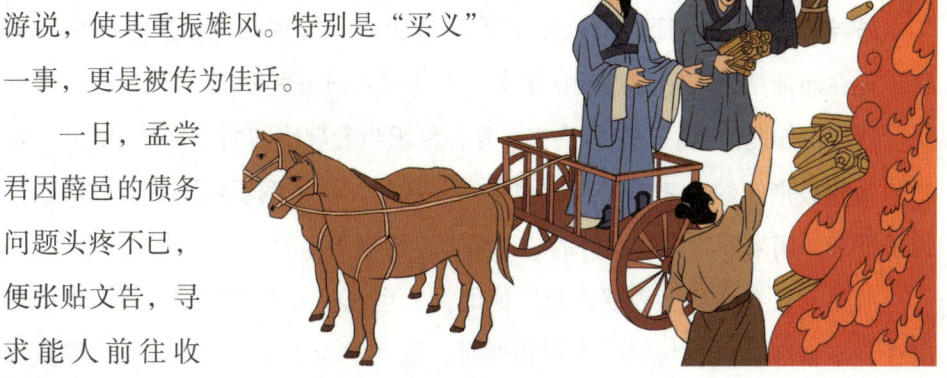

债。冯谖见状，主动请缨，表示自己愿意前往。孟尝君虽感意外，但念及冯谖的才华，便应允了他的请求。

冯谖带着债券契约，驱车前往薛邑。到达后，他没有急于收债，而是先召集了所有欠债的乡民，宣布了一个惊人的决定：他要以孟尝君的名义，免除所有人的债务，并将手中的债券全部烧毁。此言一出，乡民们无不欢呼雀跃。

回到孟尝君那，他说："我给您买了样东西——义。"孟尝君不解，冯谖解释："钱财易得，民心难买。现在薛邑百姓感念您的恩德，这就是最宝贵的'义'。"

不久，孟尝君遭贬，前往薛邑。途中，百姓夹道欢迎，孟尝君这才体会到"买义"的深意，对冯谖更加信服。冯谖又献策，让孟尝君通过外交手段增强自身地位，避免再次受难。他成功说服梁国求贤，引起齐王恐慌，最终齐王不仅请回孟尝君，还答应其请求，在薛邑建立宗庙，稳固根基。

冯谖这一系列操作，被后人称为"狡兔三窟"，意为做事要留有余地，以防不测。在冯谖的精心布局下，孟尝君不仅在齐国政坛屹立不倒，还赢得了长久的安宁与尊重。冯谖的智慧与远见，让这段历史充满了智慧与传奇色彩。

东汉名将——"大树将军"冯异

冯异是东汉时期的名将，字公孙，老家在今天的河南省宝丰县。他原本是新朝的一个小官，后来归顺刘秀，成了刘秀麾下的一名猛将。

冯异跟着刘秀南征北战，立下了汗马功劳。特别是跟赤眉军的那场大战，他在渑池把赤眉军打得落花流水，十几万人马最后都投降了。

刘秀得知此消息后，非常高兴，并在洛阳当着群臣的面夸奖冯异说："就是他为我披荆斩棘，才得以平定关中。"从此，"披荆斩棘"这个成语就流传了下来，用来形容在达成目的的道路上克服艰难险阻。

冯异不仅在战场上表现出色，他的为人也深受人们的尊敬。他为人谦虚退让，不自夸。出行与别的将军相遇时，他会主动避让。军队前进、停止都有旗帜，他率领的部队以纪律严明著称。每到一个地方停下宿营，其他将军坐在一起讨论功劳时，冯异经常独自退避到树下，因此军队中称他为"大树将军"。他的这种品质使得士兵们都愿意跟随他，他的声誉也因此日益提高。

在刘秀建立东汉的过程中，冯异起到了关键的作用。他不仅在军事上协助刘秀平定关中、河北等地，而且在政治上也为刘秀出谋划策，帮助刘秀巩固政权。刘秀称帝后，冯异被封为征西大将军、阳夏侯。可惜，冯异年纪轻轻就因为生病在军中去世了，朝廷给了他一个"节侯"的谥号，以表彰他的忠诚和贡献。

冯异这么一位传奇人物，他的家族也跟着沾光。颍川郡的冯家，因为出了冯异这位"大树将军"，逐渐兴旺起来。冯异的子孙后代也被朝廷重用，遍布各地，开枝散叶。为了纪念冯异的功绩，他的后人还把"大树"作为家族的堂号，一直流传至今。

❀ 北魏冯太后：从罪臣之女到千古一后，她是怎么做到的

然而比起男性在历史中的贡献，冯姓似乎对族中的女性更加钟爱。

让我们回溯到中国历史上的大分裂时期——十六国时期。当时，政权林立，军阀割据。在这一时期，有一个鲜卑族慕容氏建立的大燕政权。对，没错，就是《天龙八部》里面大表哥慕容复的祖先建立的政权。

慕容家族建立的燕国很乱，分成了好几个小国家。到了北燕时，慕容家族已经不行了，靠着鲜卑族大将冯跋才扶立了后燕惠愍帝慕容宝的养子慕容云建立了北燕。但很快慕容云被杀了，冯跋就自己当了皇帝，从此，北燕就

成为冯家的了。

不过，北燕也没持续多久。冯跋死后，他弟弟冯弘当了皇帝，很快北魏的太武帝拓跋焘就把北燕灭了，冯弘的家人都成了北魏的奴隶。

可历史就是这么有趣，拓跋焘没想到他的孙子拓跋濬会喜欢上冯弘的孙女冯氏，并娶了她为妻。后来拓跋濬成了文成帝，冯氏就成了皇后。而这位文成帝的皇后便是后来与武则天齐名的女政治家冯太后。

冯太后的一生在今天人的眼中是不可思议的。11岁，她被新继位的文成帝封为贵人，14岁被立为中宫皇后，24岁成为皇太后。据传闻，在太武帝在时，冯太后与文成帝极为恩爱，琴瑟和鸣。正是这一段在皇宫里的经历，使得她更加了解当时皇室高层的政治运作，为其太后时期亲政做了知识储备。

然世事无常，文成帝英年早逝，留下年仅12岁的献文帝拓跋弘继位，冯太后亦晋升为皇太后。在为先皇送行的焚衣大典上，她痛不欲生，几欲随夫君而去，幸得侍从及时伸出援手，方得保全性命。此举，让她在群臣心中树立了更加崇高的威望，成为北魏上下敬重的精神支柱。

从丧夫之痛中挣扎而出，冯太后毅然决然地扛起了北魏的未来。她深知，自己的使命不仅关乎个人情感，更系于国家的兴衰存亡。于是，她以铁腕手段，两次临朝称制，稳定朝纲。

献文帝初登大宝，年幼无知，权臣乙浑趁机作乱，意图独揽大权。面对如此危机，冯太后联合朝野上下，以雷霆之势铲除乙浑，重振朝纲。此番壮举，不仅彰显了她的政治智慧与果敢，更让她首次走上了历史舞台的中心，引领北魏走出困境。

然而，好景不长，献文帝亲政后，与冯太后政见不合，矛盾日深。为了北魏的长治久安，冯太后再次出手，迫使献文帝禅位于年幼的太子拓跋宏，自己则以太皇太后的身份二次临朝听政。

献文帝退位之后，依旧心系国家大事。他秘密召集旧臣，于夜深人静之时，在烛火摇曳之下，低声商讨治国大计："朕虽退位，但北魏江山岂能不顾？吾必亲力亲为，以安社稷。"于是，诏书频出，兵马调动，他甚至亲自披甲上阵，北征南讨，誓要重振北魏雄风。

然而，这一切在冯太后的眼中，却成了不可容忍的挑衅。她下令将献文帝软禁于深宫之中，以期他能幡然醒悟。

不久之后，献文帝在平城永安殿内突然离世，消息传出，朝野震惊。史书一笔带过，仅言"显祖暴崩，时言太后为之也"，留下千古谜团。民间更是议论纷纷，皆道冯太后手段狠辣，不容小觑。

面对这纷扰局势，冯太后深知，唯有改革方能救北魏于水火之中。于是，她第二次临朝听政，决心以铁腕手段，力挽狂澜。

随后，冯太后颁布均田令，将荒芜之地分予百姓，并亲临田间地头，与民同乐，共庆丰收。她深知，民以食为天，唯有让百姓安居乐业，国家方能长治久安。

同时，她废除宗主督护制，推行三长制，加强地方管理，使中央集权得以巩固。在一次与地方官员的对话中，她语重心长地说："三长制乃强国之本，望尔等尽心竭力，勿负望。"

此外，冯太后还注重文化教育，大兴儒学，禁绝迷信，为北魏的文化繁荣奠定了坚实的基础。在她的倡导下，北魏上下形成了一股尊师重教、崇尚知识的良好风气。

岁月流转，冯太后的改革成效显著，北魏王朝逐渐走出困境，焕发出勃勃生机。

作为一个汉人，而且还是罪臣之女，冯太后在鲜卑族建立的北魏国中主政长达20年，并亲自缔造了魏孝文帝时期太和改制的完成。北魏太和十四年（490），49岁的冯太后去世，临终前降旨：后事一切从俭，陵内不设明器，素帐、瓷瓦等也一律不置。痛失祖母的孝文帝，五日不食水米。最后虽然按照冯太后遗旨治办丧事，却坚持将坟陵拓宽了六十步。这是只有国君才可配享的葬礼规格。

第三十章
董姓：正史中记载的董姓始祖"豢龙氏"养的是龙吗

是谁，在远古时代，以非凡的智慧与勇气，寻得甘泉，驯养神龙，留下了"董父豢龙"的千古佳话？这背后，又隐藏着怎样的神话与传说，让后世之人无限遐想？

而当我们翻开历史的另一页，董仲舒又是如何在那个风云变幻的汉朝，以智慧与胆识，创立了影响深远的新儒学体系？他的学说，又是如何赢得汉武帝的青睐，成为官方哲学，引领中华文化的又一次飞跃？

更令人好奇的是，董鄂妃，这位让顺治帝魂牵梦绕的佳人，她的真实身份究竟是什么？是否真的如传言所说，是那位才情横溢的董小宛？

其实，董姓是中国人口较多的姓氏，现今董姓在国内的人口超过700万，占全国总人口的0.61%，排名第29位，分布广泛，主要集中在山东、河南、河北、江苏、安徽、辽宁、黑龙江、湖北、浙江等省。

这一切，都等待着我们去探寻，去揭开董姓背后那层层神秘的面纱。让我们一同走进董姓的世界，感受那份跨越千年的血脉相连，聆听那些被时光遗忘的动人故事。

董姓起源

董姓，这个古老的姓氏，它的历史可以追溯到4000多年前。董姓的起源，有个特别有趣的故事。

很久很久以前，有个了不起的人物叫董父，他是颛顼的后代，姓己。董父有个特别的爱好，那就是喜欢龙。他对龙的了解无人能及。他不仅知道龙的各种习性，还能跟它们亲密无间地相处。这事传到了帝舜的耳朵里，帝舜一听，觉得太神奇了，就请董父来宫里，专门负责养龙，并给了他一个响亮的称号——"豢龙氏"。

董父对这份工作可真是上了心，他像对待家人一样照顾着每一条龙。在他的细心照料下，这些龙不仅长得膘肥体壮，还学会了跳舞，能随着音乐翩翩起舞，场面壮观极了。帝舜看了之后，高兴得不得了，觉得董父真是个人才，就赐给他一个新的姓氏——"董"，以表彰他的功绩。

从此以后，董父的后代就都以"董"为姓，繁衍生息，逐渐遍布了华夏大地。

董父豢龙的传说

传说中的龙是圣洁之物，非甘泉不饮，非灵水不憩。

董父为了能让幼龙们茁壮成长，不辞辛劳地踏遍了大江南北，只为寻找那传说中的甘甜清泉。终于，在山西闻喜的一片美丽土地上，位于凤凰垣与峨嵋岭温柔相拥之处，他发现了一条绵延20公里的清泉，其水质之纯净，宛如天赐之镜，清澈得能映照出人心底的喜悦。董父见状，当即决定在此定居，与龙共舞，与泉为伴。

这方水土，在《左传》中，被赋予了"董泽"之名。

相传，董泽湖上莲花、莲叶蔓延飘摇，片片芦苇于风中摇曳。董父站在

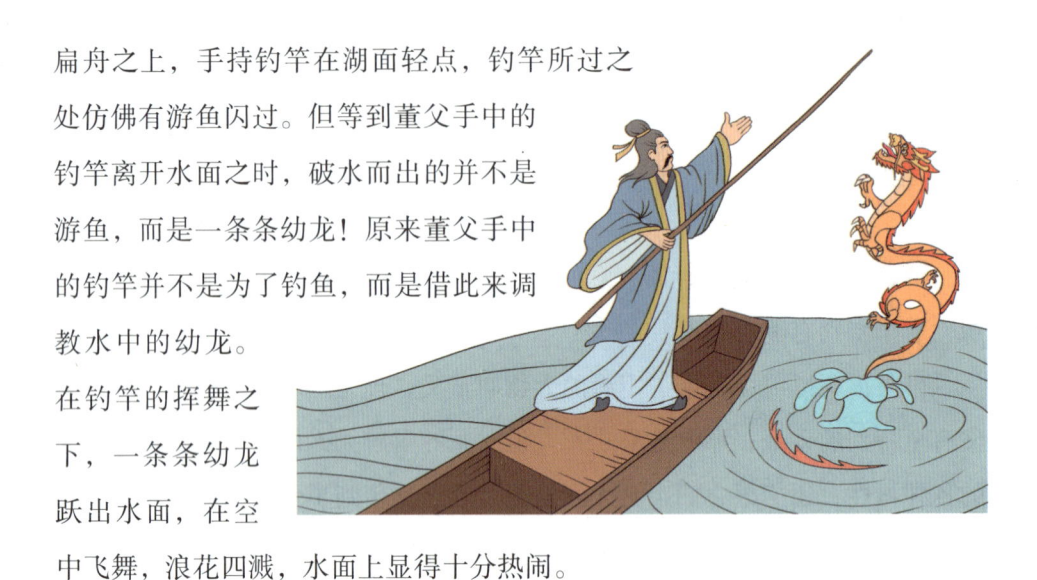

扁舟之上，手持钓竿在湖面轻点，钓竿所过之处仿佛有游鱼闪过。但等到董父手中的钓竿离开水面之时，破水而出的并不是游鱼，而是一条条幼龙！原来董父手中的钓竿并不是为了钓鱼，而是借此来调教水中的幼龙。在钓竿的挥舞之下，一条条幼龙跃出水面，在空中飞舞，浪花四溅，水面上显得十分热闹。

日复一日，那些幼小的龙崽逐渐蜕变，它们身上的稚嫩鳞片被坚硬的盔甲取代，化身为翱翔天际的巨龙。它们不再依赖董父的钓竿引导，而是拥有了呼风唤雨、庇佑万民的神力，成为守护大地的使者，对抗邪恶，确保世间安宁。即便是性情最为桀骜的龙，也在董父的教诲下变得温顺平和。因此，舜帝赐予董父"董"姓，并任命他为"豢龙氏"，将鬷川之地作为他的封地，以示嘉奖。

龙，这一神秘生物，对我们而言，既熟悉又陌生。熟悉在于，我们通过各种艺术形式与传说故事，无数次地描绘与聆听它的风采；陌生则在于，至今无人目睹其真容。那么，龙究竟是何方神圣？

近年来，山西省临汾市陶寺遗址的考古发现，或许为我们揭开了龙的神秘面纱之一角。这两件珍贵的文物——绘有龙纹的陶盘与以鳄鱼皮制成的鼍鼓，均源自约公元前2300年的古城遗址，这一时期恰好衔接舜帝盛世与夏朝孔甲时代。陶盘上的龙纹，其口部方正而修长，獠牙毕露，与鳄鱼之嘴惊人地相似；而鼍鼓则以鳄鱼皮覆盖，鼓腹内还残留着鳄鱼骨板。

这两件文物不仅展示了古代帝王祭祀的庄严场景，更从侧面说明，夏朝时期，黄河流域的自然环境中确有鳄鱼出没。鳄鱼那修长健硕的身躯、锋利的锯齿獠牙，成了古人心中龙之形象的重要来源之一。由此推测，董父所豢养的龙，很可能就是我们所熟知的鳄鱼，特别是那些生活在远古温暖湿润、沼泽遍布的黄河流域的湾鳄或蛟鳄。

另一支董姓的源流，则与姬姓紧密相连，其姓氏的演变蕴含了一段官职传承的历史。《古今姓氏书辩证》在追溯了己姓董氏之后，又娓娓道来了另一段故事：时光流转至周朝，太史辛有膝下有两子，他们远赴晋国，与名为伯冬的孙子一道，肩负起了管理晋国典籍的重任，这一职位的核心职责便是"董督晋史"，即管理晋国的史书典册。在古代，"董"一字蕴含着管理、督导的深意，因此，人们尊称他们为"董史"。

之后，这一家族不仅世代沿袭晋国太史这一崇高的职位，更将"董"这一称呼融入自己的姓氏之中。从此，董姓在晋国大地上生根发芽，繁衍生息。值得注意的是，这段历史的舞台主要设置在晋国的都城，起初是位于翼城（今山西翼城），后随着国家的变迁，都城迁移至绛（今山西翼城东南）。因此，这一支董姓的源头，就深深扎根在山西翼城。

董姓名人

董姓一登上历史舞台，便声名卓著。

春秋时代，董姓家族中涌现出了一位杰出的史官——董狐。那是一个风云变幻的年代，晋国内部矛盾重重。晋灵公十四年（公元前607年），一场宫廷政变震惊朝野，晋卿赵盾因故暂避风头而出走，然而未及出境，其族人赵穿便弑杀了晋灵公。面对这一复杂而敏感的历史事件，董狐展现出了非凡的勇气与公正。他认为，尽管赵盾并未直接参与弑君行动，但作为家族领袖，他难辞其咎。于是，董狐毅然决然地在史册上留下了"赵盾弑其君"的记载，这一举动无疑是对权贵势力的勇敢挑战，更是对历史真相的坚定捍卫。

也正是因为其不畏权贵，秉笔直书，被誉为"良史"。

创建新儒学体系的一代名儒董仲舒

西汉时期，董仲舒以其卓越的政治智慧与深厚的儒学造诣，成为那个时代最为耀眼的董姓名人。出身于地主家庭的董仲舒，自幼便展现出对知识的无尽渴望与追求，其"三年不窥园"的勤奋佳话，至今仍为人津津乐道。他不仅在学术上博采众长，更在儒家思想的基础上进行了大胆的创新与重构，构建了一套全新的儒学体系。

董仲舒提出的新儒学体系，是在西汉特定历史背景下应运而生的。彼时，汉朝初建，虽已一统天下，但统治的合法性问题却如影随形。刘邦起初以恢复六国旧秩序、实施分封制为号召，然而这一做法在实践中却遭遇了重重困难，不仅违背了他的初衷，更可能使国家重陷战国纷乱。同时，正统儒家理论所推崇的周公分封制，在此时也显得格格不入，难以解决西汉初年的社会问题。

面对这一困境，董仲舒提出了"大一统"与"君权神授"的理论，强调汉朝的统治是顺应天命、受命于天的，从而赋予了汉朝统治神圣性与合法性。他进一步指出，随着时代的变迁，治理国家的方式也应随之变化，每一朝代的更迭都是对前代制度的革新与完善。这一"新王必改制"的观点，为汉武帝提供了破解政治困局的钥匙。

董仲舒的学说之所以能得到汉武帝的认可，除了其深刻的理论洞见，更在于其巧妙地融合了儒家、法家等思想的精髓，既强调君主的权威与神圣，又注重社会秩序的维护与稳定。这一学说不仅为汉朝的统治提供了有力的理论支持，更成为后世历代封建王朝巩固中央集权、维护统治的重要思想工具。

因此，可以说董仲舒的新儒学体系是在西汉初年的历史背景下，为解决统治合法性问题而应运而生的。所以秦灭六国是合理的，汉取代秦也是合理的，因为都是政治制度的进步。

那怎么来证明这一点呢？董仲舒说，这就要看有没有天人感应发生。

他提出的"天人感应"，就是说皇帝做的事情，老天都看在眼里，皇帝要是做得好，老天就帮忙，让国家风调雨顺；要是做得不好，老天就会不高兴，可能会有灾难。这样一来，老百姓就更相信皇帝是天命所归，得听他的话。

还有，"三纲五常"这些规矩，就像是给社会定了个大框架，告诉大家应该怎么做人、怎么做事，让社会变得更有秩序，大家也更容易相处。这样一来，汉朝的皇帝治理国家就更容易了，国家也变得更加稳定和强大。

所以，董仲舒的新儒学就像是为汉朝量身定制的一套治国宝典，不仅让皇帝有了更多的权威，也让整个国家都变得更加和谐、更加有力量。这就是它成为后世很多皇帝治国时的重要参考的原因。

董仲舒可不光是解决了汉朝统治的合法性问题，他还琢磨着怎么培养更多的人才来帮皇帝治理国家。他出了个主意，说："咱们得兴办太学，请些学问好的老师来，好好教育那些有志向的年轻人。"这主意一出，天下的读书人争先恐后地往太学跑，都想学点真本事，将来好为国家出力。

这样一来，社会上尊重儒学、崇尚文化的风气是越来越浓了。所以，董仲舒的这一招，不仅为汉朝培养了一大批人才，更为儒家思想在后世的发展奠定了坚实的基础。

汉武帝听闻董仲舒的宏论，心中豁然开朗，长久以来困扰汉初统治正当性的问题，竟在此刻迎刃而解。董仲舒为汉朝树立起一座精神灯塔——"天道"，它不仅是宇宙间的至高法则，也是皇帝行事的根本准则。皇帝，这位"上天之子"，被赋予了神圣的使命，须以儒家的仁义之道，引领天下苍生走向幸福安康。

董仲舒的这一创举，不仅为统治阶级找到了坚实的合法性基石，更巧妙地解决了代表性问题。他亲手构建了一套人才选拔体系，让社会各界的精英才俊都有机会踏入政坛，施展才华。这一变革，犹如一股清流，冲破了军功集团对权力的垄断，使得汉朝的皇帝能够真正代表整个国家的利益，赢得了民众的广泛认同与衷心拥护。

从此，儒家思想渗透到了社会的每一个角落，尊儒崇文的风气盛行。汉朝，在董仲舒的智慧引领下，步入了一个全新的时代，一个以"天道"为纲、以仁义为本、百姓安居乐业、国家繁荣昌盛的黄金时代。

历史上的董姓女人

董姓名人中，有一些女性，令人唏嘘或者敬佩。我们先来说说让顺治帝生死相随的董鄂妃。董鄂妃的真实身份和身世，在历史记载中一直是个谜团，存在着多种不同的说法。其中最为人所津津乐道的，莫过于将她与那位江南名妓董小宛相混淆的误会。但真相并非如此：董小宛，乃是江南才子冒辟疆的红颜知己，才情兼备，却与紫禁城中的董鄂妃并无瓜葛。真正的董鄂妃，出身显赫，是满洲正白旗人，内大臣鄂硕的掌上明珠，自幼便被书香与贵气环绕。

她，不仅拥有倾国之姿，更兼具满腹经纶，诗词歌赋信手拈来，书法更是自成一家，宛若行云流水。尤为难得的是，她对禅宗的深刻领悟，与顺治帝的心灵世界不谋而合。两人在精神层面的共鸣，如同高山流水遇知音，让顺治帝对她宠爱有加，六宫粉黛无颜色。

入宫4年，董鄂妃为顺治帝诞下了皇四子，这本应是普天同庆的喜事，顺治帝更是欣喜若狂，欲立此子为储君，视若珍宝，称之为"朕之第一子"。然而，天不遂人愿，这位承载着无限希望的皇子，却在短短百日之后，夭折于襁褓之中，给这对恩爱夫妻带来了无法言喻的悲痛。

"情深不寿，慧极必伤。"这句话，仿佛是为董鄂妃量身定制的谶语。她的一生，虽得帝王万般宠爱，却也难逃命运的无情捉弄。顺治十七年（1660），董鄂妃在承乾宫中香消玉殒，给顺治帝留下一世遗憾与无尽哀思。

顺治帝痛失挚爱，心如刀绞，万念俱灰之下，竟生出了出家避世的念头。然而，皇权与责任终究将他束缚，他只能将满腔的思念与痛楚化作对爱妃无尽的追忆。最终，顺治帝也在短短数月后，追随董鄂妃而去，留下了一段生同衾、死同穴的凄美佳话。这，或许是对他们爱情最深沉、最真挚的诠释吧。

另外一位历史上有名的董姓女子，是郑成功的妻子董酉姑。

正史和野史中对董酉姑都有很多富有传奇色彩的记载。董酉姑出身于书香门第，从小知书达礼，她不仅贤惠有德，举止方正，而且有勇有谋，深明大义，很有见识。

下篇：我们的姓氏，原来还可以这么有趣

郑成功常年在外征战，董酉姑自从嫁入郑家以来，夫妻二人虽然聚少离多，但他们始终相敬如宾。董酉姑贤淑、贞惠，并深谙治家之道。她对兄弟叔侄十分友好，任劳任怨，处事公正，受到郑家上下老幼的敬佩。家族中的人们都能和睦相处，使征战在外的郑成功毫无后顾之忧。

董酉姑的家谱记载，董酉姑曾劝说郑成功禁奸止杀，对巩固郑氏集团有积极的作用。更让后人对董酉姑刮目相看的是，1662年，南明政权倒塌，清兵打到闽南，董酉姑和百姓一起逃到台湾，别人都是携金带银，唯有董酉姑抱着郑氏祖先的牌位和郑成功的机要文件，步行至海边。通过这件事，郑成功万分感动，从此对董酉姑更加倚重，凡事都要听听夫人的意见。

第三十一章
程姓：程姓始祖程伯符，定国献三瑞

程姓，作为中国众多姓氏中人口较为庞大的一支，稳稳占据第31位，其总人数逼近700万，约占全国人口的0.57%，足迹遍布中华大地的每一个角落，尤以安徽、河南、湖北、山东等地为密集聚居区。河南，作为程姓的发源地，即便历经岁月洗礼与人口迁徙，至今仍是程姓族人的主要聚居地。

那么，究竟是谁，在历史的长河中挺身而出，以一国之名作为自己的姓氏，从而拉开了程姓辉煌历史的序幕？伯符，这位因忠诚与智慧而永载史册的先祖，他的迁徙之路与受封程国的经历，又是如何为程姓家族奠定坚实的基础？

当我们的目光穿越至盛唐时期，程咬金与秦叔宝，这两位传奇将领的名字如雷贯耳，他们的英勇事迹与忠义精神，为何能够跨越千年的时光，依旧深深植根于人们的心中，乃至成为家家户户门上守护安宁的门神形象？

再将目光转向北宋，程颢，这位被誉为"明道先生"的理学大家，他的思想究竟蕴含着怎样的力量，能够如同明灯一般，照亮后世学子的求知之路？而他与胞弟程颐携手创立的"洛学"，又是如何在浩瀚的学术史册上，留下浓墨重彩、不可磨灭的一笔？

程姓起源

程姓历史悠久，源远流长，是我国最古老的姓氏之一。程姓主要有两大来源：风姓和姬姓。

先说说风姓这一支。相传，程姓的祖先可以追溯到颛顼的后代重和黎。重和黎是兄弟俩，他们因为功绩卓越，被后世尊为火神，并世袭掌管天地之职。后来，他们的后代中有一位被封在了程这个地方，建立了程国，并被称为"程伯"，也就是我们现在所说的程伯符，也有人称他为"乔伯"。程伯符因为不满商纣王的暴政，投奔了周朝，还献上了三件神奇的宝物"三异之瑞"，即一辆特别的泰山之车、一块珍贵的井中之璞（据说是和氏璧的原材料），以及一种双穗的优质小麦。周成王对这些宝物非常喜爱，尤其是那双穗小麦，还特意让周公写了篇《嘉禾》来赞美它，并把这些宝物分给了诸侯们，希望他们能推广这些好东西。后来，程伯符被周公分封到了洛阳的程地，建立了新的程国，他的子孙后代就以国为姓，这就是风姓程氏的由来。

再来说说姬姓这一支。这一支程姓的起源和春秋时期的晋国有关。当时晋国有很多有权有势的大家族，荀家就是其中之一。荀家的某个旁支成员，因为某种原因在程这个地方得到了

封地，并以此为姓，这就是姬姓程氏的起源。据说，这个程地可能是在今天的山西省境内。姬姓程氏中，有一位名叫程郑的大夫，他是这一支程姓的早期代表人物。

总的来说，无论是风姓程氏还是姬姓程氏，都有着悠久的历史和丰富的文化内涵。这两大支脉共同构成了今天庞大的程姓家族，让程姓成了中国人口较多的姓氏之一。

程姓名人

大唐传奇名将程咬金

历史上，程姓不缺乏受人敬重的名人。如果要提到唐朝最出名的将领，程咬金和秦叔宝无疑是其中的佼佼者。他们的形象被沿用至今，现在春节时家家户户门上最常见的门神形象就是他们俩。程咬金，又名程知节，字义贞，唐朝开国大将，凌烟阁二十四功臣之一。

在隋朝末年那个动荡不安的年代，程咬金加入了瓦岗军，跟着李密闯天下，李密败之后，又跟随王世充。但世事如棋，他最终选择了更有前途的李家，投奔了李世民这位未来的英主。从此，程咬金就像一把锋利的剑，随李世民南征北战，从击败宋金刚到生擒窦建德，再到降服王世充，每一战都留下了他的赫赫战功。他也因此被封为宿国公，这是对他忠诚与勇武的最高肯定。

玄武门之变，那是唐朝历史上惊心动魄的一页，程咬金也参与其中，为李世民的成功登基立下汗马功劳。李世民登基后，对这位老战友更是厚爱有加，直接提拔他为右武卫大将军。那年，程咬金正值壮年，迎来了人生的巅峰。

接下来的 20 多年，程咬金就像是大唐的守护神，无论边疆还是内地，只要有他在，就让人安心。李世民为了纪念那些与他并肩作战的功臣，特意在凌烟阁上绘制了24位功臣的画像，程咬金的名字赫然在列，排名第19，这是对他一生贡献的最高赞誉。

然而，岁月不饶人，李世民驾崩后，大唐的天空似乎蒙上了一层阴霾。但程咬金没有退缩，他挺身而出，率领禁军，将年轻的太子李治安全护送回长安，确保了皇权的平稳过渡。李治即位后，面对朝中复杂的局势，特别是关陇集团长孙无忌的强势，他巧妙地利用"废王立武"事件，一步步削弱旧臣势力，巩固了自己的皇权。

在这场政治风暴中，程咬金却像是一股清流。他远离朝堂纷争，只专注于军务，用忠诚和智慧守护着大唐的安宁。他的这种态度，不仅赢得了李治的信任，也让武则天对他另眼相看。武则天对秦、罗、薛、徐四大家族痛下杀手，却唯独对程咬金手下留情。这背后，既有对他忠诚的认可，也有对他实力的忌惮。

程咬金的一生，是忠诚与勇武的写照。他用自己的行动证明了，真正的智者，不仅要有勇有谋，更要有坚定的信念和不变的忠诚。最终，他得以安享晚年，甚至陪葬于唐太宗的陵墓，这不仅是他的荣耀，也是后世对他一生功绩的最高肯定。在历史的长河中，程咬金这个名字，将永远闪耀着忠诚与智慧的光芒。

理学创始人程颢，是周敦颐的学生

程颢，大家都亲切地称他为"明道先生"，他为人就像他的号一样光明磊落。他老家原本是河南的，但出生在湖北黄陂县，因为父亲程珦在那儿当官。程颢还有个弟弟叫程颐，他们俩都是北宋时期的大学问家和教育家，还是理学的重要开创者之一。因为他们的老家在洛阳，所以他们创立的学派就被叫作"洛学"。

你知道吗？程颢和程颐都是周敦颐的得意门生。说到周敦颐，大家脑海里可能就会浮现出那篇《爱莲说》，里面写的莲花高洁又美丽。其实，程颢也是个文采飞扬的人，他写的好多诗词都流传了下来，读起来既优美又有深意，和《爱莲说》一样让人喜欢。

他有一首《秋日偶成》，诗曰：

闲来无事不从容，睡觉东窗日已红。
万物静观皆自得，四时佳兴与人同。
道通天地有形外，思入风云变态中。
富贵不淫贫贱乐，男儿到此是豪雄。

冯友兰先生对程颢的人生态度赞不绝口，特别是这首诗开头一句"闲来无事不从容"，简直说到冯老心坎里去了。冯友兰晚年还特地为这句诗做了超简洁的解读：前两句描绘了程颢悠然自得的生活状态；接着两句讲他如何实践中庸之道；再后面两句，说的是他达到了极高明的境界；最后两句，就是说到了这个境界，程颢就像孟子说的那种大丈夫，顶天立地，无所畏惧。

程颢不仅仅是个诗词高手，还是个哲学大家。他提出了好多深奥的想法，比如"天者，理也""心是理，理是心"。他认为真正有仁爱的人，应该和世间万物和谐共处，而那些"义、礼、智、信"的美德，都是从仁爱里生发出来的。他还特别看重"传心"这事儿，就是说心性的传承和理解非常重要。程颢还相信，这世上的万事万物都是相互关联、成对出现的，没有孤单存在的东西。他还自己琢磨出了一套宇宙是怎么来的理论，相当有深度。

程颢与他的弟弟程颐一同被世人尊称为"二程"，他们的学说后来被朱熹继承和发展，形成了著名的"程朱学派"。

第三十二章
蔡姓：周武王的弟弟为何姓蔡

蔡姓是中国大姓之一，人口近700万，占全国人口的0.53%，依人口数量排序，为中国第三十四大姓，广泛分布于全国各地，尤以广东、浙江、江苏、台湾等省为多。蔡姓后裔，如今灿若繁星，遍布海峡两岸。

而今，当我们提及蔡姓，蔡襄与蔡京两位历史名人的名字总会首先出现在脑海中。他们虽生活在不同的时代，却都以各自的方式书写了蔡姓的故事。蔡襄，这位北宋时期的书法巨匠，他的墨宝为何能让欧阳修、苏东坡等大文豪为之倾倒，争相赞誉，甚至被誉为"北宋书法第一人"？而他本人，却又为何如此谦逊，不轻易以书法家自居？

再回首蔡姓的起源，它如何与西周诸侯国蔡国紧密相连？蔡叔度，这位蔡国的始祖，他如何在蔡地辛勤耕耘，却又因何卷入"三监之乱"，最终落得流放的下场？而蔡仲，蔡叔度的儿子，又是如何凭借高尚的品德，赢得周公旦的青睐，重振蔡国，让蔡姓在历史的洪流中生生不息？

蔡姓，这个跨越千年的姓氏，它究竟蕴含着多少不为人知的故事与秘密？

蔡姓起源

北宋有位书法家叫蔡襄，大文豪欧阳修、大才子苏东坡都对蔡襄的字竖起大拇指，夸他是"北宋书法第一人"。可蔡襄这个人非常谦虚，从来不以书法家自诩，很少给人题字。所以一旦有人得到蔡襄的字，就奉若珍宝。当时的皇帝宋仁宗想让蔡襄给自己死去的宠妃写一块碑，这可是博取皇帝欢心的好机会，蔡襄却非常谦虚地推辞说："这应该让内廷当中的专职人员来写。"

话说，蔡襄的这个蔡姓是一个起源于河南的姓氏，可是蔡襄自己却是福建仙游人，两地相隔十万八千里，这是怎么回事呢？原来，蔡姓的大支，来源于西周诸侯国蔡国。蔡国的祖先是周武王的弟弟蔡叔度。当年，周武王灭商，大封天下诸侯，纣王的儿子武庚被封于朝歌（今河南淇县）。为防止武庚率领殷人叛乱，蔡叔度被周公姬旦派到东方去监视商朝的遗民，建立蔡国。所以，蔡姓源于蔡国，出自姬姓。

初到蔡地，蔡叔度满怀壮志，决心将这片土地建设成繁荣昌盛的封地。他亲力亲为，建城池、修水利、抚民心，蔡地逐渐焕发出勃勃生机。然而，好景不长，一场突如其来的"三监之乱"将他的梦想击得粉碎。在这场由管叔鲜、霍叔处、武庚联手发动的叛乱中，蔡叔度因对周公旦摄政的不满，也加入了他们的行列，意图推翻周公旦的统治。

但周公旦，这位智慧与勇气并存的政治家，怎会坐视不理？他迅速集结大军，亲自带兵东征，以雷霆万钧之势平息了这场叛乱。蔡叔度，这位曾经的蔡地领主，最终兵败被流放至郭邻。蔡国的封号也随之被取消，曾经的封地和土地都被周王室接管，周王室派兵严密驻守。面对这样的结局，蔡叔度心中充满了悔恨与不甘，最终郁郁而终。

好在蔡叔度有个好儿子，叫蔡仲。蔡仲这人，品德高尚，心地善良，很快就赢得了周公旦的赏识。周公旦一看，这孩子不错，就决定重新把蔡地封给他。蔡仲接手后，立马带着当地的百姓，一起努力重建蔡国的都城。经过他们的辛勤劳动，蔡国又慢慢恢复了往日的生机与活力。

死心塌地跟随楚国，受伤却最深

蔡国从叔度开始，历经23代，26君，共599年。自蔡仲至蔡灵侯，即由西周至春秋初年500年的时间里，蔡国都城一直在上蔡。蔡灵侯十二年（前531），蔡国被楚国灭亡。3年后，楚国允许蔡景侯之子庐（平侯）重新建国，国都迁至新蔡。蔡昭侯时，曾与吴等国一起攻入楚的郢都，与楚结怨。后来在楚国的逼迫下，于公元前493年又将国都迁至州来，即下蔡（今安徽凤台寿县一带）。至公元前447年，蔡国再次被楚国灭亡。蔡国人民离散，多以国为氏，姓蔡。

可以看出，上蔡是蔡姓的根，不过今天，上蔡的蔡姓人并不多，原因是古蔡国几次覆亡，蔡人散居四方，逃亡的蔡人以国为氏，后裔遍布大江南北。蔡国灭亡时，经历多次迁徙的蔡人，足迹已遍布今天的河北、安徽、山东、山西、陕西、湖北、湖南、江苏等地。

史书记载，两晋之交，蔡氏有族人随中原士族南渡，定居江浙一带。唐末中原战乱，河南的蔡氏后人随王潮、王审知入闽，后来又从福建宁化县迁到了广东梅州。到了明代，蔡姓已分布全国各地。那段反复迁徙的过程，在不少蔡氏后人看来，无不与楚国联系密切。春秋时期，最早臣服于楚国的是蔡国，最死心塌地附属于楚国的也是蔡国，但受楚国迫害最深的还是蔡国。

蔡姓名人

蔡氏家族人才济济，从古代到现代，各个领域都有他们的身影。东汉，有个叫蔡伦的厉害人物，桂阳（今湖南耒阳）人。他研究了前人和当时造纸的方法，用树皮、麻头、破布、旧渔网这些不起眼的东西，造出了又便宜又好用的纸，大家都叫它"蔡侯纸"。这纸对咱们人类文明的发展，那简直是功不可没！

再来说说蔡邕，他是河南杞县人，是个全才，经史子集、音律、天文都懂，画画也不在话下。他的女儿蔡文姬，更是个了不起的女子，学问渊博，口才了得，写的诗感人肺腑，弹的曲子《胡笳十八拍》也是名扬天下。

还有蔡谟，他是河南民权人，因为战乱跑到了江南。他在东晋的时候，可是个老资格的政治家，侍奉过好几个皇帝，官职高得不得了，不仅做过左光禄大夫、开府仪同三司，还领过司徒、录尚书事这些要职。

到了北宋，福建仙游又出了两位蔡姓的大人物。蔡襄，他的书法那可是一绝，在当时的书法界可是排名第一的。还有蔡京，也是个书法高手，官职做到了司空、太师，还被封为鲁国公。

桥留松荫

纸造桂阳

上联说的是北宋大臣、书法家蔡襄，他在泉州任上时，主持建洛阳桥，长360丈（今1200米），以利通航，又在桥头种松树700棵，当时人刻碑来纪念他。下联说的是东汉造纸术发明家蔡伦。这副对联也成为今天蔡姓宗祠的通用联。

北宋时期，蔡姓最出名的就是蔡京和蔡襄两大家族，蔡襄的后裔在海内外影响尤其大。蔡襄一族中，光是进士就有23名，父子进士、兄弟进士、叔侄同科的现象很常见。提到蔡襄本人，他政绩卓著，历任西京留守推官、馆阁校勘、秘书丞、拜三司使，知泉州、福州、开封和杭州府事。宋至和二年（1055）六月，蔡襄赴泉州任职。他重视教育、移风易俗，禁止丧葬在山头庙中大办宴席的陋俗，以免百姓因为大办丧葬而导致贫穷。并且，蔡襄学识渊博、书艺高深，他留有《茶录》《荔枝谱》等传世佳作，其中《荔枝谱》是我国现存最早的荔枝农学专著，它不仅促进了福建荔枝的生产，还大大提高了当地荔枝的知名度。《荔枝谱》中最称颂的"陈紫"荔枝，至今仍是福建莆田主栽品种，占莆田市全市栽种面积的90%。《宣和书谱》是这样评价蔡襄的："襄游戏茗事间，有前后《茶录》，复有《荔枝谱》，世人摹之石。自珍其书，以谓有翔龙舞凤之势，识者不以为过，而复推为本朝第一也。"宋治平四年（1067），蔡襄病逝于莆田家中。后来，宋孝宗赐谥号"忠惠"。宋代大儒朱熹评价蔡襄："前无贬词、后无异议、芳名不朽、万古受知。"

相比之下，蔡京虽然政声不佳，但他对福建莆田的贡献是毋庸置疑的。他关于修建木兰陂的奏疏，为莆田水利的建设奠定了基础。木兰陂至今仍保存完整并发挥其水利效用，是世界灌溉工程遗产。

第三十三章
苏姓：苏姓始祖是苏妲己的父亲

苏姓在当今百家大姓中排第45位，占全国人口的比例为0.47%，约有660万人。

然而，当我们追溯苏姓的源头，不禁要问：是什么力量，让这一姓氏穿越千年时光，依旧生机勃勃？是昆吾后裔以国为姓的深远智慧，还是苏草图腾下先民们对自然的敬畏与依存？

更为引人遐想的是，《封神演义》中那位引发商朝覆灭争议的妲己，其父苏护，是否真为苏姓始祖，抑或是后世赋予的浪漫想象？在温县的悠悠古韵中，苏忿生与妲己的兄妹情缘，又是否只是民间传说对历史的篡改？为何苏护这一虚构人物能如此深刻地烙印在地方记忆中，乃至留下联珠冢这样的实物遗迹，让后人凭吊？

苏姓起源

"苏"这个姓氏的来源有好几种说法。其中一种说法是,它最早来自昆吾的后代,也就是古时候的苏国。苏国的人原本姓"己",后来他们觉得自己的国名"苏"很好听,也很有意义,就干脆用它来当自己的姓氏了。

再深挖一下昆吾的"己"姓,又有人觉得它是从"祝融八姓"里面分出来的,还有人说是陆终之子的后代。虽然这些说法在书上写得不太一样,但它们其实都是在说苏姓的根儿是同一个老祖宗——颛顼高阳氏的后代。

当然,除了这个主流的说法,还有一些人是因为别的原因改姓了苏,少数民族里也有姓苏的。

源出己姓,为颛顼高阳氏后裔

远古时代的中原大地之上,颛顼,这位被后世尊为"五帝"之一的君主,10岁辅政少昊,20岁便荣登大宝,于帝丘(今河南濮阳县东南)建立都城,开启了颛顼时代。

一日,颛顼于朝堂之上,望着下方跪拜的众臣,心中涌起无限感慨。其后裔家族的血脉之中,有一支尤为特别——昆吾氏。

"昆吾啊,你是我颛顼血脉中最为坚韧的一支。"颛顼对昆吾氏的族长语重心长地说,"愿你们能如我一般,守护这片土地,让昆吾之墟成为永恒的辉煌。"

昆吾氏不负所望,他们不仅继承了颛顼的遗志,更在这片土地上建立了两个强大的封国——温与苏。苏国由此诞生。

此事在《新唐书·宰相世系表》中有记载:"苏氏出自己姓,颛顼裔孙吴回为重黎,生陆终。生樊,封于昆吾。昆吾之子封于苏,其地邺西苏城是也。"

时光荏苒，转眼间，商朝末年，天下大乱。在推翻暴君殷纣王的战争中，苏氏家族挺身而出，为这场正义之战贡献了不可磨灭的力量。

西周初年，天下初定，周武王为表彰苏氏家族的功勋，特封苏忿生为司寇，主管全国刑狱事务，并赐予他十二邑之地，让他建立苏国。

"苏忿生，你乃我朝之栋梁，今委你以司寇之重任，望你能如昔日先祖一般，守护这片土地，维护正义与和平。"周武王的声音在朝堂之上回荡，苏忿生跪拜接旨。

从此，苏忿生便成了史书记载中的第一任司寇。他以法治国，公正严明，使得苏国成为一个繁荣昌盛、百姓安居乐业的国度。同时，他也成了苏姓的得姓始祖，被后世子孙永远敬仰。

然而，好景不长。公元前650年，苏国遭遇了前所未有的劫难。狄人的铁蹄践踏了这片曾经繁华的土地，长达400年历史的苏国就这样毁于一旦。苏国的国君温子带着无尽的悲痛与愤恨逃到了卫国。他的后人为了纪念这段历史，有的因温子而姓温，有的则因有苏氏、苏子而继续姓苏。

《世本》《元和姓纂》等书多认为有苏氏的初封地在"邺西苏城"，"邺"即今河北省临漳县，但至今没有找到苏城之地。不过，今河南辉县的苏门山又被称为"苏岭"，有可能为有苏氏的早期居住地。其原因，一是从"苏"字本义来看，苏是苏草，即紫苏，为中草药，可辟除腥臊、驱寒发散。金文的"苏"字为徽号性文字，"鱼"字占四分之三，"禾"字占四分之一，反映了有苏氏应是生活在近水地带并以苏草为图腾的部族。二是辉县百泉苏门山，不但有山有水，而且在古代有大量的中草药生长，直到晋代仍有"樵苏"者，至今这里还有百泉药材交易大会。

有传说，苏姓始祖是苏妲己的父亲

苏妲己是中国家喻户晓的美女，是商朝最后一个帝王帝辛（商纣王）的宠妃。

历史上，她确实存在过，最早在《国语》这本书里就有她的影子，后来《世本》《吕氏春秋》还有司马迁的《史记》里都提到了她，而西汉的刘向也在《列女传》里详细地写了她的故事。

话说当年，纣王为了扩张地盘，打到了有苏氏部落。有苏氏一看，打不过啊，怎么办呢？为了部落的安全，他们决定把部落里最漂亮的女孩——妲己，送给纣王当老婆，希望这样能换来和平。妲己一到纣王身边，就凭着她那倾国倾城的美貌，把纣王迷得神魂颠倒。

但话说回来，商朝的灭亡，真不是妲己一个人的错。这里面还有个关键人物，叫胶鬲。他是周文王安排在商朝内部的卧底，悄悄地拉拢了好多对纣王不满的大臣和士兵，搞得商朝内部乱糟糟的，大家都不信任彼此了。

就在这时候，周武王瞅准机会，发动了牧野之战，打算一举灭了商朝。商朝的军队，因为内部已经乱成一锅粥，根本没什么战斗力，很快就败了。周武王一路打到了商朝的都城朝歌，纣王一看大势已去，绝望之下自焚，商朝就这么灭亡了。

所以说，妲己虽然是这段历史里的一个重要人物，但她并不是直接导致商朝灭亡的罪魁祸首。她更像是被历史推到了风口浪尖，成了一个象征。真正的历史，可比咱们听说的那些故事复杂多了。

按照《国语》的说法，妲己其实是被迫卷进这场权力斗争的，她是战争的牺牲品，被纣王抢到了宫里。这么看来，她和胶鬲都在不同程度上帮了周朝的忙，只不过方式不一样。胶鬲后来因为立功被周朝重用，但妲己就没那么幸运了，周武王把她当成了商朝的余孽，她的结局挺悲惨的。

在后世的神话小说《封神演义》及广泛流传的民间传说中，妲己被描绘为一只狐狸精的化身，以美貌诱惑帝辛，使其陷入荒淫无道，从而成为导致商朝覆灭的"红颜祸水"。而妲己的父亲被设定为商朝大将苏护，她的家族故事在温县等地更是流传甚广，增添了诸多传奇色彩。

说起来，温县还有个挺有意思的民间传说，说苏忿生其实是妲己父亲苏护的小儿子，跟妲己是亲兄妹。这些传说，虽然给历史人物加了一层神秘的滤镜，但说到底，还是人们对那段历史的好奇心和想象在作祟，把自己的情感、想法都投射到这些人物身上了。

再来说说苏护吧，有人说他其实就是历史上真实存在的苏忿生，但这样的说法，还得打个问号。毕竟，苏护是小说里的人，历史上有没有这么一号人物，他和苏忿生到底什么关系，咱们现在也没法百分之百确定。

在温县县城里，有座挺漂亮的园子叫"苏苑"，里头有个联珠冢，听说这是苏护和他儿子苏全忠的墓。根据县志上的记载，这俩墓离得近，所以叫"联珠冢"。总之，这些故事和传说，确实给那段历史添了不少乐趣。

不过，因为苏护是《封神演义》中的人物，历史上是否真有其人，他跟苏忿生到底是什么关系，都有待考证。

苏姓名人

苏姓历史上名人荟萃。据统计，在二十五史有纪传的苏姓名人53人，在《中国人名大辞典》中收录的苏姓名人有175人。

在战国风云中，有位洛阳出身的纵横家苏秦，名声显赫。他的家族里，苏厉、苏代也是纵横策士中的佼佼者。转眼到了西汉，出了个忠贞不渝的苏武，他是苏秦家族的后裔，持节出使匈奴，19年风霜雪雨，啃雪卧地，那份坚韧与忠诚，让"苏武牧羊"成了爱国忠贞的代名词，人们常说他"引锥刺股求学问，仗节全忠守真心"。

历史的车轮滚滚向前，晋朝有名将苏峻威震四方，西魏则有重臣苏绰辅佐朝政，隋代重臣苏威亦是声名远扬。到了唐代，大将苏定方英勇善战，宰相苏瑰直言敢谏，权臣苏颋清正干练，都是一时之杰。

眉山三杰，沧浪一亭

在古老而文化底蕴深厚的眉山城，流传着一段关于"眉山三杰"的佳话，这段故事穿越了千年的时光，至今仍在民间流传。

那是一个风和日丽的春日，眉山县的街头巷尾，老老少少都聚在一起，讲述着关于苏家的传奇。故事的主角，便是那被誉为"眉山三杰"的苏洵、苏轼、苏辙父子三人。

话说嘉祐年间，有一位名叫苏洵的才子，字明允。他的文章深邃而富有见地，却因时运不济，未能大展宏图。幸得文坛巨匠欧阳修赏识，苏洵之名才得以传遍四海。他虽曾任秘书省校书郎、霸州义安县主簿等小职，但真正的荣耀，却在于他培养出了两位杰出的儿子——苏轼与苏辙。

苏轼，字子瞻，号东坡居士，自幼便展现出非凡的才华与抱负。他考中进士后，怀揣着满腔热血踏入仕途，却因坚持己见，反对王安石变法，而屡遭排挤。然而，无论身处何地，苏轼都未曾放弃心中的理想。在密州，他勇斗蝗灾；在徐州，他力抗洪水，用实际行动诠释了"为官一任，造福一方"的崇高理念。他的诗句"会挽雕弓如满月，西北望，射天狼"，更是激励了无数仁人志士，为保家卫国、建功立业而不懈奋斗。

然而，命运似乎总爱与人开玩笑。宋元丰二年（1079），正当苏轼在湖州政绩卓著，有望重返京城之时，一场突如其来的"乌台诗案"将他推入了深渊。他被贬为黄州团练副使，失去了往日的权势与地位。但正是这段低谷时期，苏轼迎来了他文学创作的高峰。《赤壁赋》《后赤壁赋》等传世佳作便是在这一时期诞生的。他带着家人在城东开垦荒地，自给自足，也因此得号"东坡居士"。

岁月流转，政局更迭。苏轼的命运也随着朝代的变迁而起伏不定。从黄州到惠州，再到儋州，他的足迹遍布大江南北。但无论身处何地，他都能以一颗超然物外的心，笑对人生的风雨。在惠州，他写下了"日啖荔枝三百颗，不辞长作岭南人"的佳句，展现了其乐观豁达的生活态度。

而关于苏轼的出生，更有一个美丽的传说在民间流传。相传在他出生的那一年，眉山县的彭老山突然草木凋零，仿佛所有的灵气都汇聚到了这个新生儿身上。直到苏轼去世后，山林才重新焕发生机。虽然这只是一个传说，但它却深刻地反映了人们对苏轼的崇敬与喜爱之情。

在苏轼的故事中，我们不能忘记的还有他的弟弟苏辙。苏辙，字子由，号颍滨遗老，同样是一位才华横溢的文学家。他与苏轼兄弟情深，诗词唱和不断，共同书写了"三苏"的辉煌篇章。

苏轼的那首脍炙人口的《水调歌头·明月几时有》并非为风月而作，它的诞生源于对弟弟苏辙的深深思念。尽管后世有人将"但愿人长久，千里共婵娟"解读为爱情的象征，但实则这是苏轼对弟弟的思念之情。月圆之夜，眉山城被柔和的银辉轻轻拥抱。苏轼独坐庭院，手中酒杯轻晃，眼神却穿越了千山万水，落在了远方的弟弟苏辙身上。那夜，他提笔蘸墨，心中涌动的是对子由无尽的思念，于是《水调歌头·明月几时有》便在这样的情愫中诞生。

"丙辰中秋，欢饮达旦，大醉，作此篇，兼怀子由。"序言中的每一个字，都重如千斤，饱含了他对弟弟的深情厚谊。在词中，他借月抒怀，"但愿人长久，千里共婵娟"，愿这份兄弟情谊能跨越时空，无论彼此相隔多远，都能共享这轮明月的光辉。

而远在他乡的苏辙，他

深知兄长的心意，那份跨越千山万水的思念，让他感同身受。于是，在次年中秋之夜，他也提笔写下了自己的《水调歌头·徐州中秋》，字字句句，皆是对兄长的回应与思念。

每当月圆之夜，人们总会想起这两首《水调歌头》，想起那段关于兄弟彼此思念与慰藉的佳话。

如今，当我们漫步在眉山城的街头巷尾，仿佛还能听到那些关于"眉山三杰"的古老传说。

"沧浪一亭"说的是北宋诗人苏舜钦。苏舜钦曾任大理评事，后因范仲淹的赏识，被举荐为集贤校理、监进奏院，一时风光无限。然而，朝堂之上风云变幻，他的岳父杜衍身为宰相，力推改革，触动了保守势力的利益。为了打击杜衍，那些反对派便暗中设局，将矛头对准了苏舜钦。最终，他因一件微不足道的小事被罢官，无奈之下，他只得退隐江湖。

一日，苏舜钦漫步于苏州城中，不经意间路过郡学，目光被东边一片郁郁葱葱的地方吸引。

沿着一条隐匿于杂花修竹间的小径，苏舜钦缓缓前行，大约走了几百步后，眼前豁然开朗，竟是一片荒废之地。这片土地长宽有五六十丈，三面环水，仿佛是大自然特意预留的一方净土。他站在岸边，望着这片被遗忘的角落，心中涌起一股莫名的激动与感慨。

"此地真是人间仙境，若能在此安身立命，岂不是人生一大乐事？"苏舜钦心中暗想。

经过一番打听，他得知这片土地原是前朝官员孙承祐的私家园林，但自孙承祐调任兖州节度使后，这里便逐渐荒废，无人问津。苏舜钦心中一动，决定买下这片土地，经过一番讨价还价，苏舜钦最终以四万钱的价格成交，他请来工匠，在这片土地上建房筑亭，最终将其命名为"沧浪亭"。

在《沧浪亭记》中，苏舜钦这样描述道："那日，我漫步至此，见草树葱郁，山水相依，心生欢喜。遂买下此地，筑亭其中，名曰'沧浪'。每当夕阳西下，我便独坐亭中，品茗赏景，心中再无尘世的烦恼。此亭不仅是我休憩之所，更是我心灵的归宿。"

从此，沧浪亭成了苏舜钦避世隐居的乐园。他在这里寄情山水，吟诗作画，留下了许多脍炙人口的佳作，也让沧浪亭的名字流传千古，成为一段佳话。

当时的欧阳修还曾酸溜溜地写道："清风明月本无价，可惜只卖四万钱。"这是嫉妒苏舜钦好运气，能有幸买到性价比这么高的好园子。

Postscript 后记

大历史背景下的姓氏研究

姓氏作为一个微观的、具体的文化现象，可以被视为大历史背景下的一个组成部分。《藏在姓氏里的33个秘密》这本书中，重点着墨于揭秘姓氏源流以及与姓氏名人有关的历史小故事。这本书和以往一些讨论姓氏起源、发展、演变的书的不同点在于：它的内容以史事为主，以姓氏中主要历史人物为主，所包含的思维方式是文化的、社会、渐变的。着眼于现今最为流行的"大历史"史观，它把姓氏的变化、播迁，结合地理、历史的影响，从历史学、人类学的角度去思考中华民族姓氏的演变过程。

例如，姓氏到底有没有包含信仰？什么是图腾？图腾仅仅是印第安语"totem"的中文译文吗？为什么有姓，还有氏？

书中举例说明，中国姓氏最初源流可以追溯到上古时期三皇五帝时代。在古老的中国历史中，太昊、少昊、颛顼这三个辉煌的时代，它们的起源都与天上的众神紧密相连。在这些时代里，人们的姓氏起源也同样浸润着浓厚的神话色彩。传说中，阳光照射在大地上，其炽热的光芒竟然使一位处女受孕，孕育出了一个部落的始祖。而在另一个故事中，天上的飞鸟衔着一颗朱果，被一位正在游泳的仙子意外吞下，随后便诞生了一位英勇的领袖，他的姓氏便成了这个部落的标识。从而有了"契生于卵"的奇异传说。这些与天有关的出生神话，不仅仅是部落起源的传说，更是人们探寻自身姓氏起源的线索。

在农业时代和狩猎时代，这些与天有关的神话传说尤为盛行。狩猎时代的人们生活在广阔无垠的天地之间，他们需要借助这些神话来辨别没有疆界的地区，明确自己的领地和归属。同时，这些神话也是他们加强人和自然关系的方式，让人们在敬畏自然的同时，也学会了与自然和谐共生。

随着历史的演变，这些神话传说逐渐融入了人们的日常生活和文化传承之中，成为他们姓氏起源的重要背景。人们通过讲述这些故事，不仅传承了祖先的智慧和勇气，更表达了对自然和生命的敬畏与尊重。

姓氏确可被称为文化传承和历史记忆的载体，在编写这本书的过程中，我逐步意识到，有时候，我们要跳脱就历史读历史的简单性，从民族学、人类学，甚至更小范畴的姓氏学去理解人类从蛮荒走向现代文明的发展步伐。

而提到编写这本书的初衷，不得不说在自己不同的人生阶段，很多时候各种因缘际会，参与一些始料未及的工作。我 2007 年从美国哈佛大学毕业回国后，先是在厦门大学任教，参与到国际教育交流的具体事务中，后紧接着进了厦门广播电视集团，成为一位驻台、驻马来西亚记者。在这个过程中，有时候，十分钟内要编辑完一条新闻视频，跨洋回传至厦门；有时候，需要准备新闻网络直播，或者推出系列报道。诸如此类的项目，都令我紧张却也受益匪浅。

我们知道，河南是汉字的源头、姓氏的祖根、成语的摇篮，在最新排列的 100 大姓中，78 个姓氏的源头或者部分源头在河南。我极为幸运，能于 2024 年初在河南省台联的牵线下，与河南省内姓氏学的专家学者请益、交流和姓氏源流相关的知识。对所有的前辈、朋友，我在此真挚地表示感谢，感

后记 大历史背景下的姓氏研究

谢他们让我有机会在本书编撰的过程中不断成长，尤其是河南省人民政府台湾事务办公室、河南省政协文化文史委员会以及河南省姓氏文化研究会等多家单位特意搜集了他们编写过的与姓氏起源有关的书籍资料，并不吝赐教。他们所给予的启发和解释，我都融入了本书的具体内容中。特别还要再次感谢河南省台联会长李婷女士，她全程无私帮助，努力找到可用的图片和资料，极大完善了本书的内容。

我还必须感谢参与本书编辑工作的几位同人。没有几位编辑老师为本书的出版投入大量烦琐而细致的工作，《藏在姓氏里的33个秘密》这本书必定不能如现在的面貌出版——既具有可读性，又在格式上、体例上井然有序。对于他们的尽心尽力，我感激万分。我无法在此处将每一位前辈、学者给予的帮助一一叙述，但确实心存感激。

青书青创 YOUTH & CREATION